Frantisek Ladislav Chleborad

Der Kampf um den Besitz

Frantisek Ladislav Chleborad

Der Kampf um den Besitz

ISBN/EAN: 9783743325548

Hergestellt in Europa, USA, Kanada, Australien, Japan

Cover: Foto ©Thomas Meinert / pixelio.de

Manufactured and distributed by brebook publishing software
(www.brebook.com)

Frantisek Ladislav Chleborad

Der Kampf um den Besitz

Der

Kampf um den Besitz.

Von

Dr. F. L. Chleborad.

Etwas muss er sein eigen nennen,
Oder der Mensch wird morden und brennen.
Schiller.

Wien 1885.

Manz'sche k. k. Hof-Verlags- und Universitäts-Buchhandlung.

I. Kohlmarkt 7.

Vorwort.

Die Offenhaltung der Möglichkeit, die der Natur und der Sitte gemäss entwickelten Bedürfnisse befriedigen und zu diesem Zwecke das nothwendige Mass von Besitz erwerben zu können, ist eine unbestreitbar gerechte Forderung des Volkes an jede Gesellschaftsordnung. Eine Gesellschaftsordnung, welche diese Möglichkeit nicht offen liesse, und in welcher ihrer Anlage nach eine Bevölkerungsclasse zur Besitzlosigkeit verurtheilt wäre, würde gegen das Gesetz der Selbsterhaltung, welches das Urgesetz der Schöpfung ist, und gegen das Gesetz der persönlichen Entwicklung, welches das Grundgesetz jeglicher Sitte ist, verstossen und die Berechtigung ihres Bestandes verlieren. Das ist die allgemein ausgesprochene Ansicht der Socialisten und auch die Ueberzeugung ihrer Gegner. Nur darin gehen beide Lager auseinander, dass die Socialisten diese Möglichkeit der heutigen, auf dem Principe des Eigenthumsrechtes basirten Gesellschaftsordnung absprechen, und die Ansicht, sie sei werth, dass sie zu Grunde gehe, laut verkünden, ihre Gegner jedoch derselben die Kraft und Fähigkeit zumuthen, das sociale Uebel des zugespitzten Gegensatzes von Capital und Arbeit aus sich selbst und ohne Beseitigung des Eigenthumsrechtes, als des unentbehrlichen Grundpfeilers jeder socialen Ordnung, zu heilen.

Dieser Ansicht ist auch der Verfasser, und da er bei eigenen praktischen Versuchen, zur heilsamen Lösung der socialen Frage beizutragen, reichlich Gelegenheit zur Beobachtung und Prüfung der von den einzelnen Volksclassen ausgehenden socialen Reformbestrebungen und ihrer Erfolge gefunden hatte, so versuchte er diese Erfahrungen im Interesse der von den Bedingungen eines menschenwürdigen Daseins bis jetzt ausgeschlossenen Volksclasse in dieser Abhandlung zu verwerthen, wiewohl überzeugt, dass die vollständige Lösung der socialen Frage nicht schon in der Gegenwart und am allerwenigsten durch die schwachen Kräfte des Verfassers gegeben werden kann. Er würde schon dann seinen Zweck erreicht sehen, wenn ihm die strenge wissenschaftliche Kritik das Zeugnis gäbe, er habe zu dem Buche der Erkenntnis auch ein Blatt geliefert.

Mährisch-Ostrau, den 1. August 1882.

F. L. Chleborad.

Vorwort zur deutschen Ausgabe.

Die überaus günstige Aufnahme, welche meine Schrift „Boj o majetek" (Brünn, 1884) bei meinen Landsleuten gefunden hat, und die ehrende Anerkennung, welche mir auch von hervorragenden deutschen Oekonomisten zu Theil geworden ist, flössen mir den Muth ein, diese Schrift auch in deutscher Sprache herauszugeben.

Ich sende sie mit dem Wunsche in die Welt, dass sie sich der wohlwollenden Aufmerksamkeit des Volkes der Denker erfreuen möge; denn sie wird dann um so eher den Nutzen stiften, den ich von ihr erwarte, nämlich die Anbahnung zweckmässiger politischer und ökonomischer Verfassungsformen zum Schutze der besitzlosen Arbeit gegen die Ausbeutung durch arbeitslosen Besitz.

Brünn, den 21. November 1884.

F. L. Chleborad.

Seiner Excellenz

dem hochgeborenen Herrn

Egbert Grafen Belcredi,

Sr. k. u. k. Apostolischen Majestät Geheimen Rathe, Comthur des päpstlichen Pius-, Ritter des kais. österr. Leopolds-Ordens, Landtags- und Reichsraths-Abgeordneten, Ehrenmitgliede des Centralvereines der Gewerbetreibenden für Mähren etc. etc.

dem wackeren Vertreter des vaterländischen Gewerbestandes

widmet

der Verfasser.

Inhaltsübersicht.

I.

Der Anlass zum Kampfe um den Besitz.

A. Der Kampf des Menschen mit der Natur.

Selbsterhaltung ist das Gesetz der gesammten Schöpfung.
Ihm gehorchte auch der erste Mensch, als er, durch die Nothwendigkeit der Nahrungsbeschaffung sowie durch das Bedürfnis
des leiblichen Schutzes gegen die schädlichen Einwirkungen der
Natur dazu veranlasst, zum Kampfe mit ihr sich entschloss.
Dieser Kampf, den wir heute noch bei Wilden beobachten können,
war anfangs keine wirthschaftlich geplante, geordnete und die
menschliche Individualität verkörpernde Thätigkeit, sondern ein
planloses, ungeordnetes und auf die blosse Befolgung thierischer
Instincte eingeschränktes Leben der Gattung. Die Bedürfnisse
des australischen Aboriginers sind rein thierischer Natur. Er
baut keine Nutzpflanzen, sondern lebt von der zufällig gefundenen
Nahrung. Ausser einem Känguruhfelle trägt er keine Kleidung,
sondern geht in den meisten Gegenden vollkommen nackt einher.
Er baut auch keine Wohnung, sondern er lebt theils als Troglodyt,
theils schlägt er im Busch, in Baumhöhlen oder zwischen den Rinden
des Mahagonibaumes sein Lager auf, welches von den Lager-
stätten der Thiere, den Nestern der Vögel wenig verschieden ist.[1]
In diesem primitivsten Kampfe um die Selbsterhaltung er-
probte der Mensch seine Kräfte und fand, dass er, auf seine
Hand angewiesen, mit der Natur einen ungleichen Kampf führte,

---

[1] Vergleiche: „Allgemeine Ethnographie von Friedrich Müller",
Wien, 1879, S. 65, 207 und 209.

dessen Erfolge ihm nur ein kümmerliches Dasein sicherten. Denn die Befriedigung der Bedürfnisse ist Ursache des Wachsthums in der Entwicklungsperiode eines jeden thierischen Wesens und sein Wachsthum Ursache der Vermehrung seiner ursprünglichen Bedürfnisse. Es bedingt somit die Befriedigung dieser sofort ihre Steigerung, und zwar beim Menschen infolge seiner feineren specifischen Anlage in weit höherem Grade, als beim Thiere. Dies ist der Grund, warum der Mensch, falls er nicht elend zu Grunde gehen will, auf der Stufe einer blos thierischen Befriedigung seiner Bedürfnisse nicht verharren darf, sondern die Bahn der Cultur betreten muss. Er erhebt sich zur ersten Stufe derselben, indem er die Hand mit der Waffe und dem wirthschaftlichen Geräthe bewaffnet, womit die ersten Thiere eingefangen, gezähmt und erlegt, das erste Kleid angefertigt, die erste Wohnung gebaut, das erste Kanoë gezimmert wird. Die Waffen, das wirthschaftliche Geräth, die Kleidung und Behausung, das Kanoë und das Nutzthier sind des Menschen erster Besitz, aber auch die erste Bedingung seiner Culturentwicklung.

Dies sehen wir an des Australiers wollhaarigem nördlichen Nachbar — dem Papua. Dieser sammelt bereits die Nahrung ein, züchtet einige Thiere, bekleidet sich wenigstens zum Theile, errichtet Pfahlbauten und zimmert Kähne aus ausgehöhlten Stämmen.[1]) Während sein straffhaariger südlicher Nachbar keine

---

[1]) Wie viele Jahrtausende mögen in den dunklen Schoss der Vergangenheit versunken sein, seit jenem weit hinter der Gletscherperiode liegenden Zeitalter, in welchem der Mensch, nach seiner damaligen Schädelbildung zu schliessen, als ein bereits zur Vernunft gekommenes Wesen zugleich mit dem Mammuth die Donau-, Rhein- und Rhönländer durchstreifend und neben dem Höhlenbären die Höhlen Centraleuropas bewohnend, auf der oben geschilderten Entwicklungsstufe des australischen Aboriginers stand, bis zu jenem Zeitalter, von welchem jene aus Stein und Knochen verfertigten und im Diluvium neben Rennthierknochen gefundenen Artefacten herrühren, mit denen er sich die Höhlenhyäne vom Leibe hielt! Wie viele Jahrtausende mögen verronnen sein, ehe es dem durch diesen ersten Besitz seine unterste Culturstufe betretenden Menschen gelungen war, mit diesen unvollkommenen Stein- und Knochenwerkzeugen das erste Kanoë zu zimmern! Und abermals wie viele Jahrtausende mochte der Mensch auf der Erde gewandelt sein, ehe es ihm gelang, sich bis zur Culturstufe des heutigen Papua zu erheben!

Ahnung von einem göttlichen Wesen hat und es weder zu Götzen, noch zu Tempeln, noch zu einem bestimmten Cultus gebracht hat, ja nicht einmal ein zusammenhängendes Lied kennt, wohnen die Papuas in Dörfern unter einem Aeltesten, haben religiöse Vorstellungen, Götzen und Tempel, eine geordnete Zeitrechnung, ihren Nationaltanz und Lieder, ja treiben sogar in gewissem Sinne Handel.[1])

Der Besitz von Waffen und wirthschaftlichen Geräthen, von Kleidung und Wohnung, überhaupt der den primären Bedürfnissen dienenden Güter, stellte den Menschen indessen nicht auf lange Zeit zufrieden; der Selbsterhaltungstrieb spornt ihn vielmehr mit unbesiegbarem Drange zu immer neuen Massnahmen der Vertheidigung und des Angriffes gegen die Natur und daher auch zur Vermehrung des Besitzes überall dort, wo sie, wie in den gemässigten Klimaten, dem Menschen nur wenig schenkt, sondern fast jede ihrer Gaben nur durch einen planmässig geführten Kampf sich abringen lässt. Dort ist die Wiege der auf Besitzerwerb planmässig ausgehenden und geordneten Thätigkeit des Menschen — der Arbeit. Nachdem er sich dort mit Werkzeugen, Maschinen und überhaupt mit Besitzmitteln versehen hatte, wagte er sich nach und nach vom Bergabhange in's Thal, von der Quelle zur Flussmündung,[2]) wo in den Niederungen der Flussthäler der fruchtbarere Boden seines Angriffes harrte. Hier in der mit giftigem Hauche sein Leben bedrohenden Entwässerungsarbeit und im Kampfe mit der üppig wuchernden Vegetation bewährte sich die Macht des in Productionswerkzeugen bestehenden Besitzes, und der Mensch fand den Lohn des mit demselben gemachten Aufwandes in den ihm nun reichlich fliessenden Gaben der Natur. Die Folge davon war die verbesserte Befriedigung der Bedürfnisse, welche nach dem Gesetze des Wachsthums wieder eine

---

[1]) Siehe Müller, S. 133—137, 207, 220 a. a. O.

[2]) Nach Ricardo erfasste der Mensch früher den fruchtbarsten und überging allmählich zum weniger fruchtbaren Boden — eine Ansicht, auf welcher seine Grundrententheorie beruht, deren Stichhältigkeit durch Carey widerlegt erscheint.

Vermehrung derselben zur Folge hatte; und das Product dieser Wechselwirkung war die allmähliche Unterwerfung der Natur durch den Menschen zum Zwecke seiner persönlichen Entwicklung. Während die übrigen Geschöpfe in ihrem Existenzkampfe mit der Natur dem ihnen von den Anfängen der organischen Welt an durch den Instinct vorgeschriebenen Gesetze des gleichförmigen Sichverhaltens gegen die Naturkräfte folgen, führt den Menschen der auf ihre erfolgreichere Bekämpfung gerichtete Wille zu der entsprechenden That und führen die Thaten wiederum zu ihrem naturgemässen Erfolge: zu seiner fortschreitenden persönlichen Entwicklung. In dem mit der Natur geführten Kampfe um den Besitz erhebt sich der Mensch über die gesammte Schöpfung, da er dabei nicht nur dem für sie allgemein giltigen Gesetze der Selbsterhaltung, sondern ausserdem noch dem höheren Gesetze seiner persönlichen Entwicklung folgt.

Der für die Culturentwicklung der Menschheit hochwichtige Einfluss des letzteren Gesetzes ist in unserem gemässigten Klima geradezu greifbar. In den gemässigten Klimaten ist es eben, wo die Natur ihre Gaben nie freiwillig spendet, sondern mit ihren Früchten nur harte Arbeit lohnt. Dort ist es eben, wo der Selbsterhaltungstrieb und das Streben nach der persönlichen Entwicklung den menschlichen Geist nie zur Ruhe kommen lassen; dort ist die Heimath der Bewegung und des Fortschrittes, wogegen unter den Tropen, wo die Natur den Menschen mit ihren Spenden freigebig überhäuft, Trägheit und Stagnation eingezogen sind.[1]

---

[1] Solange die Araber die Grenzen ihrer heimathlichen Halbinsel nicht überschritten, blieben sie so, wie sie in ihrer Heimath heute noch sind: ein halbcivilisirtes Volk, weil einerseits das wasserarme, vom Juni bis September vom Samum gepeitschte und unter der bis auf 45⁰ C. steigenden Hitze schmachtende innere Tafelland nur ein Leben von der Hand zum Munde gestattet und keinen Besitz aufkommen lässt, anderseits die Südwestecke der Halbinsel, das „glückliche“ Arabien von Fruchtbarkeit strotzt und unter seine Bewohner den köstlichen Weihrauch und Balsam von Mekka und die Reichthümer Mokka's verschwendet. Nachdem sie jedoch Persien, Spanien und das Pendschab erobert und sich dort angesiedelt hatten, begann unter ihnen

Während es hier dem Menschen nur in den seltensten Fällen
gelingt, die Natur seiner Persönlichkeit zu unterwerfen, und sie
hier vielmehr in der Regel sein launischer, ihn bald mit reichen
Gaben beschenkender, bald den entfesselten Elementen preis-
gebender Despot ist: gewinnt sie in den gemässigten Klimaten
nur ausnahmsweise die Herrschaft über seine Wege und sind
hier die Naturkräfte in der Regel selbst gegen ihre
eigene Mutter Natur seine gehorsamsten, ausdauerndsten
und billigsten Streitgenossen.

die Besitzbildung, welche alsbald von einem solchen Culturfortschritte begleitet wurde, dass das in der Heimath roh gewesene Volk reiche und mäch-
tige Culturstaaten gründete, in manchen Wissens- und Kunstgebieten, speciell
in der Mathematik und Architektur, sich auszeichnete, ja sogar die Astronomie
zur Wissenschaft und seine Sprache zum Range der grossen Weltsprachen
erhob. (Vgl. „History of civilisation in England by Henry Thomas Buckle",
Leipzig, 1865, I. S. 43.)

Die Völker der mongolischen Rasse sind überall dort, wo sie die kalten
und heissen Klimate bewohnen, Naturvölker; wo sie die Länder der gemässigten Zone innehaben, Culturvölker. So sind die der finnischen Familie
angehörigen Lappen und die der samojedischen Familie entsprossenen Juraken
und Tawgy Rennthiernomaden; die Jenissei-Samojeden zum Theile Jagd-
und zum Theile Fischervölker; die Ostjaken beides. Die Waffen dieser
Völkerstämme sind Bogen und Pfeil, ihr Wirthschaftsgeräth ist von Holz,
ihre Behausung Zelt oder Hütte (Jurte), ihr Cultus Götzendienst, ihr höchstes
geistiges Product das Lied. So sind auch die am Brahmaputra wohnenden
Lohitavölker blosse Naturvölker und stehen die den westlichen Theil der
indochinesischen Halbinsel bewohnenden Birmanen, die Mon, die Khamen, die
Khassia, die Thiampa und die übrigen Aboriginer Hinterindiens, obwohl
Ackerbauer, dennoch (nach der Thatsache, dass ein erbeuteter Kopf den
Jüngling zur Tätowirung berechtigt, zu schliessen) auf einer sehr niedrigen
Culturstufe. (Vgl. Müller, S. 405—408 a. a. O.) Dagegen haben die in den
Ländern der gemässigten Klimate angesiedelten Völker derselben Rasse, und
zwar sowohl die dem chinesischen Culturkreise angehörigen Chinesen, Japa-
nesen, Koreaner und Annamiten, als auch die dem europäischen Culturkreise
angehörigen Magyaren und Osmanlis wie bekannt einen unvergleichlich höheren
Culturgrad erreicht, als ihre vorgenannten in der arktischen und tropischen
Zone lebenden Stammgenossen. Der Grund dieses höheren Grades der Culturentwicklung ist das von ihnen in dem gemässigten Klima aus den oben angeführten Gründen erworbene grössere Mass des Besitzes, welcher bei den
Magyaren und den Völkern des chinesischen Culturkreises zumeist die Frucht
ihres Kampfes mit der Natur, bei den Osmanli zumeist die im tausendjährigen
Kampfe mit den von ihnen unterjochten Völkern der mittelländischen und
Nubarasse gehäufte Beute ist.

Nur ausnahmsweise bleibt in den gemässigten Klimaten die
Culturentwicklung zurück, und zwar nur so lange, als Grund und
Boden an gewissen, dem Menschen unentbehrlichen Nährkräften
absoluten Mangel leiden, der Mensch aber wegen seiner Isolirt-
heit den Besitz der sie erzeugenden Stoffe von auswärts sich
nicht verschaffen kann. Dies war der Fall mit den die gemässigten
Zonen Amerikas bewohnenden Aboriginern der amerikanischen
Rasse, welche wegen der beschränkten Anzahl von Nutzthieren
und Nutzpflanzen in der Besitzbildung und daher auch in ihrer
Culturentwicklung gegen ihre straffhaarigen Verwandten der
ostasiatischen Rasse, gegen die Malayen und Mongolen, ja selbst
gegen ihre eigenen Brüder in Mexiko und Peru, weit zurück-
blieben. Da letztere nicht nur unter demselben Mangel an Nutzthieren und Nutzpflanzen, sondern auch unter den culturfeindlichen
Elementen des heissen Klimas zu leiden hatten und trotzdem
einen hohen Grad der Culturentwicklung erreicht haben, so lässt
sich dieser Widerspruch nicht anders lösen, als durch die Annahme einer vorhistorischen Einwanderung und Culturentwicklung.
Denn sind die oben entwickelten Gesetze der Selbsterhaltung
und der persönlichen Entwicklung unbedingt und ausnahmslos
giltig — und sie sind es unwiderleglich —, so hat, die Gleichheit
körperlicher und geistiger Anlagen vorausgesetzt, ebenso unbedingt
und ebenso ausnahmslos der Satz Geltung: ohne Besitz keine
Cultur; das Mass der Besitzerwerbsmöglichkeit bedingt
den Grad der Culturentwicklungsfähigkeit.[1])

---

[1]) Damit soll jedoch keineswegs der Einfluss der übrigen Culturbedingungen
geleugnet werden, wie der Verschiedenheit der Rassenbildung, der Fruchtbarkeit des Bodens, seiner Configuration und seines Klimas, sowie der durch
die Erscheinung entfesselter Naturkräfte auf das menschliche Gemüth geübten psychischen Eindrücke. So ist es nur der Rassenverschiedenheit zuzu-
schreiben, wenn mongolische Völker des chinesischen Culturkreises, d. i. die
Chinesen, Japanesen, Koreaner und Annamiten, welche es durch die zahlreichen in's graue Alterthum zurückreichenden Erfindungen in dem Gebiete
der Industrie, wie der Seidenweberei, Porcellan- und Papierfabrikation, Schiess-
pulver- und Tuschebereitung und durch die Fortschritte in den Naturwissen-
schaften und in der Kunst frühzeitig zu einem sehr hohen Grade einer selbstständigen Culturentwicklung gebracht haben, von diesem Culturgrade aber
seit einem Jahrtausend kaum bemerkbar vorwärts schritten und trotz bedeu-

B. Der Kampf um den Besitz der Menschen unter einander.

Als der Mensch im Kampfe mit der Natur seine Kräfte erprobt hatte, kehrte er sie, anstatt sie voll und ganz im Ringen

---

tender Einwirkung der ihnen mit Riesenschritten vorauseilenden Indogermanen sich so langsam entwickeln, dass manche Schriftsteller nicht anstehen, ihnen jede weitere Entwicklungsfähigkeit abzusprechen. Denn es kann nicht geleugnet werden, dass das Denkvermögen der lockenhaarigen mittelländischen Rasse, welches schon dem der beiden Schwesterrassen, der Davida- und Nubarasse, überlegen ist, das der mongolischen und der übrigen Rassen der straffhaarigen Abart weit übertrifft. Auch beschleunigt in zweiter Reihe die Bodenfruchtbarkeit die Zunahme der Bevölkerung, diese überall dort, wo sie, wie z. B. in Irland und Indien, in ihrer volkswirthschaftlichen Entwicklung durch die künstliche Besitzcentralisation gehemmt wird, die Vermehrung des Arbeitsangebotes, dieses wieder das Sinken der Löhne, das Schwinden des Mittelstandes und den Niedergang der Bildung, wie er sich in der Rohheit der grossen Masse der irischen Bevölkerung und in dem ganze Bevölkerungsclassen selbst von der elementaren Schulbildung ausschliessenden Kastenwesen Indiens manifestirt. Weiter haben an dritter Stelle jene Völker, die Inseln und Seeküsten, sowie die Flussgebiete der für den Weltverkehr bedeutenden Wasserstrassen bewohnen, seit jeher die freiesten Culturstaaten der Welt gegründet, wofür uns England, Frankreich und die Rheinlande in der Gegenwart, Phönizien, Griechenland und Karthago im Alterthume schlagende Beweise liefern. Ferner unterbricht die Kälte und Finsternis der kalten Zonen ebenso wie die Hitze und Feuchtigkeit der Tropenländer monatelang jegliche Culturarbeit, was eine auffallende Unbeständigkeit und Wankelmüthigkeit des Charakters und Mangel an Gründlichkeit in der geistigen Production der diese Zonen bewohnenden Völker zur Folge hat, wie wir es einerseits an den Völkern der nördlichen oceanischen Urrasse, den Bewohnern der arktischen Zone Europas, Asiens und Amerikas, anderseits an den Berbern Nordafrikas und den Bewohnern Spaniens und Portugals wahrnehmen. Endlich sind die von den Erscheinungen ungezähmter Naturkräfte gewonnenen psychischen Eindrücke, je nachdem sie das menschliche Gemüth mit Furcht vor oder mit Freude an der Natur erfüllen, Quellen des Aberglaubens oder der philosophischen Forschung, Motive zur Darstellung des Monströsen oder des Idealen, der rohesten Fetische oder der edelsten Kunstwerke. Ein Vergleich der Culturen Indiens und Griechenlands bietet dazu treffende Beweise. Doch so sehr wir dies anerkennen, so sind wir nicht minder überzeugt, dass alle diese Cultureinflüsse sich erst dann geltend machen können, wenn der Mensch mit der Erlangung des zur Befriedigung seiner primären Bedürfnisse nothwendigen Besitzes die unterste Stufe seiner Cultur bereits erstiegen hat.

Unser Ideengang stimmt mit dem Resultate der inductiven Forschung Buckle's überein, welcher (in seiner Epoche machenden „History of civili-

mit der ihm allzuoft überlegenen Gegnerin einzusetzen, zum Theile lieber gegen seine Mitmenschen, ursprünglich einzeln, später im

---

sation in England", Leipzig, 1865, I, p. 38) sagt: „Obwohl der Culturfortschritt eventuell das Wachsthum des Reichthums beschleunigt, so ist es nichtsdestoweniger gewiss, dass in den Anfängen der Gesellschaft der Reichthum erst aufgehäuft werden muss, bevor die Cultur beginnen kann." Demnach ist unser Satz „ohne Besitz keine Cultur" auch durch die Autorität dieses scharfsinnigen Briten bestätigt. Erst wenn der Mensch mit Hilfe des Besitzes jene unterste Culturstufe erstiegen hat, beginnen jene übrigen Culturbedingungen ihren Einfluss auf den Menschen zu äussern, und zwar sowohl direct durch günstige Einwirkung auf den leiblichen Typus und den psychischen Charakter eines ganzen Volkes, als auch indirect durch Beförderung der Besitzbildung und damit auch der Freiheit und des geistigen und sittlichen Fortschrittes besitzloser Classen. Die Bildungs- und die Besitzsammlungskraft erscheinen dann als zwei sich im ewigen Kreislaufe bewegende und in ihren Wirkungen einander potenzirende sociale Kräfte, welche die Menschheit dem Ideale des grösstmöglichen Wohlstandes immer näher bringen. Daraus folgt:

a) dass überall dort, wo wir bei der günstigen Gestaltung jener neben dem Besitze für die Culturentwicklung Ausschlag gebenden natürlichen Bedingungen Stagnation oder gar Rückschritt antreffen, dies nicht die Wirkung jener ihrer natürlichen Bedingungen, sondern immer nur die Folge eines künstlichen, die Wirksamkeit jener natürlichen Ursachen einschränkenden oder aufhebenden Eingreifens einer daran interessirten Volksclasse sein kann — und

b) dass es eine falsche Ansicht sei, es werde die Besitzbildung nach der Erreichung der ersten Culturstufe einzig und allein von Naturgesetzen bestimmt, und es sei die Bevölkerung der schönsten Erdstriche zum weitaus grössten Theile zur steten und unausrottbaren Armuth unabänderlich verurtheilt („I think, it be proved, that the distribution of wealth is, like its creation, governed entirely by physical laws; and that laws are moreover so active as to have invariably kept a vast majority of the inhabitants of the fairest portion of the globe in a condition of constant and inextricable poverty." Buckle, a. a. O. S. 48), sowie dass insbesondere die irische und die indische Bevölkerung diesem Schicksale anheim gefallen seien, weil die ausserordentliche Fruchtbarkeit Irlands und Hindostans (im ersteren angeblich seit der Einführung der Kartoffeln!) einen Ueberfluss an Nahrungsmitteln(!) und damit eine riesige Bevölkerungszunahme, grosse Concurrenz im Arbeitsangebote, Sinken der Löhne und Armuth des Volkes verursacht hätten (S. 60, 67 a. a. O.). Wenn diese Ansicht Buckle's richtig wäre, dann würde allerdings die Zukunft des Menschengeschlechtes düster sein! Die Sache verhält sich jedoch in der Wirklichkeit anders. Die Armuth beider von der Natur mit Schätzen jeder Art gesegneten Länder ist, wie wir im Verlaufe dieser Arbeit nachweisen werden, die Frucht der künstlichen Besitzcentralisation englischer Geldaristokratie, was sich schon aus der von Buckle selbst zugegebenen Thatsache ergibt, dass die Bevölkerung beider Länder die grösste

Vereine mit gleichgesinnten, durch den gemeinsamen Zweck der Vergewaltigung Anderer vereinigten Genossen. Man begnügte sich dabei vielfach nicht mit dem geraubten Gute, man bemächtigte sich vielmehr auch zugleich des Beraubten, um ihn zu verspeisen, wie es heute noch an Cannibalen beobachtet wird, beispielsweise bei denen Melanesiens, welche ihre Kriegsgefangenen tödten und aufessen, und bei den malay'schen Battak's auf Sumatra, bei denen es gesetzlich vorgeschrieben ist, die mit den Waffen in der Hand gefangen genommenen Feinde bei lebendigem Leibe zu verspeisen.[1])

Erst als die Menschen gewahr wurden, dass es sich besser lohne, Gefangene zu machen, um sie zu Sclavendiensten zu verhalten, gaben sie, wie wir es heutzutage in vielen Fällen an den Polynesiern beobachten können[2]), die Menschenschlächterei auf, führten sie die Sclaverei und die Frohndienste ein[3]) und begannen

Ungleichheit des Besitzes, sowie der socialen und politischen Macht aufweist. Trotz seiner ausserordentlichen Beobachtungsgabe und seines bewunderungswürdigen Talentes, aus gegebenen Thatsachen sociale Gesetze abzuleiten, ist es Heury Thomas Buckle nicht gelungen, die Taktik des gegenwärtigen Kampfes um den Besitz vollständig zu begreifen. Wäre er ein ebenso vorzüglicher Oekonomist gewesen, als er Statistiker und Philosoph war, er würde durch die Resultate seiner Forschung die Wissenschaft gewiss noch mehr gefördert haben, als es ihm in seinem berühmten Werke ohnehin gelungen ist.

[1]) Vgl. Müller, a. a. O. S. 335, 351 und 361.

[2]) So sagt Perty: „Die Jägervölker tödten gewöhnlich die Kriegsgefangenen, weil sie ihnen zur Last werden; die Hirten und Ackerbauvölker halten sie hingegen zur Arbeit an und bürden ihnen in der Regel die schwerste auf." (Vgl. „Grundzüge der Ethnographie von Dr. Maximilian Perty", Leipzig und Heidelberg, 1859, S. 368.)

[3]) Vgl. E. Wreden, welcher bei der Erklärung des Ursprungs von Zwangsgemeinschaften zu gleichem Resultate gelangt. Dieser hochverdiente Autor sagt (in seinem „Начальный учебникъ Политической Экономіи", С. Петербургъ, 1876, S. 58): „Die Wilden streben nach der Acquisition des fremden Besitzes, unternehmen Raub und Krieg, huldigen anfangs der Menschenfresserei, bis der Cannibalismus der Sclaverei Platz macht."

Nach der Ansicht Roesler's ist das Verspeisen der Gefangenen bei den wilden Völkerschaften deshalb die häufigere Erscheinung, „weil die Ernährung von Sclaven schon mehr Wohlstand voraussetzt"; darnach wäre das Aufhören der Menschenfresserei nicht, wie wir annehmen, Grund, sondern die Folge des Wohlstandes. (Vgl. „Vorlesungen über die Volkswirthschaft von Dr. Hermann Roesler", Erlangen, 1878, S. 24.)

sie nun, gestützt auf den geraubten und durch Sclavenarbeit vermehrten Besitz, anstatt des untereinander geführten Kampfes auch einen gemeinschaftlichen gegen die Natur zu unternehmen: Der Besitzlose wurde in dem mit der Natur seinetwegen geführten Kampfe Streitgenosse des Besitzenden, und es machte sich gleich an der Wurzel der Volkswirthschaft

1) das Gesetz der Abhängigkeit der Besitzenden von ihren zum Kampfe um den Besitz aufgebotenen besitzlosen Streitgenossen — eines der wichtigsten aller den Besitz, seine Bildung und seine Vertheilung regelnden Gesetze — geltend.

Die in dem mit der Natur geführten Kampfe Sieger gewordenen und kraft des jener abgerungenen Besitzes auch in dem um seinetwillen mit den Mitmenschen geführten Kampfe Sieger gebliebenen Streitgenossen bekamen durch die Unterwerfung ihrer Gegner und durch die Aneignung ihres sämmtlichen Besitzes auch die ausschliessliche Verfügung über das für den Weiterkampf nothwendige Waffenarsenal, wodurch die besitzlosen Arbeitskräfte auch dort, wo sie Streitgenossen der Besitzenden wurden, in vollständige Abhängigkeit von diesen geriethen. So machten sich als weitere die Besitzbildung und Besitzvertheilung regelnde Gesetze gleich zu Beginn der Volkswirthschaft geltend:

2) das Gesetz der wirthschaftlichen Abhängigkeit der Arbeit vom Besitze und

3) das Gesetz der infolge dieser Abhängigkeit über die besitzlosen Arbeiter von den Besitzenden ausgeübten socialen Herrschaft, welche uns im Sclavenbesitze als das denkbar höchste Mass socialer Herrschaft entgegentritt.

Die Besitzenden überliessen den in sclavischer Abhängigkeit gerathenen Streitgenossen die gröbsten Arbeiten, sich selbst die Verarbeitung der Erzeugnisse der Sclavenarbeit zu Gütern eines feineren Lebensgenusses vorbehaltend. Es begann die Arbeitstheilung nicht als zufällige gesellschaftliche Erscheinung, sondern als naturgemässe Folge des Kampfes um den Besitz durch den

Befehl des Siegers eingeführt.[1] Erst mit ihr wurde die Trennung der vorzugsweise geistigen und der zumeist mechanischen Functionen möglich. Erst mit ihr machte sich auch die grössere Ueberlegenheit der ersteren über die letzteren geltend und offenbarte sich: 4) das Gesetz des socialen Stufenbaues, wonach die höhere Productionsstufe nur bestehen kann, wenn ihr ein Theil der Producte der niederen Position als bereits erworbener Besitz zur Verfügung steht.

Die Sclaverei als die unterste Stufe der der Arbeit angewiesenen socialen Stellung kennzeichnet trotz ihrer ungeheuren Mängel den zweiten Markstein auf der Bahn menschlicher Wirthschaft[2] und die zweite Stufe zum Throne menschlicher Cultur. Es mag also immerhin absurd erscheinen, ist aber nichts mehr als wahr, wenn wir sagen, dass der Mensch die unterste Stufe der Cultur mit der Erlangung des ersten zur Befriedigung der Bedürfnisse des niedrigsten Grades nothwendigen Besitzes, ihre zweite Stufe mit Beginn der Sclavenarbeit erklommen hatte.[3] Ja ich bin überzeugt, dass überall dort, wo bei Völkerwanderungen eine kräftigere Rasse mit einer schwächeren zusammengestossen war, die schwächere in der Regel nur durch eine Uebergangsstufe der über sie vom Sieger verhängten Sclaverei von dem gänzlichen Untergange bewahrt wurde. Denn nur in diesem Falle wurde sie, als Streitgenossin des Siegers im Kampfe um den Besitz, des Besitzes und durch diesen später auch der Freiheit theilhaftig, während sie bei der Behauptung ihrer Unabhängigkeit in der Nachbarschaft der kräftigeren Rasse unaufhörlich des Besitzes entsetzt wurde und infolge dessen ausgestorben war. So wird die amerikanische

---

[1] Wir schöpfen aus der Geschichte die Lehre, dass der sociale Stufenbau nicht ein zufälliges Uebereinanderlagern höherer und niederer Positionen bildet, sondern dass er das Product der nothwendigen geschichtlichen Aufeinanderfolge der roheren und höheren Productionsstufen vorstellt. (Vgl. „Cursus der National- und Socialökonomie von E. Dühring“, Berlin, 1878, S. 232.)

[2] Vgl. Roesler, a. a. O. S. 38.

[3] Ein bereits cultivirtes Volk hat jedoch bessere Mittel zur Ausbreitung der Cultur unter nicht cultivirten Völkerschaften, als ihnen seine Bildung um den Preis ihrer Freiheit aufzudrängen.

Rasse im Contacte mit der mittelländischen zum geringsten Theile
von der letzteren ausgerottet. Der eingewanderte Europäer ist
kein Cannibale; er eignet sich nur den Besitz des Aboriginers
an. Dadurch wird jedoch letzterer den Naturkräften gegenüber
wehrlos gemacht, was nach den von uns entwickelten Gesetzen
unvermeidlich den Sieg der Natur über ihn, mit einem Worte
seinen Untergang zur Folge hat.

Die Ethnographie registrirt wohl diese merkwürdige Erscheinung; aber soweit unsere Erfahrung reicht, weiss sie selbe
nicht zu begründen. Sie begnügt sich mit der allerdings richtigen
Behauptung, dass die weisse und die gelbe Rasse auf die dunkelfarbigen einen „zersetzenden" Einfluss ausüben, indem überall
dort, wo die mittelländische und die mongolische Rasse durch
das ihnen feindliche Klima der von den dunkelfarbigen Rassen
bewohnten Gebiete nicht hinweggerafft werden, die letzteren vor
ihnen verschwinden.[1]) Die Ethnographie weiss aber nicht anzugeben, worin dieser zersetzende Einfluss bestehe. Der Hinweis
auf das jenen Naturvölkern von den eingewanderten Culturträgern
mitgebrachte Danaer-Geschenk geistiger Getränke und auf die
unter sie verpflanzten Keime geschlechtlicher Krankheiten und
einiger die Bevölkerung decimirenden Laster erklärt diese Zersetzung schon aus dem Grunde nicht, weil einerseits auch hoch-
cultivirte Völker an diesen Uebeln leiden und doch eine be-
schleunigte Bevölkerungszunahme aufweisen, und anderseits un-
cultivirte Völker diese Sittenverderbnis nicht kennen, und sich
dennoch auf Kosten ihrer Nachbarn auszubreiten wissen. Ersteres
gilt insbesondere von den Engländern und Nordamerikanern;
letzteres von den räuberischen Cariben, deren Berührung mit den
friedlichen Antillenos die Vertreibung der letzteren vom heimathlichen Grund und Boden und das Aussterben dieser Insel-
bevölkerung zur Folge hatte. Meiner Ueberzeugung nach besteht
jener zersetzende Einfluss im ersten Grunde darin, dass die unter
die Hottentotten, Neger, Kaffern, Australier und Amerikaner eingewanderten Europäer und die unter die Papuas, Malayen und die

---

[1]) Vgl. Müller, a. a. O. S. 62.

oceanischen Urrassen eingewanderten Chinesen diese Aboriginer des sämmtlichen Besitzes entsetzen, und sie damit auch derjenigen Mittel berauben, ohne welche sie sich zur höheren Culturstufe nicht erheben und daher auch nicht jenen Fond sittlicher Kraft sammeln können, aus welchem sie die zur erfolgreichen Abwendung der gegen sie andringenden Fluth von Sittenverderbnis nothwendigen Vertheidigungsmittel schöpfen könnten. Jene Sittenverderbnis ist also nicht die primäre, sondern eine secundäre Ursache jener Zersetzung.

Wenn wir auch mit dieser Ansicht bis heute vereinzelt dastehen, so scheint sie uns nichtsdestoweniger aus den von uns entwickelten Gründen über jeden Zweifel erhaben, und es würde uns zur Genugthuung gereichen, wenn wir mit den aus den oben aufgestellten Kategorien socialer Gesetze gezogenen Folgerungen die Wahrheit gefunden und damit zur Beleuchtung eines wichtigen Gebietes der Ethnographie beigetragen hätten.[1]

---

[1] Für die Richtigkeit unserer Ansicht sprechen auch die Lehren der Statistik: denn

a) stellt sich nach Casper's Untersuchungen in Berlin, welche durch die Beobachtungen Villerme's in Paris, Körösi's in Pest und G. F. Knapp's in Leipzig unterstützt werden, die durchschnittliche Lebensdauer bei den Reichen auf 50, bei den Armen auf 32 Jahre. (Siehe „Handbuch der vergleichenden Statistik von G. Fr. Kolb", Leipzig, 1879, S. 490—494.) Danach gibt der Zufall dem unter dem goldgestickten Betthimmel der reichen Mutter Geborenen eine Anweisung von vollen 18 Jahren Lebensdauer mehr mit auf den Lebenspfad als demjenigen, welcher unter dem Strohdache der Bettlerin das Licht der Welt erblickt hat. Daraus folgt, dass, je grösser der Wohlstand eines Individuums ist, desto grösser seine durchschnittliche Lebensdauer sei, und dass, weil das Mass des Wohlstandes grossentheils vom Masse des Besitzes abhängt, die durchschnittliche Lebensdauer der Glieder eines Volkes in dem Masse abnehmen müsse, als sie ihres Besitzes entäussert werden. Dies ist nun der Fall bei den dunkelfarbigen Rassen in ihrer Berührung mit der weissen und gelben Rasse;

b) ertheilt das Schicksal dem Todesengel eine grössere Macht über die unehlichen Kinder als über die ehlichen, so dass sich dies Verhältnis gleich den ersten Tag wie 100:161 stellt und in steter Steigerung am Ende des dritten Monats bei dem Missverhältnisse von 100:262 anlangt. (Siehe Kolb, S. 489 und 490 a. a. O.) Da nun die Zahl der unehlichen Kinder mit der Erschwerung der Eheschliessung und diese Erschwerung mit dem Mangel der zur Begründung eines Hausstandes nöthigen Erwerbsbedingungen zunimmt,

Es unterliegt demnach keinem Zweifel, dass mit der Einführung der Sclaverei die Menschen den zweiten erfolgreichen

---

so folgt daraus, dass in einem Volke die Kindersterblichkeit desto mehr grassiren muss, je mehr dessen Angehörige durch die Erschwerung der Besitzerwerbsbedingungen an der Gründung eines Hausstandes gehindert werden, wie dies bei den dunkelfarbigen Rassen nach der unter sie erfolgten Einwanderung der ihnen bezüglich der Erwerbsfähigkeit überlegenen Europäer und Chinesen in der That geschieht;

c) ist, je höher die Getreidepreise sind, desto grösser auch die Zahl

α) der Todtgeborenen,

β) der in dem Theuerungsjahre Concipirten oder Geborenen und nach Jahren bei der Assentirung als zum Militärdienst untauglich Befundenen — und endlich desto grösser

γ) die Zahl der Sterbefälle. (Siehe Kolb, S. 490 und 491 a. a. O.)

Wenn nun schon die grössere Schwierigkeit der Anschaffung des Getreides für die Bewegung der Bevölkerung sich so nachtheilig erweist: wie unheilvoll muss dann nicht erst die Unmöglichkeit der Anschaffung desselben darauf wirken! Diese Unmöglichkeit tritt nun vielfach ein bei der Einwanderung der weissen und gelben Rasse unter die dunkelfarbigen, indem die ersteren den letzteren durch die Entziehung von Grund und Boden die Möglichkeit zum Anbaue und durch Ausbeutung ihrer Besitzherrschaft durch Lohnverkürzungen auch die Möglichkeit zum Ankaufe des Getreides entziehen;

d) wird unsere Ansicht auch durch analoge Erscheinungen in der Bewegung der Volkszahl des unter die Völker der mittelländischen Rasse eingewanderten jüdischen Stammes unterstützt. Die nicht wegzuleugnende Thatsache seiner im Vergleiche zu den ersteren weit grösseren Vermehrung wird von den Statistikern durch eine besondere Lebenskräftigkeit der semitischen Rasse erklärt, doch unserer Ueberzeugung nach mit Unrecht. Auf Grund unserer Beobachtungen des Lebens und Schaffens des jüdischen Stammes in Oesterreich, Deutschland, Frankreich, England und Russland haben wir die Ueberzeugung gewonnen, dass es nur der in den Händen der Juden reichlich angesammelte Besitz ist, welcher für sie das Verhältnis ihrer Vermehrung zu der Bevölkerungszunahme jener der mittelländischen Rasse angehörigen Völker ebenso günstig stellt, wie für die letzteren ihre Uebermacht des Besitzes das Verhältnis ihrer Vermehrung zu der der dunkelfarbigen Rassen, unter welche sie einwandern. Diese Ueberlegenheit des jüdischen Besitzes ermöglicht die frühzeitige Begründung des Hausstandes, die häufigere Heirathschliessung, die Schonung der Weiber insbesondere durch Haltung christlicher Ammen (was in unserem Vaterlande beinahe ausschliesslich die Regel bildet), die Anschaffung der comfortabelsten Wohnungen in den gesündesten Stadttheilen, häufigen Gebrauch von Bädern und, was die Hauptsache ist, eine vorzügliche Kindererziehung. Der Besitz ist die Quelle der Nüchternheit, des Fleisses und der Sparsamkeit des Juden. Das sind die Geheimnisse der Widerstandskraft und der Lebensfähigkeit des jüdischen Volks-

Schritt zur Bekämpfung der Natur, zur Erhebung auf ein höheres
Productionsniveau — mit einem Worte zur Cultur machten; und
wenn dies auch paradox klingen mag, so ist es dennoch eine
wahre Thatsache der Culturgeschichte. Wenn demnach der in
die Geschichte des Kampfes um den Besitz Uneingeweihte nur
mit Verachtung auf Zustände zurückblickt, wo nicht nur der
Kriegsgefangene, sondern selbst das Weib und die Kinder des
Siegers in der Knechtschaft schmachteten, und hiefür einen Er-
klärungsgrund nur in der rauhen Sitte sucht, erblickt der politische
Oekonom den Grund der Herrschaft des pater familias über sie
in der nothwendigen Taktik des Kampfes um den Besitz durch
die Organisation der Streitgenossenschaft, d. i. durch
die Begründung und Behauptung einer Gewalt, die über
die Natur vermittelst der Arbeit Anderer herrscht.

stammes; sie müssen in der Taktik seines Kampfes um den Besitz,
aber nie und nimmer in einer besonderen Lebenskräftigkeit der
semitischen Rasse gesucht werden;

c) endlich wird unsere Ansicht auch durch die vom Altvater der politischen Oekonomie, von Adam Smith (in seinem Buche: „An inquiry into the
nature and causes of the wealth of nations", Basil 1801, vol. I, chap. VIII,
p. 121), ausgesprochene These unterstützt, dass sich jede Thiergattung auf
natürlichem Wege im Verhältnisse zu ihren Subsistenzmitteln vermehre
(„Every species of animals naturally multiplies in proportion to the means
of their subsistence"), und dass sich keine Gattung jemals rascher
als ihre Existenzmittel vermehren könne („and no species can ever
multiply beyond it"). Umgekehrt muss also jede Gattung mit der Abnahme
ihrer Subsistenzmittel abnehmen, und wenn sie ihres Gesammtbesitzes beraubt
wird, zu Grunde gehen. Nun kann beispielsweise nach der Heimstättenbill
vom 20. Mai 1862 jeder Bürger und jeder Eingewanderte in den Vereinigten
Staaten Nordamerikas 160 Acres vermessenes Staatsland in jedem Theile des
Landes gegen blosse Registrirgebühr von 10 Dollars in Besitz nehmen,
wenn er nur die Erklärung abgibt, Bürger der Union werden zu wollen. Von
dieser Freiheit können wegen Mangels des zum Anbau nothwendigen Capitals
die armen Aboriginer keinen Gebrauch machen, weshalb nach und nach das
ganze Land in den Besitz der weissen Rasse übergehen und damit auch der
letzte Rest der dort bis heute erhaltenen Stämme amerikanischer Rasse aussterben wird.

So gross ist die Bedeutung des Besitzes für die Menschheit. Einerseits
ein Mittel zur Bildung und Freiheit, ist er anderseits ein schrecklicher Cultur-
vertilger und Menschenwürger, erbarmungsloser als Attila und Tamerlan.
Gewiss Grund genug zur Forschung nach den Gesetzen dieser seiner Doppelnatur!

Wir sehen demnach gleich zu Beginn der Volkswirthschaft
den Menschen bestrebt, die Natur mit Hilfe des Mitmenschen zu
bekämpfen. Wir werden jedoch zugleich inne, dass er den Mitmenschen zu diesem Kampfe zwingt und den Zwang durch den
Besitz ausübt; wir finden diesen Zwang trotz der Abhängigkeit
des Besitzenden von seinem besitzlosen Streitgenossen verwirklicht
und den letzteren vom ersteren beherrscht: wir erkennen

5) das Gesetz des wirthschaftlichen Faustrechtes,
wonach unter den zum Kampfe um den Besitz vereinigten Streitgenossen die Schwächeren von den Stärkeren rücksichtslos ausgebeutet werden, nicht als Product der geschichtlichen Entwicklung, sondern als die unabwendbare Folge der Ungleichheit
der einander ohne Rechtsschutz gegenübertretenden socialen Kräfte.

Jene mit dem auf Raub und Sclaverei beruhenden Besitze ver-
knüpfte Herrschaft des Menschen über den Menschen wurde im
Laufe der Zeiten gemildert. Die Herren wurden des Unterschiedes
zwischen der rohen, nur auf der Muskelkraft beruhenden, und der leitenden, eine besondere Geschicklichkeit und hervorragende Geistes-
gaben erheischenden Arbeit gewahr. Sie zögerten einerseits nicht,
den zur Ausbildung ihrer Sclaven nothwendigen Aufwand zu machen,
anderseits gewährten sie ihnen Ertragsantheile und die Freiheit,
durch besonderen Fleiss Sonderbesitz zu erwerben,[1]) um dadurch
ihren Fleiss und Erfindungsgeist anzuspornen. Dies verbesserte
die Lebensweise des Sclaven, vermehrte aber auch seine Bedürfnisse.
Die Folge davon war seine persönliche Entwicklung. Diese
Culturfortschritte einerseits und die Aussicht auf den Loskauf [2])

---

[1]) So schon bei Griechen und Römern, bei denen dieser Sonderbesitz der
Sclaven allerdings noch sehr problematisch war, da er bei den ersteren dem
Sclaven jederzeit entzogen werden, bei den letzteren (peculium genannt) von
den Gläubigern des Herrn als Befriedigungsmittel mit Beschlag belegt werden
konnte. (Vgl. Büchsenschütz, 163, Puchta's Inst. III, 56, 145. Adolf
Wagner's Lehrbuch der politischen Oekonomie, 1879, I, 1. S. 402, Note 28.)

[2]) Gegen Zahlung einer Abgabe wird dem Unfreien von seinem Herrn
die freie Verfügung über seinen Besitzerwerb eingeräumt. Solche Fälle sind
die $\dot{\alpha}\nu\alpha\varphi o\varrho\dot{\alpha}$ in der altgriechischen Sclaverei und der „Obrok" in der russischen
Leibeigenschaft, die Ablösung der Dienste gegen Geld bei den Liten. (Vgl.
Adolf Wagner, a. a. O. S. 404 und 405.)

anderseits sorgten dafür, dass sich der Sclave die Gelegenheit
zum Besitzerwerb nicht so leicht entgehen liess: der Sclave begann den Kampf um den Besitz als die Grundlage seiner socialen
Unabhängigkeit. Mit dem siegreichen Fortschreiten in diesem
Kampfe ging die Umwandlung der Sclaverei in die Frohnarbeit
und die Aufhebung der letzteren sammt der Einführung der
Lohnarbeit allmählich vor sich.

Der durch den Besitzerwerb persönlich freigewordene Hörige
erwarb entweder Grundbesitz und verwirklichte auf demselben,
allerdings durch die Zwischenstufen des Colonats[1]) und der Erbpacht[2]), den Charakter eines selbstständigen freien Mannes, oder
er zog in die Stadt und wurde freier Gewerbetreibender: der
Besitz wurde die Bedingung für die Erfüllung der Idee der persönlichen Entwicklung, d. h. der Freiheit, und der Kampf um
den Besitz gleichzeitig ein Kampf um die Freiheit.

So machte sich frühzeitig in der Volkswirthschaft ein weiteres
wichtiges sociales Gesetz geltend:

6) das Gesetz der aus dem Besitze fliessenden persönlichen Freiheit.

---

[1]) Da der Besitzerwerb durch die besitzlose Arbeit eine nothwendige
Consequenz der von uns aus dem Zwecke und dem Wesen des Besitzes ab-
geleiteten socialen Gesetze ist, so musste auch die besitzlose Sclavenarbeit
mit der Zeit dem Sclaven zum Besitze verhelfen. Es kann demnach für denjenigen, der mit der Geschichte der Taktik des Kampfes um den Besitz halb-
wegs vertraut ist, gar nicht zweifelhaft sein, dass sich das Colonat aus der
älteren Sclaverei, sei es, wie Rodbertus nachweist, durch Parcellirung der
Latifundien und Ueberlassung derselben an Sclaven gegen Naturalpacht, um
(wie Puchta meint) durch Aneiferung und Auspornung der Sclaven den Herren
eine erheblichere Rente vom Gute zu sichern, oder sei es auf anderem Wege,
entwickelt hatte. (Vgl. Adolf Wagner, a. a. O. S. 395, Note 12, mit dem
wir aus diesen Gründen übereinstimmen.)

[2]) Die Erbpacht entwickelte sich gleichfalls nach dem Gesetze der aus
dem Besitze fliessenden Freiheit durch schrittweise Befreiung des von den
Colonen erkämpften Besitzes von den auf ihm haftenden Lasten, indem das
Mass der Naturalabgaben streng begrenzt, der vom Colonen angesammelte
Mobilarbesitz von demselben ausgenommen, die willkürliche Besitzentsetzung
des Colonen und endlich auch der Rückfall seines Besitzes nach seinem Tode
an den Herrn aufgehoben und das Erbrecht des Colonen eingeführt und
gesetzlich geregelt wurde.

F. L. Chleborad, Der Kampf um den Besitz. 2

Als die Bande der ursprünglichen Unfreiheit durch den Besitz gelockert worden waren und die Befreiten die süsse Frucht der Freiheit gekostet hatten, begannen auch die Nichtbesitzenden dort, wo die Idee der natürlichen Rechtsgleichheit Wurzel gefasst hatte, das, was die Besitzenden als natürliche Frucht ihres Besitzes ernteten, als die Bedingung ihrer Entwicklung, ihres Fortschrittes und ihrer Selbstbestimmung selbstbewusst zu fordern. Es war natürlich, dass diese Freiheitsbestrebungen von denjenigen Stätten ausgingen, wo die Idee der Rechtsgleichheit am frühesten lebendig wurde — von den Städten. Die in den Städten erkämpfte und hinter ihren Wällen behauptete Freiheit setzte die Bürger in den Stand, sich auf jenes Arbeitsfeld zu werfen, zu welchem die meiste Lust und Fähigkeit sie hindrängte. Indem der Einzelne die freigewählte Aufgabe mehr oder minder vollkommen löste, wurde sie zugleich für die ganze bürgerliche Gesellschaft gelöst, welche ihm ihrerseits aus dem gemeinschaftlichen Schatze der vervollkommneten Leistungen Aller als Gegenwerth so viel bot, als er ohne jene Concentration aller seiner Kräfte auf ein bestimmtes Arbeitsfeld trotz ihrer grössten Anspannung nie erreicht haben würde. In dieser Differenzirung und Individualisirung als Bethätigung der besonderen Kräfte des Einzelnen in einer freigewählten Lebensaufgabe offenbarte sich:

7) das sociale Gesetz, dass die Freiheit Mutter der Individualität sei.

. In dieser Individualisirung liess sich nicht nur Gleichartigkeit innerhalb der Ungleichartigkeit des Schaffens unterscheiden, so dass aus den verschiedenen Individualitäten Gruppen gleicher Art, wie die für die besonderen Zweige der wirthschaftlichen Arbeit bestimmten und die den besonderen geistigen Aufgaben nach den Kategorien des Glaubens und Wissens geweihten Berufsstände und unter diesen wieder speciell die öffentlichen Berufsstände, hervortraten, sondern es machte sich mit derselben naturgemäss jene Erscheinung bemerkbar, unter deren Voraussetzung man sich eben zur Pflege des individualisirten Schaffens entschlossen hatte — die Gegenseitigkeit der Leistungen aller in einer Gemeinschaft lebenden Individuen: es begann das Inein-

andergreifen der Gewerbe und die Verkettung der Verkehrsinteressen als Bestätigung des socialen Gesetzes:

8) dass die Entwicklung der Individualität die
Haupt-Triebkraft des Verkehrs sei.

Der Verkehr knüpfte mit seiner tausendfach verschlungenen
Kette den Einzelnen an die Gemeinschaft. Mit der Ausbildung
der Individualität wurden dem individuellen Egoismus Fesseln
angelegt. Es war ihm nicht mehr gestattet, seine Ziele so rücksichtslos wie früher zu verfolgen. Indem die Einzelnen bei ihrem
Schaffen auch die Interessen der Gesammtheit berücksichtigen
mussten, wurde der Gemeinsinn geweckt, und indem die Entwicklung der Individualitäten als Pulsader des Verkehres, die
Verkettung seiner Interessen als das gegenseitige Bedingtsein
der Individuen, ihre organische Verschiedenheit als Grund ihrer
organischen Gliederung und die Bethätigung ihrer Individualität
als Recht dieser Ordnung zur Erkenntnis und Verwirklichung
gelangte, wurden die Ideen der menschlichen Gemeinschaft, ihrer
Ordnung und ihres Rechtes erzeugt und verwirklicht. Daher
waren die Freiheit, die Entfaltung der Individualität und der
Verkehr in den Städten des Mittelalters die treibenden Kräfte
des Gemeinsinnes ihrer Bürger, ihres Gemeinwesens und ihres
Rechtes. Die durch das Recht gesicherte Ordnung des Verkehrs
ermöglichte es der Arbeitskraft und dem Capitale, in den Städten
Verwendung zu suchen, und Erwerb und Wohlstand in denselben
zu verbreiten. Der entwickelte Freiheitssinn der Bürger nahm
dann die vor den Bedrückungen der feudalen Grundherren
fliehenden Hörigen in Schutz, so dass letztere in die Städte
förmlich strömten. Die dadurch vermehrte Consumption steigerte
naturgemäss die Production; es wuchs das Bedürfnis weiterer
Arbeitskräfte.[1] Um die ländliche Bevölkerung noch mehr heranzuziehen, mussten die Gewerbetreibenden für höhere Löhne, sowie
für Erwerb und Besitz sichernde Institutionen sorgen: sie erwirkten

[1] Vergleiche die ausgezeichnete Abhandlung „Zur Entstehung des deut-
schen Zunftwesens" von Prof. Wilhelm Stida in den Jahrbüchern für
Nationalökonomie und Statistik, herausgegeben von Bruno Hildebrand und
Johannes Conrad, Jena, 1876, II. Band, S. 59 u. f.

2*

das Zunftrecht. Die Zünfte erfreuten sich der Autonomie, d. h. sie hatten das Recht der Gesetzgebung und der Gerichtsbarkeit innerhalb des Zunftverbandes. Die Arbeit war in der Person der Meister völlig frei. Dem Gesellen und dem Lehrlinge eröffnete sie wenigstens die Perspective zur Meisterschaft und damit zur socialen Freiheit. Diese in den mittelalterlichen Städten als Wohnstätten der Freiheit offen gestandene Möglichkeit, im Kampfe um den Besitz nur durch persönliche, mit wenigen Werkzeugen unterstützte Arbeitskraft Besitz und in der Regel auch Wohlstand zu erwerben, lieferte den Beweis von der Macht des socialen Gesetzes:

9) dass der freie Verkehr den Wohlstand erzeugt.

Mit dem Wohlstande erreichten die Arbeitsclassen die sociale Unabhängigkeit und ausgedehnte politische Freiheit, welche den Aufschwung des mittelalterlichen Bürgerthums im Gefolge hatten, mit dessen goldenem Zeitalter die Periode der Herrschaft der Arbeit über das Capital zusammenfällt.[1])

So haben wir an dem Wohlstande des mittelalterlichen Bürgerthums die Richtigkeit des von uns aufgestellten nationalökonomischen Systems (Prag 1869) erprobt, wonach die Freiheit zur Entwicklung der Individualität, die Entfaltung der Individualität zum Verkehre, der Verkehr zum Wohlstande und der Wohlstand wieder zur Freiheit im ewigen Kreislaufe führt.

In der vorstehend geschilderten günstigen Lage befand sich die besitzlose gewerbliche Arbeit, als ihr die drei mit dem Steuerbewilligungsrechte ausgestatteten Stände, die Prälaten, die Ritterschaft und die Städte, sowie die Hintersassen, Kammerbauern und die wenigen freien Bauernschaften als die damals besitzenden Classen gegenüberstanden. Der besitzlose Arbeiter

---

[1]) Vergleiche „Vorlesungen" über die Volkswirthschaft" von Dr. Hermann Rösler, Erlangen, 1873, S. 114, dann: „Die Wirtschaft des Menschengeschlechtes" von Julius Fröbel, Leipzig, 1870, I, 22. Letzterer sagt treffend: „Man kann die reale oder praktische Freiheit demnach nur auf dem Umwege der Wirthschaft erlangen, die im Vermögen, als der Summe der menschlichen Hilfsmittel, die Macht schafft, ohne welche die Freiheit nur im Reiche der Gedanken lebt."

konnte durch Gewerbfleiss Capitalist, städtischer Haus- und ländlicher Grundbesitzer, Vollbürger und Patricier werden. Es war ihm der Weg dazu nur durch ganz unbedeutende Verbrauchssteuern etwas rauh gemacht, da die damaligen Stände, wiewohl sie die Kunst der Steuerabwälzung auch schon fleissig übten, die übernommenen Steuern durch Anwendung des Subcollectationsrechtes[1]) auf ihre Unterthanen, die Hintersassen, und überhaupt auf den Kleingrundbesitz zu wälzen pflegten, so dass die Besitzlosen, von den durch die Regalien ihnen auferlegten unbedeutenden Steuern abgesehen, in Rücksicht der Steuerlast leer ausgingen. Minder günstig gestaltete sich die Lage des Klein- und auch des Mittelgrundbesitzes. Solange die Gleichheit der im religiösen Cultus und in der Waffenpflicht ausschliesslich concentrirten gesellschaftlichen Leistung der sämmtlichen Gesippten auch die Gleichheit des Anrechtes am Stammbesitze bedingte, konnte von einem Dienstverhältnisse unter den einzelnen Sippschaftsgenossen keine Rede sein. Als jedoch der in Feindesland hineingetragene Kampf um den Besitz die Gesippten von einander trennte und das eroberte Land ohne Rücksicht auf die Geschlechtsgemeinschaft nach Laune des Kriegsgottes unter die den verschiedensten Sippen angehörigen Waffengefährten vertheilte; als die mit dem Könige in den Krieg gezogenen und mit dem Grund und Boden der Besiegten von ihm beschenkten Heerführer nicht nur Grundbesitz, sondern auch die darauf sitzenden Leute unter dem Titel des Feudum mit dem ausschliesslichen Verfügungsrechte erhielten und die Sesshaften demgemäss als Sachen, d. h. wie jede andere Fahrnis, behandelten, da konnten diese Rechtsverhältnisse nicht ohne Rückwirkung auf die heimathlichen ökonomischen Verfassungsformen bleiben. Die durch den Krieg und seine Erfolge eingeleitete Wandlung der Freiheit zur Unfreiheit wurde überdies noch durch die Arbeit des Friedens gefördert, indem die Gesippten zu Axt und Pflug griffen, Haus und Hof errichteten und den Boden durch die auf Jahre hinaus berechnete Fruchtwechsel-

---

[1]) Vergleiche „Finanzwissenschaft" von Adolf Wagner, 2. Theil, Leipzig und Heidelberg, 1880, S. 213.

wirthschaft zu bebauen anfingen. Da musste sich nun anstatt des lockeren Verhältnisses einer dem Wechsel unterliegenden Nutzniessung die Unentsetzbarkeit von Grund und Boden und die volle Verfügungsfreiheit über denselben auch aus dem wirthschaftlichen Güterleben herausbilden. An die Stelle des Princips der Besitzzutheilung durch die Gemeinschaft trat dasjenige des individuellen Schaffens; die Bande zwischen dem Individuum und seinem Grundbesitze wurden gefestigt: es wurde das Institut des mit der Freiheit des Veräusserungsrechtes ausgerüsteten Grundeigenthums begründet.

Die Gründung dieses hochwichtigen Institutes bezeichnet eine im Interesse der menschlichen Culturentwicklung nothwendig gewesene Phase, weil die ursprüngliche nur auf gemeinschaftliche Nutzung des der Sippe angewiesenen Grund und Bodens gegründete Volkswirthschaft das Volk auf einer niedrigen Wirthschaftsstufe festhielt und dasselbe zur allgemeinen Armuth verurtheilte. Erst durch die Begründung des Grundeigenthums war der Liebe zu eigener Arbeit, der Anhänglichkeit an den eigenen Herd, dem Streben nach individueller Entwicklung die Bahn völlig erschlossen.

Dagegen begann mit der Einführung des Grundeigenthums, infolge seiner im Besitzerwerbe und Besitzverluste sich äussernden schrankenlosen Verfügungsfreiheit, die Ungleichheit der Gütervertheilung rapid zuzunehmen. Sobald durch Misswirthschaft oder Elementarschäden die Grundrente ausblieb, waren die Grundbesitzer gezwungen, den fehlenden Lebensbedarf theils durch Verschuldung, theils durch Verdingung bei den Capitalisten sich zu beschaffen. Dadurch geriethen sie in Abhängigkeit von den letzteren und wurden, obwohl rechtlich freie Grundeigenthümer, gesellschaftlich abhängige Schuldner und Arbeiter der Capitalisten.

Auch der freie Handwerkerstand ward in dem Masse, als die fortschreitende Industrie mehr und mehr Maschinen erforderte, vom Capitale abhängig, indem der sein Capital der Arbeit zur Verfügung überlassende Capitalist dem Arbeiter die Bedingungen dieser Ueberlassung dictirte und ihm mit dem Preise dieser Ueberlassung indirect auch das Mass der Arbeitsleistung vorschrieb. Natürlich war der besitzlose Arbeiter in Ermangelung einer anderen Erwerbsquelle genöthigt, diese Bedingungen aus Rücksicht für seine Selbsterhaltung anzunehmen und einen Vertrag zu schliessen, welchen man sonderbarer Weise „den freien Lohnvertrag" zu nennen beliebte. Die mit dem Aufschwunge der Grossindustrie zunehmende Nothwendigkeit grosser Anlage- und Betriebs-Capitalien liess das Missverhältnis zwischen dem Capitalbedarf und der Capitalnoth von Seite der besitzlosen Arbeit noch greller hervortreten. Der Kampf um den Besitz gestaltete sich für sie je weiter, desto ungünstiger, bis sie endlich nicht nur jegliche Besitzsammlungsmöglichkeit und damit auch jegliche Entwicklungsfähigkeit, sondern durch die dutzendfach gelegte Kette der den karg bemessenen Lohn angreifenden Verbrauchssteuern sogar die Selbsterhaltungsfähigkeit verlor. Der Besitz, sowohl Werth- als Grundbesitz, ursprünglich ein Mittel zur Beherrschung der Natur und zur Freiheit, ward nun in der Hand des Capitalisten ein Werkzeug zur Beherrschung des Menschen durch die Natur und zur Unfreiheit.

II.

Die Taktik des Kampfes um den Besitz.

A. Der Kampf der Gegenwart oder das Vorherrschen des Kampfes der Menschen unter einander.

a. Der Besitzenden unter einander.

α. Die natürliche Besitzcentralisation.

Der Besitz, ursprünglich die Frucht eigener Thatkraft, wurde von nun an von den Besitzlosen für die Besitzenden gesammelt und die Vertheilung der Arbeit und des Genusses nach der Regel: „dem Einen der Kampf, dem Andern die Beute" vorgenommen; nur in den seltensten Fällen wurde dem Verdienste seine Krone.[1]) Von da an beginnt das in dem Gesammtbesitze der Sippe unmöglich gewesene Kräftespiel der stärkeren und schwächeren Wirthschaftskräfte. Die durch den angestammten Grossgrundbesitz mächtigen Geschlechter wussten ihre Macht über den kleinen und mittleren Grundbesitz dadurch auszudehnen, dass sie die darauf sitzenden Eigenthümer zu der Erklärung, „ihren Besitz von ihnen zu Lehen anzunehmen", veranlassten. Die Folge davon war die allmähliche Beseitigung der Bauern-

---

[1]) Mit Recht sagt Ihering: „Der Frieden ohne Kampf, der Genuss ohne Arbeit, gehört der Zeit des Paradieses an; die Geschichte kennt beide nur als Resultate unablässiger, mühseliger Anstrengung" (siehe Ihering, „Der Kampf um's Recht", Wien, 1877, S. 3). Nur würde man irren, wenn man dabei nur an die eigene Arbeit denken würde. Denn Genuss ohne Arbeit und Arbeit ohne Genuss ist leider heutzutage die Regel in unserem irdischen Jammerthale; und es wäre arge Selbsttäuschung, wenn man das Gegentheil glauben würde.

oder Dorf-Rechte und die beinahe allgemeine Unterwerfung des seiner Freiheit beraubten kleinen und mittleren Grundbesitzes unter den Grossgrundbesitz. So sehen wir einerseits den Uebergang der Kleingrundbesitzer in den Stand der dem Grossgrundbesitzer dienenden Tagarbeiter und anderseits den Austritt der mit kleinen Mitteln arbeitenden Unternehmer aus der Werkstatt und den Eintritt derselben in die Fabrik als Fabriksmeister, kurz die Aufsaugung des Kleinbesitzes durch den Grossbesitz überall dort sich verwirklichen, wo die ihrem Zwecke nach zur weisen Leitung dieses Kräftespieles berufene Staatsgewalt die Rolle eines müssigen Zuschauers beobachtet hatte. Statistische Nachweise belehren uns, dass der Kleinbesitz in allen Culturstaaten, je weiter desto mehr, proletarisch wird. Er wird es trotz verzweifelten Ringens um den Besitz, während letzterer dem Grossbesitze in Gestalt von Grund- und Capital-Renten kampflos in den Schoss fällt, um abermals in Gestalt von Grund und Boden in der Grossindustrie und im Grosshandel angelegt zu werden.

So wird in steter Wechselwirkung zwischen Ursache und Folge die Consolidation des Grundeigenthums und die Agglomeration des Capitals, mit Einem Worte die Besitzcentralisation, gefördert.

Dieser Process ist ein naturnothwendiger, weil mit dem Wesen des Besitzes gegebener. Denn seine Erhaltung wird durch seine Productivität bedingt. Ein unproductiver Besitz wird schon durch die ihm vom Staate des Schutzzweckes halber auferlegten Steuerleistungen aufgezehrt. Das Gesetz der Productivität gebietet dem Besitzer rastlose Arbeit zur Verwandlung der unscheinbarsten Besitzobjecte zu Gegenständen des höchstmöglichen Werthes und zur Erzeugung des grösstmöglichen Masses neuer Güter aus dem jeweiligen Besitzquantum bei möglichst geringen Gestehungskosten, wodurch wieder die mächtigsten Impulse gegeben werden zu Verbesserungen in der Technik und im Betriebe, sowie zu der die Bewegung des Marktpreises ihrer steten Berechnung unterziehenden Speculation. Das Gesetz der Productivität bestimmt daher jeglichen Besitz, sich mit Hilfe des darin angelegten und darauf verwendeten

Betriebscapitals durch eine neue, die Gestehungskosten an Werth übersteigende Gütererzeugung zu vermehren. Mit dieser Vermehrungstendenz geht die Anziehung, welche der Anlagebesitz auf das Betriebscapital stets ausübt, Hand in Hand; sie potenziren sich, und die Folge davon ist die Besitzcentralisation.

Dieser Process entwickelt sich unaufhaltsam vor unseren Augen, und die bisherigen Errungenschaften auf allen Gebieten des menschlichen Wissens und Könnens haben denselben immer nur verstärkt. Denn nach dem Gesetze des socialen Stufenbaues ist der Mittelstand (von besonderen Naturanlagen natürlich abgesehen) an Kenntnissen und Fähigkeiten reicher als der Stand der Kleinbesitzer und hat daher in dem Fonde seiner geistigen Güter auch die Mittel, welche seine Arbeit vollkommener und productiver machen. Deswegen kommen auch alle Entdeckungen, Erfindungen und Fortschritte in der Industrie, Kunst und Wissenschaft vor allem dem Gross- und Mittelbesitze zugute. Die grossartigen Erfindungen auf dem Gebiete des Maschinenwesens, angewendet zur Förderung der Ertragsfähigkeit von Grund und Boden, haben das Steigen der Grundrente des Grossgrundbesitzes, zugleich aber auch das Sinken derselben für den Kleingrundbesitz zur Folge gehabt und zwar durch Massenproduction von Seite des ersteren und die damit Hand in Hand gehende Verwohlfeilerung der landwirthschaftlichen Producte beider. In der Maschine erhielt der Grossgrundbesitzer den gehorsamsten, ausdauerndsten und kräftigsten Sclaven und somit die Möglichkeit, seinen Grund mit den spärlichsten Arbeitskräften zu bebauen und das Pachtsystem aufzugeben. Damit entfielen jedoch reiche Quellen rudimentärer Besitzbildung den von der Pacht lebenden und bei der Uebernahme derselben selten mehr als den Pachtschilling und die Caution besitzenden Individuen. In der Maschine erhielt auch der Grossindustrielle den anspruchlosesten Arbeiter, und er vermag nun so wohlfeil zu produciren, dass mit seinen Leistungen die Handarbeit des Handwerkers nicht mehr concurriren kann. Unter den zwei Hauptarten des Grossbesitzes selbst ist es wieder der mobile oder der Werthbesitz, welcher wegen der ihm innewohnenden unbegrenzten Expansivkraft den dem Raume nach beschränkten Grossgrundbesitz aufsaugt.

Diese hochwichtigen socialen Erscheinungen fanden bis jetzt wenig Berücksichtigung seitens der massgebenden staatlichen Verwaltungsorgane, und dies aus selbstverständlichen Gründen. Die zur Regierung berufenen Staatsmänner sind zwar in der Regel die Tüchtigsten und Besten, welche die Herrscher gefunden und im eigensten Interesse mit der Regierung betraut haben; aber sie recrutiren sich fast ausnahmslos aus jener Classe, welche kraft ihres Besitzes die zu diesem Berufe nothwendige Bildung sich anzueignen in der Lage ist: d. i. aus der Classe des Mittel- und Grossbesitzes. Daraus folgt, dass diese, weil sie sich im neuen Berufe ihrer bisherigen Denk- und Handlungsweise in der Regel nicht zu entäussern vermögen und aus dem Boden, in welchem sie mit ihrem Dasein Wurzel geschlagen haben, sich sehr schwer herausreissen und in den ideellen Boden eines abstracten Wesens, als welches wir uns den Staat von seinem Gesellschaftskern getrennt vorstellen, verpflanzen lassen, daher auch ohne Absicht und in der Regel gegen ihre bessere Absicht das Interesse ihrer Gesellschaftsclasse vorzugsweise fördern.

Diese von der Staatsverwaltung ausgehende natürliche Besitzcentralisation ist also nicht eine künstliche, vorbedachte und planmässige, sondern in ihrem letzten Grunde eine von den einzelnen Besitzkörpern der Gesellschaft ausgehende und kraft des Gesetzes des socialen Stufenbaues verwirklichte natürliche Besitzcentralisation. Sie wirkt ebenso von oben nach unten, wie von unten nach oben und nimmt mit der Grösse des Besitzes progressiv zu. Sie vollzieht sich gemäss der Attraction, welche unter den einzelnen socialen Besitzkörpern ebenso naturgemäss wirkt, wie die natürliche Anziehungskraft unter den Atomen der physischen Körper. Demnach gleicht die Geschichte der Besitzbildung einem natürlichen Krystallisationsprocesse, indem die im Volke zerstreuten Besitzatome, sich um einzelne Krystallisationspunkte gruppirend, sich zu festen Körpern formiren, um nach vollendeter Krystallbildung neben ·wenigen grossen Krystallen eine Unzahl Krystallstäubchen in der Mutterlauge des Proletariats zurückzulassen.[1])

Diese seit der Einführung des Sonderbesitzes durch die natürliche Besitzcentralisation rapid zunehmende Ungleichheit in der Besitzvertheilung wird gewaltig gefördert durch

β. Die künstliche Besitzcentralisation.

Jene natürliche Besitzcentralisation genügte dem Interesse der Besitzenden keineswegs. Aus Furcht, das durch Gewalt Erworbene durch die Macht des Stärkeren wieder zu verlieren, suchten sie seit jeher ihren Besitz durch die sogenannten moralischen Mächte zu stützen und zu schützen. So sind die Gründer Roms Räuber und Mörder; was sie brauchen, das nehmen sie.[2]) Sie rauben selbst die Töchter der Gastfreunde. Ihr Anführer schreitet durch den Brudermord zur Alleinherrschaft. Durch Einführung von neuen Göttern und durch Regelung des Cultus gehen sie daran, das mit Gewalt Erworbene durch Gesetz und

---

[1]) Verfasser ist von der natürlichen Besitzcentralisation überzeugt, trotz der von unserem hervorragendsten Lehrer der Finanzwissenschaft (siehe „Lehrbuch der Finanzwissenschaft" von Dr. L. v. Stein, Leipzig, 1878, I, S. 450) ausgesprochenen Ansicht, dass es unmöglich sei, dass ein Millionär jemals so viel Einkommen aus jedem Hundert erziele, als z. B. der kleine Gewerbsmann, und dass der Unterschied beider deshalb darin bestehe, dass der Gesammtbetrag des Ueberschusses durch die vielfache Wiederholung des kleinen Ertrags zuletzt grösser sei, als der des kleinen Capitals bei grösseren Ueberschüssen der einzelnen Einheiten. Der Grund dieser Behauptung dürfte in den eigenen Worten L. v. Stein's gefunden werden: dass „im täglichen Leben sehr reiche Leute gelegentlich sehr geringe Einnahmen und ganz vermögenslose sehr grosse, sogar oft ganz regelmässige Einnahmen haben" (S. 451 a. a. O.). Allerdings gelegentlich! In der Regel wird jedoch das erreichte erste Hunderttausend hundertmal eher zur Million werden, als es einem von hundert in verschiedenen Händen befindlichen Tausendern gelingt, zum ersten Hunderttausend anzuwachsen. Der Grund ist eben das sociale Gesetz der natürlichen Besitzcentralisation, welche mit der Grösse des Besitzes progressiv zunimmt.

[2]) Manu capiunt und theilten darnach die sämmtlichen Besitzobjecte in res mancipi und nec mancipi ein, je nachdem sie bei ihren Raubzügen fortgeschleppt werden konnten oder nicht. Puchta: „Cursus der Institutionen", Bd. II, S. 238.

Sitte zu schützen. [1]) Das Erworbene beschränkt sich noch auf den Grundbesitz. Daher werden die Beherrschten für unfähig erklärt, den Grundbesitz zu erwerben, weder durch Vertrag, noch durch Ehe, noch durch Erbfolge. Nur der römische Bürger der gesippte Germane und der stammgeborene Slave darf in der Geschlechterordnung in den Grundbesitz der Herrschenden succediren. Damit wird in das Geschlechterrecht das Princip der Unfreiheit aufgenommen, und weil dadurch die Erwerbsfähigkeit der Beherrschten im Interesse der Herrschenden künstlich beschränkt erscheint, so wird damit zugleich der erste Schritt zur künstlichen Besitzcentralisation gethan. Die zweite, noch kühnere That folgt auf dem Fusse nach. Der Besitz wird zum Rechtstitel der politischen Herrschaft erhoben und letztere gegen das unwissende Volk durch Verbreitung des Aberglaubens und gegen das aufgeklärte Volk durch Ausrüstung des Besitzes mit allerlei Privilegien behauptet. Alles öffentliche Recht wird zum Privatrechte des Grundbesitzes degradirt, und da letzterer nur durch Abstammung erworben werden kann, wird das öffentliche Recht als ein Vorrecht des angestammten Besitzes behauptet. Mit der Einführung des Sondereigenthums (dominium) wird das Mass dieses durch den Grundbesitz auf die Gemeinschaft und ihr Recht geübten Einflusses durch das Mass dieses Grundbesitzes bestimmt. Wie einst die Tapferkeit, so verleiht jetzt der Grundbesitz dem Einzelnen den entsprechenden Grad der ihm gegenüber der Gemeinschaft zustehenden Macht. Dem ungleichen Grundbesitze entspricht auch eine ungleiche Macht und ein ungleiches Recht: das Institut des Grundeigenthumsrechtes schafft ein neues, den Grossgrundbesitz auf Kosten des Kleingrundbesitzes begünstigendes Rechtssystem.

Ein ähnlicher Process, verschieden in seinem Verlaufe und gleich in seinem Resultate, spielt sich innerhalb des Werthbesitzes ab. Die Beherrschten werden für unfähig erklärt, Besitz ausserhalb der Zunft zu erwerben. Damit wird in das Berufsrecht das Princip der Unfreiheit aufgenommen, und weil dadurch

---

[1]) Vergleiche „Geist des römischen Rechtes" von Ihering, 1852, Bd. I, S. 92.

die Erwerbsfähigkeit nicht mehr vom eigenen Fleisse und Talente, sondern von einem ausserhalb des Individuums thätigen, an seiner Ausschliessung von der Mitwerbung interessirten Willen bedingt und somit im Interesse der Herrschenden beschränkt erscheint, so wird damit innerhalb der Berufsordnung geradeso wie durch die Ausschliessung vom Grundeigenthume innerhalb der Geschlechterordnung der erste Markstein der künstlichen Besitzcentralisation gesetzt.

Die zweite, für die Besitzcentralisation bei weitem mehr Ausschlag gebende That ist dann die Ausschliessung des gesammten der Gottheit und ihrem Dienste geweihten Besitzes von jedem wirthschaftlichen Verkehre. Es beginnt die Accumulation der Güter der todten Hand und des für die Corporationszwecke bestimmten unveräusserlichen Werthbesitzes, welche die Besitzcentralisation in höherem Grade als die Fideicommisse des Grossgrundbesitzes befördern, weil die Geschlechter aussterben, die Corporationen und Stiftungen dagegen fast ewig leben.

Neben dieser Besitzcentralisation geht die Häufung des zwar veräusserlichen, kraft der mit dem grösseren Besitze ausgeübten grösseren Herrschaft aber sich eher consolidirenden, als zerbröckelnden gewerblichen Capitales vor sich. Diese Herrschaft des grossen Werthbesitzes weiss sich auch auf das öffentliche Recht einen ihr entsprechenden Einfluss zu verschaffen, weil es im Wesen der Herrschaft als der Quelle eines besonderen Genusses gelegen ist, sich auszudehnen, und weil es dem grossen Werthbesitze nicht schwer fallen kann, den Kleinbesitz auch von der Theilnahme an den öffentlichen Functionen zu verdrängen.

Dass der grosse Werthbesitz im socialen Leben der uns bekannten Culturvölker überall viel später zu einem mit dem Grossgrundbesitze gleichwerthigen Einflusse auf das öffentliche Recht gelangt ist, obwohl er sich viel früher der Anerkennung des Eigenthumsrechtes und infolge des aus dem letzteren fliessenden freien Verfügungsrechtes auch einer leichteren Beweglichkeit und einer grösseren Accumulationsfähigkeit erfreute, darf uns nicht Wunder nehmen, weil er ja, wie jeder Besitz, ursprünglich der Natur abgerungen werden musste und der Zugang zur

letzteren nur über den Grundbesitz führt, welcher sich in der
Hand der Geschlechter befunden hatte, gegen welche der Werthbesitz daher erkämpft werden musste. Wie einst der Grossgrundbesitz auf Kosten des Kleingrundbesitzes, so beeinflusst
heutzutage der grosse Werthbesitz wenn nicht im höheren,
so doch in keinem geringeren Grade die Rechtsbildung im
eigenen Interesse, infolge dessen seit der Einführung
des Eigenthumsrechtes an beweglichem Besitz ein neues,
den grossen Werthbesitz auf Kosten des kleinen Werthbesitzes begünstigendes Rechtssystem entsteht. So war es
im alten Rom, so war es in Hellas, so war es in allen Culturstaaten der alten Welt gewesen, und so ist es auch heutzutage.
Laut des unfreiheitlichen Rechtssystems darf der Kleinbesitz zwar
verdienen, aber er darf sich nicht zum Mittelstande, geschweige
denn zum Grossbesitze erheben. Neben dem Panzer eines unbeug-
samen Privatrechtes schützt den Grossbesitz in dem vom Kleinbesitze
gegen ihn geführten Kampfe um den Besitz ein undurchdringlicher
Schild des von ihm beherrschten öffentlichen Rechtes. Der Vermö-
genscensus als die Bedingung aller öffentlichen Berechtigung wird
eingeführt und heute noch als eine selbstverständliche politische
Nothwendigkeit hingestellt. Der Kleinbesitz wird durch die im
Interesse des Grossbesitzes zugestutzte Verfassung beherrscht,
und die im Interesse des Grossbesitzes zusammengesetzten Parlamente erweisen sich als die vorzüglichsten Werkzeuge zur Reali-
sirung seiner Sonderinteressen. Wir sahen Parlamente den Kleinbesitz höher als den Grossbesitz besteuern, die Gesinnungs-
genossen der Majorität durch Monopole und Privilegien belohnen,
die Mitglieder der Minorität durch die Polizei verfolgen. Wir
hörten Parlamente Gesetze votiren, welche den Zugang zu den
Staatsämtern an Bedingungen knüpfen, die nur von dem Grossbesitze erfüllt werden können. Wir kennen ein Land, welches
als die Heimath des verfassungsmässigen Rechtes gepriesen wird,
wo jedoch das Aufsteigen im Staatsdienste nicht von Talent,
Kenntnissen und Charakterfestigkeit, sondern von der Verwandtschaft mit hervorragenden Parlamentsmitgliedern und von der
Uebereinstimmung mit ihrer politischen Gesinnung abhängig ist,

kurz wo die Staatsverwaltung, welche ausschliesslich zur Verwirklichung der Staatsidee dienen sollte, vorzugsweise im Interesse des Grossbesitzes organisirt erscheint. Frappante Beispiele dieser Besitzcentralisationskünste könnten wir in Hülle und Fülle aus der Gegenwart anführen. Doch wir wollen überzeugen und nicht verbittern und greifen deshalb weit zurück in die sociale Geschichte des alten Rom, wo der erste Reichscensus unter Augustus einerseits Besitzobjecte von 360 000 römischer Morgen, 60 Millionen Sestertien baren Geldes, 4116 Sclaven und 257 000 Stück Schafe — in der Hand eines einzigen Mannes (des Claudius Isidorus), den ganzen thrakischen Chersones als ausschliessliches Eigenthum eines zweiten Römers (des Agrippa), und den ganzen Reichthum Roms im Besitze einiger Anderer zeigt, und anderseits das traurige Bild officieller Brotaustheilungen für 92 $^0/_0$ der gesammten freien römischen Bürgerbevölkerung bietet. Diese künstliche Besitzcentralisation gedieh bis zum dominium mundi der römischen Cäsaren, welche, nachdem das sämmtliche Gesetzgebungsrecht und sogar die Entscheidung über Krieg und Frieden von den wenigen Trägern des Gesammtbesitzes usurpirt worden war, es ihren Händen entwanden, die Oligarchie ihrer Allgewalt unterwarfen und als domini die majestas populi in einer Hand vereintcn. Justinian war der alleinige Eigenthümer und der ausschliessliche Inhaber aller öffentlichen Gewalt im Staate.[1)]

Welcher Gegensatz zwischen den Anfängen der Besitzbildung zur Zeit des römischen Königthums, wo der Staat, als Träger des Gesammtbesitzes angesehen, freien Bürgern als gleichberechtigten Gliedern der Staatsgemeinschaft Besitz zutheilte, und der Besitzcentralisation unter den Cäsaren, wo der römische Bürger

---

[1)] Vergleiche „Vorlesungen über Volkswirthschaft" von Hermann Rösler, Erlangen 1873, S. 95 und 97; ferner: „Die Aufstände der unfreien Arbeiter 143—129 v. Chr." von Karl Bücher, Frankfurt a. M., 1874, die ersten drei Abschnitte. Anknüpfend an thatsächliche Verhältnisse jener antiken Wirthschaftsepoche, zeichnet der verdienstvolle Verfasser in wenigen treffenden, auf eine gewissenhafte Quellenforschung gestützten Zügen die wirthschaftliche und sittliche Verwandtschaft damaliger kolossaler Güteranhäufung mit dem Anwachsen der modernen Geldoligarchie.

die politische Freiheit verlor, weil er des Besitzes verlustig
wurde, und wo der Grossbesitz alle politische Gewalt usurpirte,
weil das Volk mit dem Besitze auch die Macht, dies zu ver-
hindern, verloren hatte! Diese Besitzherrschaft überging mit dem Begriffe der absoluten Freiheit des Eigenthumsrechtes von den Römern an die
Germanen, bei denen sich das jeder höheren Gewalt entzogene
Sondereigenthum als Quelle der Obrigkeit herausgebildet hatte,
welche damit veräussert und vererbt wurde. Das Eigenthum
ward der Begründer der Grundherrschaft, durch welche der
Staat in eine Menge souveräner, den unfreien Bauern gegenüber-
gestellten Grundherren aufgelöst wurde. Diese auf dem Grundeigenthume beruhende Rechtsordnung behauptete sich bis in unser
Jahrhundert und lebt, trotz der am Anfange desselben procla-
mirten staatsbürgerlichen Rechtsgleichheit, in der Interessenvertretung der sämmtlichen modernen Verfassungen fort. Wie
überhaupt die Frucht nicht weit vom Baume fällt, so sind auch
die Angelsachsen keine schlechteren Meister in der Besitzcen-
tralisationskunst, als ihre Vorgänger im Besitze der Kreideinsel
es gewesen waren. Die Römer waren bei ihrem Länderhunger
offen genug, um nicht das Gegentheil zu heucheln; sie über-
kleideten ihre die Ländergier verrathenden Rechts- und Verfassungsformen nicht mit constitutionellem Firlefanz, wie ihre
Besitznachfolger. Die Engländer haben dem besitzlosen Iren und
dem ausgezogenen Inder die Habeas-Corpus-Acte, das Vereins-
und Versammlungsrecht, die freie Presse und die Jury, die Parlamente und die Vicekönige gegeben, und sie würden nicht davor
zurückscheuen, den unzufriedenen Iren selbst einen Vicekaiser zu
geben, — wenn diese nicht auch ein wenig Grundbesitz dazu
begehren würden. Nun ist aber mehr als ein Fünftel Irlands
Grundeigenthum von nur 110 Personen und die Hälfte Irlands
im Besitze von nur 300 Personen; und blos 5919 Individuen, bei
einer Bevölkerung von 5412377 Seelen, verfügen über Antheile
von kaum 100 Acres Landes.[1]) Ist es zu verwundern, dass

---

[1]) Vergleiche „Die drei Fragen des Grundbesitzes und seiner Zukunft"
von Dr. Lorenz v. Stein, Stuttgart, 1881, S. 135.

F. L. Chleborad, Der Kampf um den Besitz. 3

diese übrigen 5 406 458 Iren die Habeas-Corpus-Acte, das Vereins-
und Versammlungsrecht, die Verfassung und das Parlament ihren
Beherrschern gerne zur Verfügung stellen möchten, wenn sie
nur dagegen den ihnen einst confiscirten Grundbesitz eintauschen
könnten? Und doch gibt es noch heute hervorragende Schriftsteller, welche „das unverwüstliche Gefühl der persönlichen und
der verfassungsmässigen Freiheit" des englischen Volkes in den
Himmel erheben und alle jene Völker des Erdballes glücklich
preisen, auf welche es wenigstens einen Theil seiner constitutionellen Institutionen übertragen habe! Allerdings haben die
Engländer alle ihre Colonien mit dem Verfassungsrechte beglückt,
nur nicht aus unverwüstlichem Gefühl der persönlichen und der
verfassungsmässigen Freiheit, sondern aus einfacher, auf Grund
des Einmaleins aufgestellter Berechnung, wonach die zu künstlichen Minoritäten herabgedrückten natürlichen Majoritäten der
Unterworfenen (und darunter auch die ihres Besitzes beraubten
Iren und Inder) von den die Politik der oberen zehntausend
Söhne Albions vertretenden und zu künstlichen Majoritäten hinauf-
geschraubten natürlichen Minoritäten bei der Votirung der Gesetze einfach überstimmt werden. Demnach ist der englische
Constitutionalismus dadurch, dass er jene Gesetze,
welche die Besitzcentralisation fördern und die sociale
Kluft zwischen Reich und Arm stets erweitern, unter
Mitwirkung der Unterworfenen durchsetzt und dadurch
das Odium einer solchen Gesetzgebung von ihren wahren
Schöpfern, den oberen Zehntausend, ablenkt, ein blosser
Scheinconstitutionalismus und als solcher die vorzüg-
lichste Besitzcentralisationsmaschine.

Obwohl daher alle obrigkeitliche Gewalt heutzutage in der
Staatsgewalt' concentrirt ist und infolge des hundertjährigen
Bestrebens des dritten Standes nach Geltendmachung der natürlichen Menschenrechte der Grossbesitz nunmehr auf seine wirthschaftliche Function eingeschränkt zu sein scheint, so würde
man doch sehr irren, wenn man dem Grossbesitze heutzutage
alle politische Macht absprechen wollte. Wir sehen vielmehr,
wie er unter gleichzeitiger Ausschliessung des Kleinbesitzes von

allen öffentlichen Functionen im Wege der Interessenvertretung sowohl die Gesetzgebung, als auch die Verwaltung in seinem Sonderinteresse beeinflusst, den Kleinbesitz durch Privilegien und Monopole beherrscht und bei allen Bestrebungen des letzteren, sich zum Mittelstande zu erheben, ihn durch jene die künstliche Besitzcentralisation fördernde Gesetzgebung immer wieder in den vierten Stand hinabdrückt. So werden zum Nachtheile des Kleinbesitzes Handelsverträge abgeschlossen, damit durch Massenproduction das Einkommen des Grossbesitzes eine Erhöhung, jenes des Kleinbesitzes dagegen eine Herabdrückung erfahre; so werden ferner indirecte Steuerauflagen erlassen[1]), damit die Steuerlast von dem Grossbesitze auf den Kleinbesitz abgewälzt werde. Auf diese Weise ist es mithin gerade der vielgepriesene moderne Constitutionalismus, welcher als Scheinconstitutionalismus den Kampf um den Besitzerwerb und das Aufsteigen des Kleinbesitzes zum Mittelstande heutzutage viel schwieriger macht, als es zu Zeiten der Patrimonialgerichtsbarkeit und des Zunftwesens war.[2]) Der Kampf mit ihm ist für den Kleinbesitz

---

[1]) Unter der „indirecten Steuerauflage" verstehen wir die von der Wissenschaft mit dem Namen der Verzehrungs-, Consumtions-, Verbrauchs- oder Verwendungssteuer bezeichnete Steuer, welche eine Einkommen gebende oder als solche angenommene Arbeit zum Steuerobjecte und die Unterhaltsmittel derselben zur Steuerquelle hat. Indirect heisst sie, weil sie nicht vom Steuerobjecte unmittelbar, sondern von der ihn vertretenden Steuerquelle erhoben wird. Sie zerfällt in die Verzehrungssteuer im engeren Sinne und in die Genuss- oder Luxussteuer. Zum Unterschiede davon nenne ich directe Steuer oder Schatzung diejenige, welche ein Einkommen gebendes oder als solches angenommenes Capital zum Steuerobjecte und das erwartete oder wirklich fliessende Capitaleinkommen zur Steuerquelle hat. Direct heisst sie, weil sie unmittelbar vom Steuerobjecte erhoben wird. Directe Steuern sind die Capitalsteuer (die Grundsteuer, Gebäudesteuer und Capitalrentensteuer), die Arbeitssteuer (die Lohn- und Gehaltsteuer) und die Unternehmergewinnsteuer (welche wieder in die Gewerbe- und Verkehrsteuer zerfällt). Während die indirecten Steuern im voraus nicht bestimmbare Personen, also möglicherweise Jedermann unter der Bedingung treffen, dass er einen bestimmten Aufwand macht, treffen die directen Steuern von vornherein bestimmte Personen oder doch ihre Rechtsnachfolger, denen sie infolge ihrer auf Grund bestimmter Thatsachen erhobenen Steuerfähigkeit aufgelegt werden.

[2]) Am deutlichsten spricht für unsere Ansicht der Umstand, dass England, das Vaterland des Scheinconstitutionalismus, einen die Grundlage des

geradezu erfolglos und wird so lange erfolglos bleiben,
als nicht der falsche Cirkel durchbrochen wird, in dem
sich der Besitz und die politische Macht gegenwärtig
bewegen, jener Cirkel, wonach das Mass der politischen
Macht vom Masse des Besitzes und das Mass des Besitzes
wiederum vom Masse der politischen Macht abhängt.

b. Der Kampf der Besitzenden gegen die Besitzlosen.

α. Die gegenseitigen Streitkräfte und deren Allianzen.

Noch schwieriger gestaltet sich heutzutage der Kampf um
den Besitz für die Besitzlosen. Der Grund liegt in der Inferiorität
ihrer Eigenmacht im Vergleiche mit den Streitkräften der Besitzenden sowie in den beiderseitigen Allianzen. Was die ersteren
betrifft, so haben wir bereits erklärt, dass zu dem modernen
wirthschaftlichen Unternehmen Besitz nothwendig sei. Daher
sehen wir auch das in den Kampf um den Besitz tretende moderne wirthschaftliche Unternehmen zweierlei auf einander sehr
eifersüchtige Streitkräfte entfalten: die besitzende und besitzlose
Arbeit. Während die letztere nur mit ihren physischen und
geistigen Kräften in den wirthschaftlichen Kampf zieht, bringt
die erstere in das Unternehmen ausser dem Fonde ihrer persönlichen Arbeitskraft noch Besitz mit, welchen man mit Rücksicht auf den Zweck des Unternehmens Capital[1]) nennt. Danach

---

Mittelstandes bildenden Bauernstand, wie ihn Oesterreich der weisen Initia-
tive seiner Herrscher zu verdanken hat, gar nicht kennt.

[1]) Im historisch rechtlichen Sinne im Gegensatze zum Begriffe desselben
als rein ökonomischer Kategorie. Im ersteren Sinne ist das Capital der zur
Erlangung eines Einkommens dienende Theil des Vermögensbesitzes und wird
in diesem Sinne auch Capitalbesitz genannt; im letzteren Sinne, also von den
jeweilig geltenden Rechtsverhältnissen unabhängig betrachtet, ist das Capital
Productionsmittelvorrath und bildet mit der „Natur" und der „Arbeit" die
drei sogenannten Productionsfactoren. (Siehe „Lehrbuch der politischen Oekonomie" von Adolf Wagner, Leipzig und Heidelberg, 1879, I, S. 39 und 40.)
Im ersteren Sinne scheint auch E. Dühring das Capital zu nehmen, wenn
er vom Capitalgewinne spricht, obwohl er es einen „befreienden Schritt"
nennt, dass Carey von vornherein das Capital als Werkzeug der Production
bestimmte und die Production dieses Werkzeuges zum Ausgangspunkte der

erscheint der moderne Kampf um den Besitz als Kampf verschiedener Unternehmungen unter einander, welche ihn mit zweierlei Streitkräften, mit der Arbeit und dem Capitale, führen. Ja, die

---

Ableitungen aller wirthschaftlichen Entwicklung machte; das Capital sei hiernach producirt und müsse, weil seine Reproductionskosten mit dem technischen Fortschritte und dem zunehmenden Verkehre sinken, auch stets billiger werden, wodurch die Sparthätigkeit, welche nach Adam Smith als Hauptgrund der Capitalentstehung galt, in ihre untergeordnete Rolle verwiesen sei. Vgl. „Kritische Geschichte der Nationalökonomie und des Socialismus" von Dr. E. Dühring, Leipzig, 1879, S. 400. Die in diesem Werke enthaltene Kritik des Carey'schen Capitalbegriffes war nur die consequente Verwerthung der in seinem eigenen Systeme entwickelten Ansichten, indem der Verfasser bereits in seiner kritischen Grundlegung der Volkswirthschaftslehre (Berlin, 1866, S. 367) den Capitalbegriff als Werkzeug des producirenden Subjectes definirt hat. Leider kam er dadurch, dass er an dieser letzteren Begriffsbestimmung nicht festhielt, in die Lage, den Unternehmergewinn mit dem Capitalgewinne zu verwechseln, was bei dem verdienstvollen Verfasser der „Natürlichen Dialektik", dem ausgezeichneten Interpreten Carey's und scharfsinnigen nationalökonomischen Kritiker, doppelt auffallend ist. Nur eine Folge dieser Verwechslung ist sein Satz, „dass bei dem in Gestalt der Dividenden bezahlten Capitalgewinn die Bezahlung der Unternehmerthätigkeit schon in Abzug gebracht ist"! („Cursus der National- und Socialökonomie" von Dr. E. Dühring, Berlin, 1873, S. 183), während die Dividende nichts anderes als der Antheil des dem Actionär als Theilnehmer an dem Unternehmen gebührenden Reingewinnes ist; ferner der Satz, dass „je mehr in einer Productionsrichtung die sachlichen Mittel an die Stelle der Arbeitskraft treten und die letztere zu einem Zugehör des Productionsapparates machen, es um so leichter werde, die Unterhaltsart der Arbeiter kärglicher einzurichten, und dem Capitalgewinne auf diese Weise einen höheren Stand zu sichern" (S. 187 a. a. O.), während der Unternehmer in diesem Falle ebensoviel Interesse daran hat, auch den Stand des Capitalgewinns herabzudrücken, — und endlich der Satz, „dass der Capitalgewinn um so eher steigen werde, als an den Reproductionskosten eine Ersparung eintrete" (S. 188 a. a. O.), während das Capital im letzteren Falle an Werth und demnach an Ertragsfähigkeit verlieren muss. Offenbar soll es in beiden letzteren Sätzen Unternehmergewinn statt „Capitalgewinn" heissen. Diese Verwechselung, welche in den Sätzen „der Capitalgewinn ist die Nettoeinnahme aus einer Unternehmung, in welcher eine bestimmte Menge von Productionsmitteln fungirt", „er ist also nichts anderes, als der gesammte Unternehmergewinn, verglichen mit der in dem Geschäft thätigen Werthsumme" (S. 181 a. a. O.) einen jeden Zweifel ausschliessenden Ausdruck erhalten hat, wird dem aufmerksamen Beobachter der im Kampfe um den Besitz von den Besitzenden und Besitzlosen verfolgten Taktik sofort klar, sobald er die Allianzen der gegenseitigen Streitkräfte gesondert haben wird.

Arbeiter dürfen, wenn sie nicht mit den Satzungen des modernen Strafrechtes in Collision gerathen wollen, den wirthschaftlichen Kampf um den Besitz ohne Capital gar nicht wagen, so dass sie, die seltensten Fälle ausgenommen, Streitgenossen der Unternehmer sind und unter der Firma derselben den Kampf um den Besitz heutzutage ebenso eifrig führen, wie einst die Söldnerschaaren unter dem Banner ihrer feudalen Herren. Darin liegt eben die Schwierigkeit des Besitzerwerbes für die Besitzlosen. Da ihnen zur Führung dieses Kampfes die allernothwendigste Ausrüstung, das Capital, fehlt, so kämpfen sie nicht nur mit ungleich schwächeren Streitkräften, sondern auch in der unnatürlichsten Allianz, d. i. an der Seite ihrer principiellen Gegner, wogegen diese sich dabei nicht nur der reichlichsten Ausrüstung mit dem Capitale, sondern auch der vorzüglichsten, auf der Identität der Interessen basirten Allianz der Creditmächte erfreuen.

Daraus folgt, dass nur Unkenntnis des wirklichen socialen Lebens von einem Kampfe der Arbeiter gegen die Capitalisten sprechen kann. Die Arbeiter fühlen es aus Instinct und werden auch durch die Erfahrung hierüber belehrt, dass die Couponschnitter zumeist die harmlosesten und wohlthätigsten Menschen sind, welche ihren socialen Reformbestrebungen Wohlwollen entgegenzubringen pflegen. Der vor unseren Augen stattfindende sociale Kampf ist vielmehr ein Kampf der Besitzlosen gegen die Unternehmer, um diese an der Aneignung der den Besitzlosen ausnahmsweise gelingenden rudimentären Besitzbildungen zu hindern. Dass diese Aneignung stattfindet, zeigt klar die nach einem wirthschaftlichen Feldzuge unter den Streitgenossen stattfindende

β. Theilung der Beute.[1])

Es wird genau so getheilt, wie einst die unter dem Banner der feudalen Herren gemachte Beute getheilt wurde. Der Söldner

---

[1]) Unter diesem Bilde ist offenbar weder der Reinertrag des Unternehmens, noch auch sein ganzer Bruttoertrag verstanden, sondern letzterer nach Abzug nur derjenigen Gestehkosten, welche nicht den einzelnen Streit-

erhielt seinen Sold, der Herr nahm die Beute für sich, und nur ausnahmsweise, um zu grösserem Eifer und zur grösseren Tapferkeit anzuspornen, verlieh er den Tapfersten Antheile an der Beute selbst, oder er beschenkte sie. Genau dasselbe geschieht heutzutage, und wir wagen diese Behauptung, obwohl wir damit Autoritäten wie Carey und Bastiat entgegentreten müssen. Diese hervorragenden politischen Oekonomen meinen, dass die Vertheilung der im volkswirthschaftlichen Kampfe erworbenen Güter derart vor sich gehe, dass die Unternehmer immer kleinere, die besitzlosen Arbeiter dagegen immer grössere Besitzquoten bekämen, so dass die Besitzrente relativ kleiner, absolut aber immer grösser werde, der Arbeitslohn dagegen relativ und absolut wachse. Sie finden in diesem continuirlichen beiderseitigen Wachsen die Rente und den Lohn in Harmonie. Diese Harmonie ist jedoch ebenso eingebildet, wie die von den Schülern des Adam Smith aufgestellte Lehre von der Gleichberechtigung der Productionsquellen, jene Lehre, welche die Natur mit ihren Kräften, das Capital und die Arbeit als die drei gleichberechtigten Productionsfactoren aufgefasst haben will. Denn jene Harmonielehre geht von der falschen Voraussetzung aus, dass die Arbeit, sobald ihr Ertrag bis zur Capitalbildung anwachsen würde, die gänzliche Entwerthung des Besitzes ruhig abwarten und keinen Versuch, sich ihn schon früher zu unterwerfen, machen würde, oder dass seinerseits der Besitz, sobald er seine allmähliche Entwerthung wahrgenommen hätte, keinen Versuch machen würde, sich kraft der ihm zustehenden politischen Macht rechtzeitig von der Arbeit zu emancipiren. Die Gleichberechtigungslehre der Adam Smith'schen Schule verkennt die Stellung der Arbeit als der den beiden andern begrifflich im Besitze vereinigten und dem Unternehmerthum dienstbar ge-

---

genossen, d. i. den Theilnehmern an der Production für ihre Mitwirkung daran, zu entrichten kommen, also derjenige Antheil des Bruttoertrages, welcher nach Bezahlung der Versicherungsprämie und der Leistungen an den Staat und dessen autonome Verwaltungskörper aus einem öffentlichen Rechtstitel übrig bleibt. Denn jedes wirthschaftliche Unternehmen muss ausser Zins, Lohn und Gewinn auch die Versicherungsprämie, Steuern und Zuschläge produciren und als Gestehkosten seiner Producte verrechnen.

machten Productionsfactoren diametral entgegengesetzten Macht, welche vor der Allgewalt des Besitzes, durch den pseudofreien Arbeitsvertrag (locatio conductio operarum) auf der einen Seite das Mass der Leistung (praestatio), auf der andern die Grösse ihres Preises (des Lohnes für die physische und des Honorars für die geistige Arbeit) mehr oder weniger willkürlich zu bestimmen, ohnmächtig darniederliegt.

Das moderne wirthschaftliche Unternehmen, mag es als ein mit seinen Rechtsverhältnissen den Bestimmungen des allgemeinen Privatrechtes unterliegendes Gewerbe auftreten oder als eine den Satzungen des Handelsrechtes unterworfene Handelsfirma und als solche mit seiner wirthschaftlichen Persönlichkeit, mit der Einzelwirthschaft des Individuums zusammenfallen, oder als Handelsgesellschaft (offene — stille Commanditgesellschaft, Genossenschaft oder Actiengesellschaft) eine von den wirthschaftlichen Individuen selbstständig gemachte Persönlichkeit repräsentiren — dieses Unternehmen ist nicht nur kraft des volkswirthschaftlichen Gesetzes der Verkettung der Verkehrsinteressen an die übrigen Unternehmungen dadurch gebunden, dass letztere durch ihren Bedarf Consumenten seiner Erzeugnisse geworden sind und umgekehrt, sondern es steht mit ihnen auch als Glied der alle wirthschaftlichen Unternehmungen umspannenden Kette des modernen Creditsystems im gegenseitigen Abhängigkeitsverhältnisse, in welchem eines dem andern theils für bare Darlehen, theils und in weit höherem Masse aus laufender Rechnung (conto corrent) und Gewährung von Unternehmercrediten zu Leistungen verpflichtet erscheint. Wie gross ist nun das Mass dieser vom Unternehmer für die Mitwirkung des fremden Capitals und der fremden Arbeit gewährten Gegenleistung? Ist es mit dem Grundsatze der wirthschaftlichen Gerechtigkeit, wonach die Werthe der Leistung und Gegenleistung einander gleichen sollen[1]) im Einklange? Ist eines für das andere

---

[1]) Wir halten die wirthschaftliche Gerechtigkeit für etwas Absolutes und keineswegs, wie Wagner, für etwas zeitlich und örtlich Relatives und durch die Cultur eines Volkes Bedingtes. Die Gleichmässigkeit der Leistung und Gegenleistung ist uns ein allgemein giltiger Massstab für die Ethik wirth-

ein wahrhaftes Aequivalent? — Die Beantwortung dieser Fragen
wird zugleich die Antwort auf die Fragen nach dem socialen
Besitzvertheilungsprocesse und nach der Verwirklichung der Idee
der Gerechtigkeit im modernen Verkehrsleben, sowie die Antwort auf die daraus sich ergebende weitere Frage sein, ob die
bisherige Taktik des Kampfes um den Besitz fortzufahren, oder
ob der bei diesem Theilungsprocesse verkürzte Theil für eine
Aenderung derselben bei Zeiten sich zu entscheiden habe. Prüfen
wir! Und zwar vorerst den

$$\alpha^2. \text{ Antheil der Besitzlosen.}$$

Ihre Leistungen vergütet der Unternehmer
α^3 mit dem Lohne, worunter wir überall in seiner Gegen-
überstellung zu dem Unternehmergewinne den rein ökonomischen
Lohn oder Arbeitslohn im Unterschiede zu dem gesellschaftlichen
Lohne, welcher für die Leistung einen gewissen Grad von Macht
und Ehre als Gegenleistung bietet, und nur ausnahmsweise in
den sogenannten Ehrenämtern rein auftritt, in der Regel jedoch,
wie in den meisten Staatsämtern der Gegenwart, mit dem ökonomischen Lohne verbunden ist.

Der Arbeitslohn erscheint der Form nach als ein auf Grund
des freien (d. i. auf der Coincidenz der beiderseitigen Interessen
beruhenden) Lohnvertrages für die einem Unternehmen durch
eine fremde Arbeitskraft verliehene Hilfe zwischen dem Arbeiter
und dem Unternehmer ausdrücklich oder stillschweigend verab-
redetes Aequivalent; ist jedoch der Sache nach ein nach der
höchstens durch Concurrenzrücksichten theilweise gezügelten

---

schaftlicher Zustände aller Länder und Zeiten. Die ehemaligen ständischen
Steuerfreiheiten halten wir, trotzdem sie mit den damaligen Rechtsverhältnissen im Einklange waren, nichtsdestoweniger für ungerecht, sowie wir nach
demselben Massstabe die im Wege der Verbrauchssteuern den Nichtbesitzenden von den Besitzenden zugeschobene Steuerlast für ungerecht halten.
Uebrigens ist Wagner mit jener These im Widerspruche zu seiner richtigen
Beurtheilung der bestehenden Einkommen- und Vermögensvertheilung, welche
er trotz ihrer Bedeutung als eines geschichtlich überkommenen „wohlerworbenen Rechtes" vom socialen Standpunkte aus mittelst einer Progressiv-
besteuerung für correcturbedürftig hält. (Vgl. die in der Note auf Seite 21
bereits citirte „Finanzwissenschaft" §. 396, 398.)

Unternehmerwillkür bemessener Sold. Denn wenn es auch wahr ist, dass der Arbeitsuchende durch Austausch seiner Arbeitskraft gegen das Geld des Unternehmers unmittelbar nur sein eigenes Interesse zu verwirklichen bestrebt ist, und dass er kraft des in der staatsbürgerlichen Ordnung geltenden absoluten Grundsatzes der Rechtsgleichheit aller Personen und der Freiheit allen Erwerbes das ihm angebotene Aequivalent anzunehmen oder auszuschlagen volles Recht hat, so würde man dennoch sehr irren, wenn man in dem Abschlusse des Lohnvertrages allemal einen Beweis für die Congruenz der Interessen der vertragschliessenden Theile sehen wollte. Einigkeit des Willens (consensus) liegt allerdings in der Regel vor; Congruenz der Interessen jedoch in den seltensten Fällen. Denn die absolute Freiheit des modernen Verkehrs macht die Feststellung des Lohnes rein zur Sache des beiderseitigen Egoismus, welcher die Ungunst der Lage des Mitcontrahenten zum eigenen Vortheile auszubeuten bestrebt ist, wobei indessen diese Ungunst der Lage auf der Seite des Arbeitsuchenden in der Regel zu einer Zwangslage wird. Denn da der Lohn nur äusserst selten Ersparnisse ermöglicht, so ist der Arbeiter in der Regel ohne Capital; und da Weib und Kind ernährt werden wollen, so kann er das ungenügende Lohnangebot nicht ausschlagen, um auf ein besseres zu warten, sondern er ist genöthigt, aus der unzureichenden als der ausschliesslich offen stehenden Quelle zu schöpfen; er muss annehmen, was ihm der Unternehmer anzubieten für gut findet, wenn es auch an Werth weit hinter dem Werthe seiner Leistung zurückbleibt und kein Aequivalent, sondern ein Minusvalent ist. Deshalb ist es in Wahrheit komisch, wenn manche Compendien der politischen Oekonomie mit der Aufzählung aller der angeblich im Arbeitslohne enthaltenen Elemente, wie z. B. der Ausbildung, Ernährung, Altersversorgung, Todfallversicherung u. s. f., sich abmühen, ohne auch nur mit einem Worte die Frage zu berühren, ob seine Grösse diesen theoretischen Anforderungen in der Wirklichkeit auch entspreche. Und doch sieht man bei der Betrachtung des modernen Kampfes um den Besitz auf den ersten Blick, dass die Arbeiter den Unternehmern in der Regel nichts als Maschinen sind, welchen nicht mehr Nahrungsstoffe gespendet werden, als zu ihrer Heizung erforderlich sind. Wärme in Arbeit umzusetzen, ist das Ziel des Unternehmers. Er würde es bei der im gegenwärtigen Kampfe um den Besitz geltenden Taktik ebenso unvernünftig finden, seinen Arbeitern freiwillig einen das nöthige Ernährungsmass übersteigenden Lohnsatz einzuräumen, wie die Zumuthung, seinen Maschinen überflüssige Kohle zuzuführen. Der Unternehmer beantragt den Lohn, überlässt es dem Arbeiter, anzunehmen oder nicht, und wahrt damit formell die Vertragsfreiheit. Indem nun der besitzlose Arbeiter in Ermangelung anderer Erwerbsmöglichkeiten annehmen und den durch die Nothlage erzwungenen Lohnvertrag abschliessen muss (coactus voluit), wird der rechtlich freie Lohnvertrag für den Arbeiter thatsächlich ein unfreier.

Der das Unternehmen leitende menschliche Eigennutz drückt nun den Unterhaltsbedarf des Arbeiters auf das Minimum herab, während er dem Unternehmer nicht nur den Capitalzins und einen mit dem Lohne seiner besitzlosen Streitgenossen gleichwerthigen Theil des Ertrages, sondern den gesammten Ertrag, somit auch den durch die besitzlose Arbeit erzielten Mehrertrag, selbst wenn er jene Summe vielfach übersteigt, überantwortet. Den Rechtstitel für diese Aneignung erfand die politische Oekonomie in dem angeblichen Anspruche des Unternehmers auf eine Gegenleistung für seinen Unternehmergeist, für sein Risico und seine Verantwortlichkeit! Als ob er für seinen Unternehmergeist nicht mit einem hohen Unternehmerlohn genügend bezahlt wäre! Als ob er auch mit seinem Gelde mehr, als der Arbeiter mit seinen Knochen riskiren würde! Als ob ferner unser Strafrecht gegen die Individualität der gesellschaftlichen Stellung nicht ganz gleichgiltig wäre! Als ob sich endlich das Mass der Verantwortlichkeit mit Geld taxiren liesse! Ein Bergmann vermag durch ein unvorsichtiges Oeffnen seiner Sicherheitslampe mehr Unheil anzurichten, als der Unternehmer durch einen die Vorsorge für eine entsprechende Wetterführung vernachlässigenden Grubenbau. Wo liegt da die Grenze, an welcher das Risico und die Verantwortlichkeit des Arbeiters aufhören

und jene des Unternehmers beginnen sollen? Wo ist der Massstab für die Bemessung, wo die Wage für die Vergleichung
dieses beiderseitigen Risico und ihrer gegenseitigen Verantwortlichkeit?

Man braucht daher keinesfalls die falsche Ansicht zu theilen,
dass alles moderne Privatcapital ein den Arbeitern vorent-
haltener Lohn, und dass das Privateigenthum blos eine rechtliche Form des Raubes sei; man braucht auch nicht der Ueberzeugung zu huldigen, dass die Aufhebung des Rechtsinstitutes
des Privateigenthumes das unentbehrliche Mittel zur Beseitigung
des „ehernen Lohngesetzes" sei: kurz, man braucht noch durchaus kein Socialist und Communist zu sein und muss doch zugeben, dass die besitzlose Arbeit zwar rechtsförmlich frei, thatsächlich aber unfrei sei, und dass der römisch-rechtliche (der
sogenannte absolut freie) Lohnvertrag die Rechtsform sei, in
welcher der ganze die Arbeitslöhne übersteigende Arbeitsertrag
vom Unternehmer angeeignet und dem Arbeiter die durch seine
Arbeit erzeugten verhältnismässigen Gewinnantheile und mit
diesen die Elemente seiner socialen Unabhängigkeit und Freiheit
entzogen werden, kurz dass der freie Lohnvertrag die durch das
Gesetz geschützte Rechtsform sei, in welcher heutzutage die
Zwangsarbeit in die Erscheinung tritt.

Deshalb können wir, ohne den Vorwurf der Ueber-
treibung fürchten zu müssen, die Behauptung wagen, dass
der im Kampfe um den Besitz in der Gegenwart stattfindende Theilungsprocess nach alter Kriegsregel stattfindet: Dem Führer die Beute, dem Söldner der Sold.

β^3. Die Härten dieses Theilungsmodus werden nur unbedeutend dadurch gemildert, dass die Unternehmer ihren besitzlosen Streitgenossen hie und da Antheile am Gewinne (Tan-
tièmen) gewähren. Denn die Tantième ist nur eine besondere
Form des Lohnes, welchen der Unternehmer bei der bestehenden
Taktik des Kampfes um den Besitz wieder nur mit der in erster
Reihe für seinen eigenen Vortheil massgebenden Rücksicht zur
besseren Aneiferung seiner besitzlosen Streitgenossen eingeführt
hat. Nur insoweit und nicht darüber hinaus gestattet dem Unter-

nehmer sein Interesse, sich um das Schicksal seiner besitzlosen
Streitgenossen zu kümmern, und der freie Lohnvertrag bietet ihm
Gelegenheit genug, den Lohn, wenn nicht um den vollen, so
doch um den grössten Theil des voraussichtlichen Tantième-Be-
trages herabzudrücken.

γ^3. Dasselbe gilt von den caritativen Gegenleistungen,
womit die besitzlosen Streitgenossen des Unternehmers beglückt
zu werden pflegen. Diese bilden nur den geringsten Theil der
von den Unternehmern ihren besitzlosen Streitgenossen ohne
Gegenleistung weggenommenen Arbeitserträgnisse. Man zähle
nur die in der Form wohlthätiger Leistungen von den Unternehmern den Arbeitern gespendeten Gaben, wie die Beiträge zu
den Kinderpflege- und Kindererziehungsvereinen, Vorschussver-
einen, Prämienbeiträge zu Unfall-, Todesfalls- und Rentenver-
sicherungen, zur Organisirung von Leichenbestattungsvereinen
u. s. w., und vergleiche sie mit den Unternehmergewinnen, und
man wird gestehen müssen, dass das Mass dieser caritativen
Leistungen, wenn dieselben auch viel Gutes stiften, doch im
Vergleiche mit den zu Reichthümern sich aufhäufenden Ueberschüssen der von den besitzlosen Streitgenossen der Unternehmer
erzielten Arbeitserträgnisse eine so unbedeutende Quote bildet,
dass es als Ausgleichsmittel in dem socialen Theilungsprocesse
gar nicht ernst genommen werden kann. Um wie viel besser
stand es da nicht noch um die Besitzlosen, als ihnen ein bedeutender Theil des vaterländischen Grundes und Bodens als kirch-
liches Vermögen in den verschiedenartigsten kirchlichen Anstalten,
wie Klöstern, Stiftungen, Krankenhäusern u. s. f. zur Verfügung
blieb! Welches Jammerbild bietet nicht das caritative System
der Gegenwart gegenüber jenen die Lücken der Besitzvertheilung
ausfüllenden grossartigen caritativen Functionen der mittelalterlichen Kirche!

β^2. Antheil der Besitzenden.

Der nach der Auszahlung der besitzlosen Streitgenossen er-
übrigende Ertrag des Unternehmens wird in folgender Art und
Weise getheilt:

$α^3$. Vor Allem fällt unter dem Namen des Zinses (Capitalzinses im weiteren Sinne) ein bestimmter Ertragsantheil für die
Ueberlassung des dem Unternehmen zur Verfügung gestellten
Besitzes entweder dem Unternehmer oder einem fremden Capitalisten zu, je nachdem der Unternehmer selbst oder ein anderer
Capitalist das dem Unternehmen nothwendige Grund- oder Werth-
capital zu Productionszwecken zugeführt hat.

$α^4$. Der für den Gebrauch des Immobilarbesitzes zu ent-
richtende Zins (Grundzins, Pachtzins, Bodenzins) ist
seinem Wesen nach nichts anderes als ein Entgelt für
die Leistung einer Quantität der vom Besitzer occupirten, im Zustande der Bewegung, der Spannung oder des
Widerstandes befindlichen Naturkraft. Die Erscheinungen
der Naturkraft, die sogenannten unentgeltlichen Naturkräfte, sind
trotz der auf eine geistreiche Beweisführung gestützten gegentheiligen Ansicht Bastiat's leider zum geringsten Theile umsonst
zu haben.[1] Denn sie befinden sich zum grössten Theile im
Zustande der Spannkraft im Grund und Boden, aus dem sie der
Grundbesitzer dem Unternehmer nur um einen entsprechenden
Preis zu heben gestattet. Im Grund und Boden liegen die un-
geheueren Steinkohlenfelder, Schätze der vor Millionen Jahren
aufgespeicherten Sonnenwärme, welche, aus dem dunklen Schosse
der Erde an das Tageslicht gehoben, wieder in Wärme und
Bewegung umgewandelt, unsere grossartige Industrie, unser
Maschinenwesen, unsern Verkehr durch Eisenbahnen und Dampfschiffe zu vermitteln haben, lagern jene Quellen des Lichtes,
welches, vor Millionen von Jahren von zahllosen Pflanzen ein-
gesaugt und mit ihnen im Schosse der Erde vergraben, nunmehr
gehoben wird, um uns als Leuchtgas die Nächte zu erhellen.[2]
Im Grund und Boden lagern die durch den Sonnenstrahl zum

---

[1] Da Kraft und Stoff eine absolute Einheit bilden, mit anderen Worten,
da es keine Kraft ohne Stoff und keinen Stoff ohne Kraft gibt, so kann man
diesen Gedanken auch so ausdrücken, dass der Capitalzins ein Entgelt für
die Ueberlassung einer Quantität der vom Capitalisten occupirten Grund-
stoffe sei.

[2] Vergleiche „Licht und Leben" von Prof. Dr. Ludwig Büchner,
Leipzig, 1882, S. 94—96.

Leben erwachten Nährkräfte des Pflanzen- und Thierreiches,
welche, von den Pflanzen aufgesaugt und von den Thieren aufgenommen, durch Umsetzung in ihren Körpern chemische und
mechanische Kräfte, Wachsthum und Bewegung entwickeln. Im
Grund und Boden fliessen die Gewässer, mit deren Hilfe wir
uns die Schwerkraft unseres Planeten dienstbar machen, um
unsere Mühlen und Fabriken in Bewegung zu setzen.[1])
Keine dieser Naturkräfte, oder, richtiger gesagt, keine dieser
Aeusserungen der Naturkraft, ist von der Körperwelt unabhängig;

---

[1]) Da es nun abermals eine Naturkraft, nämlich die durch den Sonnenstrahl erzeugte Wärme ist, welche das fliessende oder herabfallende Wasser
aus den Tiefen des Oceans in die luftigen Höhen der Atmosphäre gehoben
hat, so können wir mit Recht sagen, dass der Capitalist mit dem Grund und
Boden einen Theil der darin im Zustande der Bewegung oder Spannung befindlichen Urkraft der Natur, d. i. der Sonnenwärme, der besitzlosen Arbeit überlasse und sich mit dem Grundzinse für die Ueberlassung des von ihm occupirten Sonnenstrahles bezahlt mache.

Es ist demnach die Ansicht Bastiat's, „dass die Naturkräfte umsonst
seien" (Plus souvent l'effort s'exerce sur les matériaux, par l'intermédiaire
des forces que la nature a mises gratuitement à la disposition des hommes" [„Oeuvres complètes de Frédéric Bastiat", VI. „Harmonies économiques".
Paris, 1864, p. 53]), in dieser allgemeinen Fassung eine grundfalsche, hervorgegangen aus dem Uebereifer, Ricardo's Rententheorie und damit die seiner
Meinung nach dem Grundeigenthum gefährlichste Lehre von der ohne Zuthun
des Menschen wachsenden Bodenrente zu widerlegen. (Vgl. den Abschnitt:
„Propriété foncière", S. 297 u. f. a. a. O.) Denn die Naturkräfte sind eben
ohne die sie bedingenden Stoffe nicht zu haben, und die Stoffe sind in den
seltensten Fällen werthlos, weil sie in der Regel nur durch einen entsprechenden wirthschaftlichen Aufwand zu erlangen sind. Die Folge jener falschen
Ansicht ist dann auch seine Werththeorie, wonach Werth keine Grösse (?),
sondern ein blosses Verhältnis u. z. das Verhältnis zwischen zwei ausgetauschten
Dienstleistungen sei. („La valeur c'est le rapport de deux services échangés",
vgl. S. 145 a. a. O.) Wir definiren dagegen den Werth als die Schätzung
des dem Kampfe um den Besitz sich entgegenstellenden Widerstandes, welcher
nach unserer in dieser Abhandlung entwickelten Theorie entweder von der
Natur, oder vom Menschen, oder von beiden zugleich ausgehen kann. (Vgl.
Carey, „Principles of social science", Philadelphia, 1858, chap. 6; die ausgezeichnete Kritik dieses Werkes durch E. Dühring in seiner „Kritischen
Grundlegung der Volkswirthschaftslehre", Berlin, 1866, im 2. Cap. S. 102 u. f.,
und seinen „Cursus der National- und Socialökonomie", Berlin, 1873, S. 26;
ferner die gründliche Zusammenstellung im „Lehrbuche der politischen Oekonomie" von Adolf Wagner, Leipzig und Heidelberg, 1879, S. 45, und endlich die „Werththeorie in unserem Systeme", 1869, S. 191—212.)

wir können über sie nur vermittelst der uns umgebenden Materie verfügen. Dies ist jedoch, wie wir gesehen haben, ohne Kampf mit der Natur und ohne Sieg über die Natur nicht möglich. Diese Aeusserungen der Naturkraft (oder, in der Terminologie der Schule gesprochen, diese Naturkräfte) haben daher einen Werth, dessen Höhe nach seiner Vergleichung mit einer Wertheinheit dem Grundeigenthümer vom Unternehmer vergütet werden muss, und zwar durch Zahlung eines aliquoten Theiles der hundertfachen Wertheinheit, wenn nur die Naturkraft jener Materie, und durch Zahlung der hundertfachen Wertheinheit selbst, wenn die die Thätigkeit der Naturkräfte vermittelnde Materie selbst aus der rechtlichen Herrschaft des Vorbesitzers in die Herrschaft des neuen Erwerbers übergehen soll. Dieser aliquote Theil der hundertfachen Wertheinheit, auch Percent genannt, heisst Zins. Und da er nichts anderes ist als ein Aequivalent des Werthes und der Werth nichts anderes als das Mass des Widerstandes, welcher sich der Erlangung der dem Besitzwerber nothwendigen Naturkraft oder des diese Naturkraft bedingenden Stoffes entgegenstellt, oder mit anderen Worten: da jener Zins nichts anderes ist als der Schätzungswerth des zur Erlangung jener Naturkraft nöthigen Aufwandes oder des um den Besitz jenes Stoffes geführten Kampfes; so ist der Grundeigenthümer nach dem Grundsatze der wirthschaftlichen Gerechtigkeit, d. i. nach dem Princip der Leistung und Gegenleistung, berechtiget, für die Ueberlassung einer so werthvollen Productionsquelle, als es nach dem soeben Gesagten der Grund und Boden ist, von dem Unternehmer eine Gegenleistung zu fordern. Seine Forderung des Bodenzinses ist demnach mit dem Grundsatze der wirthschaftlichen Gerechtigkeit vollkommen in Harmonie, und es sind die gegentheiligen Lehren der Communisten und Socialisten Irrlehren.

β^4. Dasselbe gilt betreffs des dem Unternehmen zur Verfügung gestellten Werthbesitzes und des dafür dem Capitalisten zu entrichtenden Zinses, des Capitalzinses im engeren Sinne des Wortes. Denn dieser ist seinem Wesen nach nichts anderes, als ein Entgelt für das Leihen der zur Occupation der Naturkräfte dienenden Werkzeuge oder für das Darleihen des zur Anschaffung der letzteren nöthigen Geldes. Dadurch, dass der Capitalist der besitzlosen Arbeit die Maschine zur Verfügung stellt, setzt er sie in den Stand, mit Hilfe derselben die zur Schonung der Menschenkraft nothwendige mechanische Naturkraft zu erzeugen. Der Eigenthümer einer elektrischen Batterie ermöglicht es durch das Verleihen derselben dem Unternehmer, jene geheimnisvolle Naturkraft, die Elektricität, zu occupiren, womit Wärme, Licht, chemische und mechanische Kraft in der grossartigsten Weise erzeugt werden kann. Mit Hilfe dieser Naturkraft vermag der Unternehmer die unterseeische Pulvermine anzuzünden und den Meeresboden für grossartige Hafenanlagen zu ebnen. Mit ihrer Hilfe gelingt es ihm, das prächtigste Licht, das getreueste Bild zu liefern und unsern Gedanken mit Blitzesschnelle den Antipoden mitzutheilen. So setzt der Eigenthümer eines Segelschiffes einen Schiffahrts-Unternehmer in den Stand, den Hauch der Mutter Natur, den Luftdruck, aufzufangen und damit die grössten Lasten bequem fortzuschaffen. Dadurch, dass der Capitalist dem Unternehmen das zur Anschaffung des Heizmateriales und der Wärmekraft-Maschinen nöthige Geld darleiht, bringt er es in die Lage, mittels Verbrennung der Kohle die zur Erzeugung der Wärme nothwendige Verbindung des Kohlenstoffes mit dem Sauerstoffe der Luft herzustellen, Wasserdampf zu erzeugen, den Kolben des Dampfcylinders zu heben und damit die zur Schonung der Menschenkraft nothwendige mechanische Naturkraft hervorzurufen. Kurz, die Leistungen der Naturkräfte sind so enorm, dass sie die Aeusserungen der menschlichen Arbeitskraft weit in den Hintergrund stellen[1]), und einerseits den Socialisten

---

[1]) Eine Calorie oder Wärmeeinheit, d. i. die zur Erwärmung von 1 Kilogramm oder 1 Liter Wasser um 1 Grad C. erforderliche Wärmemenge, ist, als Arbeitskraft verwendet, im Stande, ein Kilogramm Gewicht 424 Meter hoch oder 424 Kilogramm Last einen Meter hoch zu heben und wird 424 Arbeitseinheiten gleich gerechnet; und da man mit Einem Pfunde ohne Verlust verbrannter Kohle achttausend Pfund Wasser um Einen Grad C. erwärmen, also damit gegen 8000 Wärmeeinheiten erzeugen kann, so birgt jedes Kilogramm Kohle eine Arbeitskraft von mehr als drei Millionen Kilogrammetern

Anlass zu dem Vorwurfe geben, dass die Capitalisten durch
Monopolisirung der Naturkräfte den Zugang zu letzteren verwehren, anderseits den Besitzenden die Handhabe dazu bieten,
die begünstigte Stellung des oft arbeitslosen Besitzes zur Unterdrückung der besitzlosen Arbeit auszubeuten und den Zins für
die Ueberlassung des Immobilar- und Mobilarbesitzes an die Besitzlosen bis zur Verhinderung jeglicher Besitzsammlung, ja, oft
darüber hinaus bis zur Schmälerung ihrer Selbsterhaltungsmittel,
also unerschwinglich hoch zu spannen. Dies gelingt ihnen dort
durch das Mittel der Parcellenpacht und der Verpachtung auf
kurze Pachtzeit, hier dagegen durch die verschiedenen Arten
des Wuchers.

Bei der parcellenweisen Verpachtung des Grundbesitzes wird die möglichst grosse Zahl von Pächtern herangezogen und die Nachfrage nach dem Pachtgrundstücke ge-
steigert. Die kurze Pachtzeit ermöglicht dem Pächter mit
seiner geringen Habe die wenigen Pachttermine zu bezahlen, und
in Ermangelung anderen Erwerbes sieht er sich zu deren Zahlung
gezwungen, oft ohne Rücksicht darauf, dass die Conjunctur fehl-
schlagen und die Marktpreise bis zum Niveau der Gestehungskosten sinken können; ohne Rücksicht darauf, dass er das Uebermass des die naturgemässe Grundrente übersteigenden Pacht-
schillings nicht erwirthschaftet, und oft die Caution verliert, so
dass ihm zur Erneuerung des Pachtvertrages die Caution und oft
schon die erste Pachtrate fehlt und er kraft der absolut geltenden
Satzungen des römisch-rechtlichen Eigenthums- und Vertrags-
rechtes vom Pachtgute vertrieben werde.[1]

Ebenso zahlt auch der Kleingewerbsmann, der Handwerker
und Kleinhändler in den die Wuchergesetze umgehenden bekannten Formen den Wucherzins, ohne Rücksicht darauf, ob
eine die Besitzbildung ermöglichende Differenz zwischen den

---

in sich, was einer Zahl von ungefähr 45000 Pferdekräften in der Secunde entspricht. (Vgl. „Licht und Leben" von Prof. Dr. Ludwig Büchner, Leipzig,
1882, S. 158 und 159.)

[1] Siehe „Die drei Fragen des Grundbesitzes" von Dr. Lorenz v. Stein
Stuttgart, 1881, S. 118 und 119.

Gestehkosten und dem Preise seiner Producte oder Waaren eintreten wird oder nicht, weil er ihn, infolge der Beherrschung
seiner Arbeit durch das von derselben gesuchte Capital, zahlen
muss. Von dem Wucherzins abgesehen, ist jedoch der Capitalist
vollkommen im Rechte, von dem Unternehmer auch für die Ver-
leihung des mobilen Capitals einen nach dem Grundsatze der
Gleichwerthigkeit der Leistung und Gegenleistung festzusetzenden
Zins zu fordern, d. h. einen Zins, welcher als ein nach dem
mittelst des Verkehrs und dessen Statistik ermittelten Werth-
massstabe der Güter und Leistungen berechnetes Aequivalent
zwischen der Leistung des Capitals und der Gegenleistung des
Unternehmens in bestimmten Verkehrsperioden im Gesetzgebungs-
wege zu bestimmen ist.

β^3. Nach Abrechnung dieses durch Monopolisirung der Naturkräfte entstandenen und auf dem Eigenthumsrechte basirten,
daher unvermeidlichen, aber mit dem ökonomischen Fortschritte
steigenden oder fallenden Capitalzinses verrechnet der Unternehmer einen Theil des vom Unternehmenertrage übrig gebliebenen Betrages zur Bezahlung seines Unternehmerlohnes,
d. h. als Gegenleistung für seine eigene, in dem Unternehmen
aufgewendete und wie jede wirthschaftliche Arbeit mit Risico
und Verantwortung verbundene physische und geistige Arbeitsleistung, und wenn nach dieser Zutheilung, welche in Anbetracht
des hohen Werthes der geistigen — weil zugleich leitenden und
speculativen — Unternehmerthätigkeit allerdings höher als die
untergeordnete Arbeit seiner Streitgenossen bezahlt werden muss,
noch etwas übrig bleibt, so wird es unter dem Titel

γ^3. des Unternehmergewinnes auch vom Unternehmer
usurpirt, selbst wenn es den durch Verkehr und dessen Statistik
ermittelten höchsten Preis seiner Thätigkeit weit übersteigt.
Und darin liegt die moderne Versündigung gegen das Princip
der wirthschaftlichen Gerechtigkeit; hier liegt die Hauptquelle
der modernen Besitzcentralisation und der Scheidung der Gesellschaft in Reich und Arm. Wie bezeichnend doch der Ausdruck für
den Begriff ist! „Gewinn" heisst dieser Antheil, ganz wie Lotterie-,
Kampf-, Sport-Gewinn, also kein Lohn, sondern ein Geschenk

des Zufalles — eine Besitzvermehrung auf fremde Unkosten, welche wir unter der Herrschaft der römisch-rechtlichen Begriffe, des schrankenlosen Eigenthumsrechtes und der absoluten Vertragsfreiheit Aufgewachseneu nicht im geringsten anstössig finden. Und doch ist diese Theilung keine zufällige, sondern eine aus der Taktik des modernen Kampfes um den Besitz mit zwingender Nothwendigkeit sich ergebende Folge. Denn nicht nur die Vermehrung, sondern selbst die Erhaltung des Besitzes wird durch seine Productivität (Gütererzeugungsfähigkeit) bedingt. Die Productivität jeglichen Besitzes ist desto grösser, je günstiger sich das Verhältnis der Gestehungskosten zu dem jeweiligen Marktpreise stellt. Je geringer die Gestehungskosten und je grösser der Marktpreis ist, desto grösser die Productivität des Besitzes. Die Voraussicht der künftigen Gestaltung des Marktes ist Sache der Speculation; die Bestimmung der Gestehungskosten Sache der Berechnung. Diese Berechnung ist für den Unternehmer höchst einfach; für die besitzlose Arbeit verhängnisvoll. Denn da die Gestehungskosten sich aus dem Capitalzins und dem Lohne summiren, so ist es klar, dass sie mit dem Sinken dieser Summanden geringer werden. Da die Gestaltung des Capitalzinses von dem einzelnen Unternehmen unabhängig der Besitzcentralisationstendenz folgt, und weil das dem Unternehmen zur Verfügung gestellte Capital in den meisten Fällen dem Unternehmer selbst gehört, so fehlt in der Regel die Möglichkeit und der Wille, den Capitalzins einzuschränken, und das Experiment mit der Herabdrückung der Gestehkosten wird daher desto fleissiger an dem Elemente versucht, bei dem es kraft des pseudofreien Lohnvertrages nur ausnahmsweise nicht reussirt, nämlich an der besitzlosen Arbeit.

Daraus folgt

1) dass die aus dem modernen Kampfe um den Besitz hervorgehende Gütervertheilung wohl dem privatwirthschaftlichen Gesetze der Productivität, keineswegs aber dem Grundsatze der wirthschaftlichen Gerechtigkeit entspricht, und

2) dass sie zum grössten Theile auf der Aneignung

des durch die besitzlose Arbeit gelieferten Arbeits-
ertrages von Seite der Unternehmer in der Form des
aus dem freien Lohnvertrage ihnen gehörigen Unternehmergewinnes beruht.

Deshalb machen sich

c. die Folgen des gegenwärtigen Kampfes um den Besitz

im Allgemeinen in dem Schwinden des Mittelstandes fühlbar.[1])
Der Grundbesitz erscheint einerseits in unübersehbaren Latifundien consolidirt, anderseits in Millionen Parcellen zerbröckelt,
welche der Begehrlichkeit der verschiedenen Geldmächte keinen
ausgiebigen Widerstand zu leisten vermögen. Der Grundbesitz
wird als ein bequemes Mittel zur Ausbeutung der ihn bewirth-
schaftenden Arbeit durch den arbeitslosen Besitz von den Geldmächten gerne gesucht, seines conservativen Charakters beraubt
und zu einem an der Börse gehandelten Effecte umgewandelt.
Der mittlere Grundbesitz, der wegen seiner conservativen Tendenz die unerschütterliche Grundlage des Staates gegen die
anarchistischen Bestrebungen des Proletariates bildet, schwindet,
die Grundeigenthümer werden selbst proletarisch und vermehren
die Reihen derjenigen, bei denen das durch den freien Lohnvertrag begründete moderne Faustrecht, gestützt auf formelles
Recht und positives Gesetz, mit eiserner Consequenz sich geltend
macht. Anstatt zweiseitiger Lohnverträge finden wir nur
einseitige durch die politische Macht des Besitzes geheiligte
Satzungen. So wie einst der physisch Schwächere durch ein
freiwillig eingegangenes Schutzbündnis dem physisch Stärkeren
politisch unterworfen wurde, so sehen wir auch jetzt den ökonomisch Schwächeren, d. i. den Besitzlosen, durch den sogenannten

---

[1]) Unter Mittelstand verstehen wir die des Wohlstandes theilhaftigen
Volksclassen, d. i. jene, welche ihre naturgemäss ausgebildeten Bedürfnisse
durch Arbeit ohne Ueberanstrengung zu befriedigen in der Lage sind. Dass
die Zahl der dieser goldenen Mitte angehörenden Individuen abnimmt, lehrt
die tägliche Erfahrung. Die sich aus der Häufung von Reichthümern in den
Händen Weniger und aus der stets zunehmenden Verschuldung und Verarmung der Massen ergebenden socialen Gegensätze werden täglich schroffer
und machen uns vor der Zukunft der Gesellschaft bange.

freien Lohnvertrag vom ökonomisch Stärkeren, dem Besitzenden social abhängig werden. In dieser Abhängigkeit fällt nur eine kaum zur Selbsterhaltung, d. i. zur Nahrung, Kleidung und Unterkunft der besitzlosen Arbeit knapp hinreichende und keineswegs auch eine die Besitzsammlung und Capitalbildung ermöglichende Ertragsquote des Unternehmens der besitzlosen Arbeit zu. Woher die Mittel zur geistigen Ausbildung nehmen? Wie die dazu nöthige Musse gewinnen? Dass weder das eine, noch das andere der Arbeit erschlossen werde, dafür sorgt der Besitz vermöge der usurpirten politischen Macht, welche er in den vorzugsweise aus Vertretern der Besitzinteressen zusammengesetzten Parlamenten ausübt. Diese ertheilen Unternehmerprivilegien, genehmigen die im Interesse ihrer Wähler (der Besitzenden) vorgeschlagenen Steuern und Handelsverträge und wahren die Interessen der schutzlos bleibenden Besitzlosen durch Beschränkung der Schulpflicht, durch Steuerreformen, welche die Steuerabwälzung nur dem Grossbetriebe ermöglichen und damit die Tendenz zum Grossbesitze steigern, sowie durch stete Vermehrung der Verbrauchssteuerauflagen, womit unter Hintansetzung der Forderung gleichmässiger Besteuerung die nichtbesitzenden Classen unverhältnismässig hoch belastet werden.

Was das letztere betrifft, so erheischt, je geringer das Einkommen ist, einen um so grösseren Theil desselben die Befriedigung der Bedürfnisse des ersten Grades, d. i. des nothwendigsten Lebensunterhaltes, desto weniger bleibt davon mithin als Steuerfond übrig, desto empfindlicher trifft aber die Steuer den kleinen Mann: sie wird unerschwinglich, wenn ihr Ausmass seinen zur Selbsterhaltung nothwendigen Lohnfond angreift. Deshalb drücken die auf die Existenzbedürfnisse des ersten Grades, wie auf Salz, Brot, Fleisch, Petroleum, Brennmaterial, Seife u. s. f., auferlegten Verbrauchssteuern die Steuerzahler mit der Abnahme des Besitzes in umgekehrter Progression, und da der Selbsterhaltungstrieb eine Einschränkung der Nachfrage nach diesen Artikeln vollkommen ausschliesst, so ist an eine Steuerung dieser Ungleichmässigkeit in der Besteuerung im Wege etwaiger ins Werk gesetzten Mässigkeitsbestrebungen an Seite der nichtbesitzenden

Classen gar nicht zu denken. Ihre Steuerüberbürdung ist zugleich eine Steuerentlastung der Besitzenden und die Folge davon auch die Steigerung der Besitzsammlungsfähigkeit und der Besitz-centralisationskraft an Seite der Letzteren und Hemmung der Besitzsammlungsfähigkeit und Capitalbildungskraft an Seite der Ersteren. Ausgenommen Russland, dessen Agrargesetzgebung die Bildung des Proletariates bisher geradezu ausschloss, bietet die heutige Gesellschaft ein trauriges Bild. Einerseits ein ver-kommenes ländliches und Fabriksproletariat, welches unter der den Grossbesitz schonenden, dafür aber gegen den Kleinbesitz angespannten Steuerschraube seufzend, alle Arbeitslust verliert und socialistischen Irrlehren williges Ohr schenkt, anderseits ein in riesigen Proportionen anwachsender Reichthum mit wilder Jagd nach neuen Millionen, mit massloser Corruption und Miss-brauch der mit dem Besitze usurpirten politischen Macht, un-unterbrochene Besitzhäufung in den Händen Weniger und pro-gressive Verarmung der grossen Masse des Volkes. Dies sind die traurigen Folgen des modernen Kampfes um den Besitz; dies die Folgen einer unglückseligen Taktik, welche anstatt die Men-schen zum gemeinsamen Kampfe gegen die Natur zu vereinigen, sie zum brudermörderischen Kampfe unter einander treibt! Und doch nannte Adam Smith die Besitzhäufung Nationalreichthum und hielt er sie für wünschenswerth, ohne sich darum zu küm-mern, ob sie allen Volksclassen zu gute komme oder nur den oberen Zehntausend.[1]) Viele beten seine Lehren bis heute nach, und indem sie sich in der Theorie auf die Darstellung der Renten-, Lohn- und Tauschbegriffe beschränken und damit auch den wichtigsten und heutzutage brennendsten Theil der politi-schen Oekonomie, die Besitzvertheilungslehre, erschöpft zu haben glauben, plaidiren sie im übrigen für ein bequemes laisser aller, damit aber für die völlige Lähmung der Staatsgewalt auf dem Gebiete der Volkswirthschaft, den dagegen erhobenen Vorwurf, dass dies zum Chaos, zur Anarchie und zum Faustrecht führe,

---

[1]) Er spricht wohl auch von einer Vertheilung des Besitzes, doch nur im Sinne eines blossen Austausches von Gütern.

lediglich mit dem Hinweise auf die grossartigen Industrie- und Handelsschöpfungen der Neuzeit und auf den damit angeblich zunehmenden Nationalreichthum beantwortend. Und doch muss jeder, der sehen will, einsehen, dass der Mittelstand, als dessen Prototyp auf dem Felde des Immobiliarbesitzes ein wohlhabender Bauernstand[1]) und im Reiche des Mobiliarbesitzes das mittelalterliche, auf der Herrschaft der Arbeit beruhende und jeder tüchtigen, mit blossem Handwerkszeuge versehenen Arbeitskraft zugängliche Bürgerthum noch heute gilt, mehr und mehr schwindet; sehen, dass die Kluft zwischen Besitzhäufung und Besitzlosigkeit sich täglich erweitert und den Mittelstand völlig zu verschlingen droht. Die Kleinbesitzer verlieren, statt sich zum Mittelstande zu erheben, ihren Besitz an den Grossbesitz und stehen mit ihrer auf die Dauer der gegenwärtigen ökonomischen Verfassungsformen zur Besitzlosigkeit verurtheilten Descendenz in ihrem Kampfe um den Besitz als vierter Stand, der Arbeiterstand, den anderen drei Ständen feindlich gegenüber. So zerfällt die moderne Gesellschaft in Arme[2]) und Reiche[3]), in arbeitslose Besitzer und besitzlose Arbeiter[4]), Capitalisten und Proletarier, Herrschende

---

[1]) Schon Aristoteles hat die Bedeutung eines wohlhabenden Bauernstandes erkannt und bemühte sich, die Griechen davon zu überzeugen, bei denen, weil sie es nirgends zum rechten Bauernstande gebracht hatten, die blutigen Umwälzungen an der Tagesordnung waren. Ihm ist die μέση κτήσις ἡ βελτίστη (der mittlere Grundbesitz der beste) und nur der Bauer sei ἀσταβίώστος (ein ruheliebender). Siehe „Die drei Fragen des Grundbesitzes und seiner Zukunft" von Dr. Lorenz v. Stein, Stuttgart, 1881, S. 48 und 49.

[2]) Arm nennen wir des Wohlstandes nicht theilhaftige Volksclassen.

[3]) Reichthum nennen wir ein solches Quantum ökonomischer Güter, das ihren Besitzer in den Stand setzt, naturgemäss ausgebildete Bedürfnisse ohne Arbeit zu befriedigen. Damit stimmt Rösler's Definition überein: „Reich kann daher im Allgemeinen nur derjenige genannt werden, der so viel eigenes Vermögen besitzt, dass er nach Anschauung seiner Zeit und seines Ortes keine Entbehrung leiden muss." („Grundsätze der Volkswirthschaftslehre", Rostock, 1864, S. 17.)

[4]) Das ist die productive Classe, κατ᾽ ἐξοχήν, im Gegensatze zu der unproductiven Classe der arbeitslosen Besitzer, wogegen diese Bezeichnung sowohl von den Physiokraten, als auch von den Smithianern unpassend angewendet wurde. Die ersteren nannten nach Quesnay nur die Ackerbauer productiv, weil sie angeblich mehr produciren, als sie consumiren, und verfochten das Paradoxon, dass die Industrie steril sei, weil der Industrielle angeblich

und Beherrschte, Arbeitgeber und Arbeitnehmer, Freie und Unfreie: in lauter schroffe Gegensätze ohne Mittelstufen! Es fehlt der Sprache für letztere das Wort, weil dem Volke ihr Begriff abhanden gekommen ist: der Mittelstand ist in die genannten Gegensätze aufgelöst. Dies ist jedoch keine zufällige Erscheinung, sondern die natürliche Frucht der oben dargestellten, schon an der Wurzel der Volkswirthschaft sich geltend machenden socialen Regeln, welche von uns als sociale „Gesetze" deshalb bezeichnet wurden, weil sie sich sowohl dem Zwecke als auch dem Wesen des Besitzes nach mit unwiderstehlicher Gewalt verwirklichen. In dieser Ueberzeugung bestärkt uns die Geschichte und die Statistik. Sie lehren, dass der Besitz bei allen Völkern mit Raub begonnen hat und sich theils durch offene, theils durch die unter der Maske des Rechtes verhüllte Gewalt zu behaupten und zu vermehren sucht. Die ihm von der Natur angewiesene Rolle, als Mittel zum Zwecke zu dienen, behagt ihm für die Dauer nicht. Er gibt überall seine dienstliche Rolle bald auf und hat nur sich selbst und seine Macht, mit einem Worte: sein Sonderinteresse zum Zwecke. Mit der Zeit kehrt er diese seine egoistische Natur so schamlos hervor, dass er seinen Grossmachttendenzen sogar diejenigen Bande dienstbar macht, welche kraft ihrer ethischen Zwecke seine Prätensionen mit souveräner Verachtung zurückweisen sollten: die durch Gesetz und Sitte geheiligten Ehebande. Der Besitz häuft sich durch Convenienz-Ehen.[1]) Umsomehr

---

den Werth der Rohproducte durch deren Verarbeitung nur um so viel erhöhe, als er vom landwirthschaftlichen Nettoproduct (produit net) während der Fabrikation verzehre. Dieser Ansicht, deren Widerlegung nicht in den Rahmen dieser Schrift gehört, wurde die gleichfalls unrichtige Vorstellung der Smithianer entgegengesetzt, welche unter den productiven Volksclassen diejenigen, deren Beruf vorzugsweise die Production materieller Güter zum Gegenstande hat, und unter den unproductiven diejenigen, welche ihr Leben vorzugsweise der Schaffung, Verbreitung und Erhaltung geistiger Güter geweiht haben, verstanden.

[1]) Obwohl die Statistik der Convenienz-Ehen selbstverständlich eine schwierige Aufgabe ist (nach Schwabe sind es alle Ehen, worin die Frau mehr denn 5 Jahre älter ist als der Mann, dann Ehen zwischen Gesellen und Meisterswitwen), so glaubt man dennoch eruirt zu haben, dass in England

sträubt sich sein Interesse gegen die Forderungen der Besitzlosen, welche als Selbstzwecke auf den ihnen als Menschen gebührenden Antheil an den idealen Gütern der Menschheit Anspruch erheben. Sie auf das Niveau blosser Lastthiere und Maschinen hinabzudrücken ist seine Politik; sich selbst zum Selbstzwecke zu machen, ist seine Moral. Dieses selbstsüchtige, dem ethischen Besitzzwecke entgegenlaufende Bestreben hat, wie die Geschichte der volkswirthschaftlichen Entwicklung lehrt, noch nirgends sein Ziel verfehlt. Alle Völker der Erde wissen Perioden aufzuweisen, in denen es den Besitzenden gelungen ist, ihre Besitzherrschaft bis zur vollständigen Ausbeutung der von ihrem Besitze Beherrschten auszudehnen. In diesem Stadium der volkswirthschaftlichen Entwicklung befindet sich heutzutage namentlich England. Trotz der absoluten Rechtsgleichheit aller Staatsbürger auf dem Gebiete des Privatrechtes, trotz der ausnahmslosen Freiheit allen Erwerbes, ist es im Kampfe um den Besitz an demjenigen Punkte angelangt, wo der Gewinn des Reichen den Verlust des Armen bedeutet und der Gegensatz zwischen Reich und Arm vollkommen ist.[1]

Verfasser hat sich im Voraufgehenden redlich bemüht, die Ursachen dieser traurigen socialen Erscheinung aufzusuchen und ihre Causalität nachzuweisen: Ob es ihm auch gelungen ist? Verfasser hat die Ursachen der heutigen socialen Krankheit auf das Vorherrschen des Kampfes der Menschen unter einander zurückgeführt, dessen Taktik das wirthschaftliche Faustrecht ist. Wenn seine Diagnose richtig ist, so ergibt sich das nothwendige Heilverfahren von selbst; es ist jenes, um dessen Durchführung entbrennen musste und wird

---

15·4 und in Berlin 13·7 aller Ehen Convenienz-Ehen sind. (Siehe „Capitalismus und Socialismus" von Dr. Albert Schäffle, Tübingen, 1878, S. 6.)

[1]) Verschiedenheit des individuellen Einkommens ist vom Standpunkte des allgemeinen Interesses wünschenswerth; aber es ist sehr gefährlich, wenn die Gesellschaft in wenige sehr Reiche und viele ganz Arme zerfällt. („Grundriss für Vorlesungen über Nationalökonomie" von Dr. Adolf Held, Bonn, 1878, S. 89.)

B. der Kampf der Zukunft oder das Vorherrschen des Kampfes der Menschen gegen die Natur,

dessen Taktik die wirthschaftliche Gerechtigkeit ist. Wenn auch ihre Verletzungen in der Gegenwart ungestraft vor sich gehen, so muss und wird eine Zeit kommen, wo die Gesellschaft durch ein vervollkommnetes Rechtssystem dem Individuum begreiflich machen wird, dass sie nicht nur seinetwegen da ist, damit sie ihm die Verwirklichung seiner egoistischen Zwecke ermögliche, sondern dass es auch ihretwegen da ist, damit es als ein gesellschaftliches Wesen ($\zeta\tilde{\omega}o\nu$ $\pi o\lambda\iota\tau\iota\varkappa\acute{o}\nu$) in derselben seine individuellen Kräfte zum Wohle der Menschheit bethätige und dadurch zur Selbsterhaltung und Entwicklung des Ganzen und zur Lösung des Widerspruches zwischen der Begrenzung des an ihm vorhandenen Natürlichen und dem unbegrenzten Wesen des in ihm vorhandenen Persönlichen nach seinen Kräften beitrage. Diese Zeit muss kommen, weil das Gesetz der Selbsterhaltung und menschlicher Entwicklung ein absolutes ist, und weil gemäss dem von mir geführten Nachweise die Verletzung der wirthschaftlichen Gerechtigkeit zugleich eine Verletzung jenes Gesetzes ist. Diese Zeit ist freilich noch sehr fern, weil unser positives Recht, im Fahrwasser der römisch-rechtlichen Begriffe fortschwimmend, den Wucher ausgenommen, nicht einmal den Begriff jener Verletzung kennt. Wir nennen sie das Vergehen der wirthschaftlichen Ausbeutung und glauben das Wort einstellen zu dürfen, nachdem wir den Begriff formulirt haben. Dieses Vergehen lässt sich, ausgenommen die Fälle, wo es als verbotener Wucher in die Erscheinung tritt, unter keine Bestimmung des bestehenden Strafrechtes subsumiren: nicht unter die Vergehen gegen die Freiheit, da durch die im pseudofreien Lohnvertrage formell gewahrte Zustimmung der .Ausgebeuteten die Ausbeutung als freier Verkehrsact erscheint; nicht unter die Vergehen gegen das Vermögen, da die wirthschaftliche Ausbeutung, obwohl sie den Wohlstand des Volkes untergräbt, dennoch nicht direct das Vermögen, sondern nur dessen Bildungsfähigkeit angreift; nicht unter die Vergehen gegen die körperliche Sicherheit, weil trotz der jahraus jahrein durch die wirthschaftliche Ausbeutung erfolgenden Vernichtung von Millionen von Existenzen der zur Strafbarkeit derselben nothwendige Causalnexus in concreto nicht nachweisbar ist; nicht unter die Vergehen gegen die Sicherheit des Staates, weil die Staaten, in denen die wirthschaftliche Ausbeutung die ihre Existenz bedrohenden Proletarierschaaren schafft, von den Göttern gegen dieses Unheil derart mit Blindheit geschlagen zu sein scheinen, dass sie sich dagegen nicht nur nicht durch entsprechende gesetzliche Bestimmungen schützen, sondern sich in vielen Fällen an der wirthschaftlichen Ausbeutung ganzer Volksclassen selbst betheiligen und, wie Saturn ihre eigenen Kinder verschlingend, am eigenen Untergange selbst arbeiten. Man denke nur an die Ausbeutung des Volkes durch das Lotto, an die durch die Branntweinpest Jahr für Jahr hingerafften Arbeiterschaaren und die dadurch zunehmende Degeneration unserer Arbeiterbevölkerung, für welche die statistisch nachweisbare Zunahme des Percentes der bei der Assentirung für untauglich Befundenen ein beredtes Zeugnis ablegt!

Schon daraus ergibt sich, was wir im Folgenden des Näheren ausführen wollen: dass die wirthschaftliche Ausbeutung der Massen

a. zum Conflicte des Sonderinteresses mit dem Staatsinteresse führe.

Es liegt in der Menschennatur, die Bedürfnisse bis zur Vernichtung des Individuums auszudehnen, und die besitzenden Classen haben noch überall, wo die Besitzcentralisation ihnen die Mittel dazu bot, im Uebermasse des Genusses schwelgend, die der Befriedigung der Bedürfnisse von der Natur gezogenen Schranken überschritten, bis sie der Blasirtheit verfallen sind. Dann trat aber auch bald Entartung des gesunden Eigenthumssinnes, Lahmlegung des Rechtsgefühles, Feigheit in der Rechtsverfolgung, Stumpfsinn und Apathie gegen eigenes Glück, gegen Gemeinde- und Staatswohl ein. Wo aber diese Krankheitssymptome zu Tage treten, dort blüht auch der Weizen der künstlichen Wahlordnungen und der das Classeninteresse der Besitzenden fördernden, unter dem Mantel des Liberalismus die Besitzlosen zur ewigen Besitzlosigkeit verurtheilenden Rechtsinstitutionen. Dank ihnen verlieren dann die Enterbten der Gesellschaft bald auch alles Selbst- und Rechtsgefühl und beginnen in der widerspruchsvollen Stellung der Freiheit zur Arbeit und der Unfreiheit zum Besitzerwerbe das Lohnsystem, die damit steigende und fallende Privatrente und das sie schützende Eigenthum und Erbrecht zu verurtheilen. Wehe dem Staate, welcher sich gegen solche socialen Erscheinungen taub, blind und abwehrlos verhält!

Der Staat als die zur Verfolgung des allgemeinen Wohlfahrtszweckes bestehende und mit den zur Erreichung desselben nothwendigen Mitteln ausgerüstete Einheit des nationalen Willens kann sich mit diesem seinem Zwecke ohne Gefahr für seine Existenz nicht in Widerspruch setzen, und darf mithin nicht die Theorie der Nichteinmischung befolgen gegenüber dem allen Individuen gemeinsamen Ziele der Erwerbung von wenigstens so viel Besitz, als zur Begründung eines Zustandes, in dem die naturgemäss entwickelten Bedürfnisse der Einzelnen ohne Ueberbürdung ihrer Arbeitskraft befriedigt werden können.[1]) Der Staat muss vielmehr die Begründung, Sicherung und Mehrung des nationalen Wohlstandes als die aus seinem Zwecke sich ergebende Pflicht, welche ihm bereits der uralte Satz „salus publica suprema lex" als die höchste seiner Pflichten vorgezeichnet hat, ins Auge fassen.

Da nun der nationale Wohlstand nach den von uns entwickelten allgemein geltenden socialen Gesetzen von dem Masse des allen Staatsbürgern gehörigen Besitzes abhängt und die Verallgemeinerung des Besitzes durch die Verallgemeinerung der Volksbildung gefördert wird, so ist evident, dass die Grösse und die Macht des Staates mit der Zahl der Bevölkerung und mit ihren Besitz- und Culturmitteln steigt. Eine in Bezug auf die Ausdehnung des Staatsgebietes dünne, über dessen weite Strecken spärlich zerstreute Bevölkerung, wie die der Nach-

---

[1]) „Cursus der National- und Socialökonomie" von Dr. E. Dühring, Berlin. 1873. S. 23.

kömmlinge der Spanier in Südamerika und die der canadischen
Franzosen in Nordamerika, unterliegt in ihrem mit der Natur um
den Besitz geführten Kampfe. Eine zahlreiche besitzlose Bevölkerung, wie jene Irlands, entbehrt wieder der nothwendigen
Bedingungen zum Aufsteigen von einer niederen zu einer höheren
Productionsstufe und damit auch zum Culturfortschritt. Sie geht
ökonomisch und culturell zurück, und im dumpfen Hinbrüten über
die Ursachen ihres Unglückes wird sie ein gefährlicher Feind
des Staates. Das Staatsinteresse erheischt demnach eine
zahlreiche besitzende und gebildete Bevölkerung und
ist demzufolge identisch mit dem Interesse der Civilisation.

Diese auf deductivem Wege gefundene Wahrheit wird auch
durch die auf inductivem Wege geschöpften Lehren der Statistik
bestätigt. Die Länder der grössten Volksdichtigkeit und der
zahlreichsten Capitalisten sind auch die in der Civilisation am
meisten vorgeschrittenen. Ein Vergleich der Uferländer des
Rheinstromes mit denen der Donau bestätigt diese Wahrheit auf
den ersten Blick.

Dem Staatsinteresse arbeitet die natürliche und
künstliche Besitzcentralisation geradezu entgegen.
Denn der Staat als die Einheit des allgemeinen Volkswillens
ist eine selbstständige Persönlichkeit, welche durch die Verfassung ihren Willen und durch die Verwaltung ihre Thatkraft
äussert und demnach ein selbstständiges Leben führt. Zu diesem
Leben hat der Staat als ein mit der höchsten und gewaltigsten
Aufgabe betrautes sittliches Wesen ein unantastbares Recht.
Wenn aber dies Recht feststeht, so muss man dieser ethischen
Persönlichkeit auch das Recht auf die Mittel zur Verwirklichung
ihres Lebensprincips zuerkennen, d. i. das Recht, im Wege der
Staatswirthschaft die zur Erfüllung seiner sittlichen Aufgaben
erforderlichen Einnahmen sich zu verschaffen. Doch darf die
Staatsverwaltung um dieser Mittel willen das wirthschaftliche
Grundprincip der gegenseitigen Reproductionskraft der Ein-
nahmen und Ausgaben nicht vernachlässigen, d. h. die Staats-
wirthschaft darf nur solche Ausgaben machen, welche die für

die Einnahmen unerlässliche Capitalbildung des Volkes befördern. Was thut aber die natürliche und künstliche Besitzcentralisation? Sie schöpft die rudimentären Capitalbildungen des Volkes ab und legt ihre Summen entweder in Latifundien oder in Werthpapieren an, wobei sie trotzdem durch die Verbrauchssteuern den grössten Theil der Steuerlast den Besitzlosen zuwälzt! Die Folge davon ist Einschränkung der Consumption, Lahmlegung der Production, Sinken der Steuerkraft und Finanzdeficite. Diese Folgen der Besitzcentralisation werden aus den von uns bereits untersuchten und in ihrer Natur selbst liegenden Gründen auch ohne ausserordentliche Staatsausgaben, bei einer musterhaften Führung des Finanzwesens, trotz reichlicher Ernten und im tiefsten Frieden eintreten.

Es unterliegt demnach keinem Zweifel, dass die Besitzcentralisation mit dem Staatsinteresse im Widerspruche steht, und dass dieser Widerspruch zum Conflicte mit ihm führen müsse. Und da sowohl die natürliche als auch die künstliche Besitzcentralisation kraft der von uns entwickelten socialen Gesetze unter allen Völkern und zu allen Zeiten der Besitzbildung der Besitzlosen entgegewirkt, so halten wir jenen Conflict für permanent. Ihm gegenüber darf der Staat, wenn er nicht Selbstmord begehen will, nicht passiv bleiben, sondern er muss durch werkthätiges Eingreifen in das Leben der Volkswirthschaft das Staatsinteresse gegen das Sonderinteresse der Besitzcentralisation zu vertheidigen wissen. Damit wird er nur den ethischen Inhalt seines Lebens bethätigen, welcher als der ewige Kampf der reinen Staatsidee gegen das Sonderinteresse einzelner, zur Macht gelangten Gesellschaftsclassen in die Erscheinung tritt.

b. Der Sieg des Staatsinteresses.

Das Staatsinteresse als das höchste der gesellschaftlichen Interessen kann, sobald die Interessen der besitzenden Classen mit ihm in Conflict gerathen, nicht ausschliesslich der Wahrung und Pflege der letzteren anvertraut bleiben. Es wird daher, sobald im Verlaufe der Besitzcentralisation und der damit Hand in Hand gehenden Demoralisation der oberen Zehntausend letztere ein bedrohliches Stadium der Entnervung und der Apathie gegen das Staatswohl und Volksglück erreicht haben, ein weiser Herrscher, die eigene und des Staates Würde wahrend, den von den besitzenden Classen usurpirten Löwenantheil an der Bildung und Aeusserung des einheitlichen Staatswillens und an der dieser Willensäusserung entsprechenden Thätigkeit des Staates, d. i. an der Staatsverfassung und Staatsverwaltung, im Staatsinteresse zu beschränken wissen und zur Theilnahme an der Staatsgewalt auch diejenigen heranziehen, für welche der Sieg des Staatsinteresses die Lebensfrage bildet: die Vertreter der besitzlosen Arbeit. Ja, ein weiser Regent wird den Ausbruch des den Bestand des Staates bedrohenden Conflictes zwischen dem Staatsinteresse und dem Sonderinteresse der Besitzenden gar nicht abwarten, sondern letzteres mit kräftigem Arme unter die zwingende Gewalt der Staatsraison beugen und die, wenn auch besitzlose, so doch für das Staatswohl interessirte Arbeit desjenigen Schutzes theilhaftig machen, welchen der Besitz neben den bevorzugten Geburtsständen unter dem Titel der Interessenvertretung bis nun ausschliesslich für sich selbst in Anspruch nahm.[1] Weise Herrscher werden, eingedenk der Wahrheit, dass die Gesetze in der Regel von denjenigen am besten gemacht werden, für welche sie erlassen werden, nicht lange überlegen, und am allerwenigsten dann, wenn der Ruf nach Wahlreform und nach der Herabsetzung und Aufhebung des Vermögenswahlcensus bereits die Losung der Massen geworden ist. Die Herabsetzung oder Aufhebung des Vermögenswahlcensus wird dann ebenso gewiss Gesetz werden, als es gewiss ist, dass die politische Verfassung ihre Formen dem Staatsinteresse opfern muss. Denn das Volkswohl und die dasselbe bedingenden zweckmässigen ökonomischen Verfassungsformen sind wichtiger als der engere Begriff der rein politischen Verfassungsformen.[2] Deshalb soll auch der den Bau

---

[1] Die Volksvertretung des westlichen Europa knüpft mehr oder weniger an den immobilen oder mobilen Besitz durch Census und an bevorzugte Geburtsstände an. („Encyklopädie der Staatslehre“ von Dr. Albert Schäffle, Tübingen, 1878, S. 264.)

[2] Vergleiche Dr. E. Dühring, S. 3 a. a. O.

der politischen Verfassungen in der Regel besorgende historische
Besitz einer im Sinne des Gesetzes der Selbsterhaltung und der
persönlichen Entwicklung von den besitzlosen Volksclassen angestrebten verfassungsmässigen Reform die Möglichkeit offen
lassen. Sollte diese Möglichkeit in der Verfassung nicht vor-
gesehen sein, dann werden sich jene Gesetze mit elementarer
Gewalt ausserhalb der Verfassung geltend machen und der
Kampf um den Besitz wird zum Kampfe gegen den Besitz. Gerade so wie unvollkommene Rechtseinrichtungen, Miss-
brauch der Amtsgewalt und Cabinetsjustiz ihre Opfer aus den
Reihen der Streiter um's Recht unter die Verschwörer gegen
das Recht hinüberdrängen, ebenso gerathen die Besitzlosen durch
künstliche, das natürliche Recht zu Gunsten des historischen Besitzes gestaltende Rechtseinrichtungen, durch unnatürliche, den
Nichtbesitz von der Betheiligung an politischen Rechten aus-
schliessende Wahlordnungen auf Abwege und suchen durch
Selbsthilfe im Kampfe gegen den historischen Besitz das zu erlangen, was sie im Kampfe um den Besitz durch Widerstand der
besitzenden Classen im verfassungsmässigen Wege nicht erlangen
können. So wie das Faustrecht und die Vehmgerichte im Mittel-
alter, die Blutrache der Südslaven, Corsicaner und Sicilianer,
das Lynchgericht der Amerikaner und unser Duell die Dishar-
monie der staatlichen Einrichtungen mit dem Rechtsgefühle des
Volkes oder einzelner Stände desselben bekunden [1]), so zeigen
auch die beklagenswerthen agrarischen Morde in Irland hand-
greiflich, dass die ökonomischen Verfassungsformen Irlands und
Englands eine sociale Reform zur Geltendmachung des natürlichen Besitzrechtes des besitzlosen irischen Volkes gegenüber
dem historischen Besitze der englischen Grundeigenthümer unmöglich machen.[2])

Also nur durch die Betheiligung an der staatlichen Rechts-

---

[1]) Siehe den „Kampf um's Recht" von Ihering, Wien, 1877, S. 64.

[2]) Es hiesse wahrlich an der Zukunft des englischen Staates verzweifeln,
wenn man die endliche Einführung einer dem natürlichen Besitzrechte des irischen
Volkes entsprechenden Abänderung der bestehenden ökonomischen Verfassung
Irlands von Seite des englischen Grossbesitzes selbst nicht gewärtigen sollte.

F. L. Chleborad, Der Kampf um den Besitz. 5

bildung durch Unterrichts-, Volkswirthschafts-, Finanz-, Justiz-, Polizei- und Militär-Gesetzgebung und Genehmigung der Staatsverträge, sowie durch die Theilnahme an der Verfassungsgesetzgebung als Grundlage aller materiellen Gerechtsame, mit Einem Worte durch ihre Theilnahme an der Staatsgewalt, vermag die besitzlose Arbeit eine Correctur der ihr schädlichen regierungsseitigen Auffassung des Staatszweckes und der zur Verfolgung desselben eingeschlagenen Politik, sowie eine Abänderung der ihr verderblichen ökonomischen Verfassungsformen durchzusetzen. Ohne eine solche Betheiligung wird die Geburts- und Besitzaristokratie nach den natürlichen Grundsätzen des Selfinterest die Interessen der Besitzlosen zum mindesten ignoriren, wenn nicht mit schrankenloser Willkür ihrem Besitzinteresse unterjochen. Diese Betheiligung an der Staatsverfassung und Staatsverwaltung muss und wird die besitzlose Arbeit durch eine neue Allianz erreichen, welche an die Stelle ihrer im gegenwärtigen Kampfe um den Besitz mit den Besitzenden unterhaltenen widernatürlichen Allianz einst treten wird: durch die Allianz mit dem auf dem monarchischen Principe basirten Regime. Denn die Majestät als Inbegriff der dem Staate oder der Einheit aller Staatsbürger zustehenden, aus dem Wesen dieser Einheit fliessenden Rechte und Pflichten und der Monarch in seiner Stellung gegenüber dem Einzelnen als Träger des ewigen unverletzlichen Rechtes können nicht zugeben, dass der Kampf um den Besitz bis zur Unterdrückung und Knechtung der Einen durch die Andern ausarte; sie müssen vielmehr, ihrem Zwecke und ihrer Aufgabe nach von jeder Identificirung des von ihnen vertretenen allgemeinen Interesses mit einem Parteiinteresse sich hütend, nach dem Grundsatze „justitia regni fundamentum" einzig und allein das Staatsinteresse, d. h. den materiellen und geistigen Wohlstand aller, zu fördern trachten.

Diesem seinem ethischen Zwecke entsprechend, wird das monarchische Regime die den besitzlosen Arbeitsclassen im Kampfe um den Besitz nothwendige Allianz mit derselben Bereitwilligkeit eingehen, mit welcher es das unfrei gewordene Grundeigenthum im Wege der Grundentlastung von den Fesseln feudaler Herrschaft befreit hat.

Also Allianz der Monarchie mit der besitzlosen Arbeit ist unsere Losung, welche himmelweit verschieden ist von dem socialdemokratischen Schlachtrufe nach der Usurpation der Staatsgewalt durch das Proletariat. Denn nicht in dieser Usurpation zur Beherrschung der Besitzenden durch die Nichtbesitzenden oder zur Unterwerfung der Capitalisten durch das Proletariat erblicken wir den Sieg des Staatsinteresses, sondern in der gleichberechtigten Theilnahme an der Staatsgewalt seitens der Besitzenden und der Nichtbesitzenden, wodurch das monarchische Princip eben jenen Rechtsschutz schafft, ohne welchen nach dem Gesetze des wirthschaftlichen Faustrechtes unter den zum Kampfe um den Besitz vereinigten Streitgenossen die schwächeren von den stärkeren rücksichtslos ausgebeutet werden.

Diese Allianz können die Nichtbesitzenden auf die Dauer selbstverständlich nur in Monarchien, nicht aber in der Republik finden. Denn in der letzteren erscheint an der Stelle der Dynastie das Präsidium der Republik und an der Stelle des Monarchen deren jeweiliger, aus der Volkswahl hervorgegangener Präsident. Dieser ist nun keineswegs wie der König Träger der Volkssouveränität, d. h. der nationalen Selbstherrlichkeit und Selbstbestimmung, sondern blosser Mandatar, dessen Mandat zwar verfassungsmässig von dem selbstsouveränen Volkswillen ausgehen soll, in der That aber von den das Wahlrecht für sich usurpirenden besitzenden Classen ausgeht. Da nun dieser republikanische Machthaber die Staatsgewalt als blosser Mandatar der Wähler ausübt, so kann er selbst bei gesetzlich ausgesprochener Ungiltigkeit jedes Imperativmandates beim besten Willen nicht unabhängig von den Sonderinteressen seiner Mandanten oder gar gegen diese Sonderinteressen seines Amtes walten. Zwischen dem Berufe eines Staatsoberhauptes mit seinen begrifflich aus der Einheit aller Interessen hervorgehenden Rechten und Pflichten und jenem von der jeweilig herrschenden Volksclasse ertheilten und mit einer vorgeschriebenen Marschroute thatsächlich versehenen Mandate ist ein auf gesetzlichem

Wege unlöslicher Widerspruch, den die Nichtbesitzenden mit
einem ihnen eigenthümlichen Instincte immer noch wahrgenommen
und dort, wo er allzu grell hervortrat, irgend einem Thronpräten-
denten mit dem Schwerte zu lösen willig überlassen haben. Wie
könnten ihnen die Inhaber der höchsten Staatsgewalt in der
Republik Schutz gegen die natürliche und künstliche Besitzcentralisation gewähren, wenn sie diese Gewalt eben aus der Hand
der besitzenden Classen und in der Regel auf Grund fester Ab-
machungen übernommen haben? Wird nicht vielmehr die oberste
republikanische Staatsgewalt die natürliche Dienerin der sie auf
dem Präsidentensitz haltenden besitzenden Classen sein? Unbedingt! Dieser Widerspruch besteht und enthält, weil er in der
Republik unlöslich ist, den Todeskeim aller republikanischen
Verfassungen in sich. Er ist die Achillesferse, in welcher die
republikanischen Verfassungen von der socialen Bewegung einst
getroffen werden. Sie, die gewaltigste unter allen menschlichen
Bewegungen der Gegenwart, wird mit der Elementargewalt der
sie bestimmenden Gesetze der Selbsterhaltung und persönlichen
Entwicklung selbst an die Pforten des Weissen Hauses in
Washington getragen werden, und das, was heutzutage vielen un-
möglich erscheinen mag, wird einst auch dort verwirklicht
werden: das mächtigste republikanische Staatswesen der
Gegenwart wird in die Monarchie aufgehen, und die
Macht, welche dies Wunder vollziehen wird, heisst: „die
sociale Frage".

Die Monarchie braucht diese nicht zu fürchten, trotz ähnlichen Widerspruches in der constitutionellen Monarchie, in welcher der König einerseits ebenso wie das Oberhaupt der Republik
als Träger des unverletzlichen Rechtes über den Sonderinteressen
der Einzelnen stehen soll, anderseits jedoch nur die mit Majorität gefassten Beschlüsse des gesetzgebenden Körpers vollziehen
und daher das Sonderinteresse derjenigen fördern muss, welche
in der auf Grund des Besitz-Wahlcensus vorgenommenen Volkswahl die Majorität erlangt haben, daher z. B. selbst den arbeitslosen Besitz auf Unkosten der besitzlosen Arbeit. Dieser
Widerspruch ist jedoch von demjenigen, welcher der

republikanischen Verfassung zum Grunde liegt, deshalb
wesentlich verschieden, weil er löslich ist. Seine Lösung
findet er in der absoluten Unverletzlichkeit des Königs-
thums und in der der Majestät kraft dieses Princips
schon von dem abendländischen Constitutionalismus und
in unvergleichlich höherem Grade vom Verfassungrechte
der Zukunft gelassenen freien Hand, den die wirthschaftliche Ausbeutung bezweckenden Gesetzesvorlagen
unerbittlich die königliche Sanction zu versagen und
die für die Aufhebung der bestehenden und sich als
Ausbeutungswerkzeuge entpuppten Gesetze nothwendige Majorität im gesetzgebenden Körper durch wiederholten Appell an das zur Wahlurne berufene Volk und
durch weisen, d. i. nur das Volkswohl bezweckenden
Gebrauch des der Krone zustehenden Ernennungsrechtes
zu gründen.

Wir sind daher überzeugt, dass die sociale Frage nur mit
Hilfe des monarchischen Princips gelöst werden wird, und dass
die socialen Elemente, welche heute noch mit Absicht oder aus
Unkenntnis als selbstverständliche Feinde alles Bestehenden ge-
kennzeichnet werden, sich, sobald die sociale Frage für ihre
Lösung reif sein wird, als die festesten Stützen und die natür-
lichsten Alliirten der monarchischen Staatsform erweisen werden.

c. Die neue Allianz
α. in der Defensive

α². gegen die natürliche Besitzcentralisation durch die Förderung des
Associationswesens.

Sobald die besitzlose Arbeit vom Königthume zur Theilnahme an der Gesetzgebung und Staatsverwaltung berufen erscheint, wird sie im Kampfe um den Besitz diejenige Position
erstürmt haben, von welcher aus sie auf streng gesetzlichem
Wege diejenigen Reformen in der Gesetzgebung und Administration anbahnen kann, welche die durch die Herrschaft des Besitzes
im Laufe der historischen Entwicklung besitzlos gemachte Arbeit

wieder besitzerwerbsfähig zu machen haben. Nicht den Besitzenden Besitz nehmen, um ihn unter die Besitzlosen zu vertheilen, sondern den Besitzlosen ohne Vergewaltigung der Besitzenden auch zum Besitze zu verhelfen, wird ihre Aufgabe sein.[1]) Ersteres wäre nicht nur verbrecherisch, sondern zugleich ein eitles Beginnen, da mit dem Wechsel der Eigenthümer nicht zugleich die Abrogation der unwandelbaren socialen Gesetze gegeben wäre. Die alten Besitzkörper würden in der Hand neuer Besitzer die besitzlose Arbeit beherrschen wie vordem, und das Volk wäre durch eine solche von oben ausgehende sociale Revolution nur um ein Massenverbrechen reicher. Also Erwerb und nicht Umsturz wird das Ziel der neuen Allianz sein.

Zu diesem Ende wird sie vor allem die Cohärenzkräfte der besitzlosen Classen zu kräftigen, d. h. durch Steigerung der Cohärenz der im Kampfe um den Besitz der Arbeit zufallenden Besitztheilchen das Anschiessen derselben zu den „feuersicheren" Krystallisationspunkten des Grossbesitzes zu hemmen haben. Denn der Grossbesitz braucht und fördert überall nur deren Auflösung und Zerstreuung und sorgt dafür, dass die Besitzmolecüle nach allen Seiten leicht beweglich und in ihrer Folgsamkeit gegen die die Besitzkrystallisation bewirkenden Molecularkräfte durch nichts gestört würden. Er hat dabei gegenüber den besitzlosen — weil meist bildungslosen — Volksclassen ein leichtes Spiel. Er gewöhnte sich an, die Auflösung der die rudimentären Besitzbildungen einigenden Bande „Freiheit" zu nennen; und die Besitzlosen halfen bei der Begründung dieser Pseudofreiheit selbst wacker mit. In dieser Richtung hat auch die grosse französische Revolution nachtheilig gewirkt. Ihre Träger beschränkten sich nicht auf die Beseitigung der politischen und socialen Unfreiheit, sondern im blinden Eifer, alles Bestehende zu stürzen, erhoben sie auch die absolute Freiheit der Bewegung auf dem Gebiete der Volkswirthschaft zum Gesetze, beseitigten die gewerblichen Innungen, führten die sogenannte Gewerbefreiheit ein

---

[1]) „Dass das Aufsteigen in höhere Einkommenstufen leicht sei", wird auch von Held zu den gesunden Verhältnissen gerechnet. („Grundriss für Vorlesungen über Nationalökonomie" von Dr. Adolf Held, Bonn, 1878, S. 90.)

und ermöglichten damit allerdings einen riesigen Aufschwung
der Industrie, aber auch die Hilf- und Schutzlosigkeit der Arbeit,
welche, im Kampfe um den Besitz des Erfolges kaum gewahr
werdend, ihn schon wieder an den Grossbesitz verloren gehen
sieht. Deshalb hatte seit der französischen Revolution die Besitzhäufung auf der einen und das Elend auf der anderen Seite so
riesige Fortschritte gemacht.[1])

Es wird daher die Sorge der der Staatsgewalt theilhaftig
gewordenen besitzlosen Arbeit sein, vor allem diesem Auflösungs-
processe der in der Hand der Besitzlosen allmählich stattfindenden
rudimentären Besitzbildungen entgegenzutreten, und ihre der
natürlichen Besitzcentralisation entgegenwirkende Cohärenz zu
kräftigen. Dies wird möglich

α³. durch die Förderung des Associationswesens zu
Bildungszwecken, wie es bereits von Seite vieler Arbeiter-
vereine geschieht, welche die gewonnene Ueberzeugung, dass die
Arbeit um so werthvoller ist, je mehr Wissen der Arbeiter besitzt, praktisch zu verwerthen trachten. Nur geschieht in dieser
Beziehung von Seite der Nichtbesitzenden bis heute viel weniger,
als wirklich geschehen könnte. Mit den Lesevereinen ist viel,
aber bei weitem noch nicht alles gethan, was das Associationswesen in dieser Beziehung zu leisten vermag. Die Besitzlosen
verstehen es noch viel zu wenig, ihren Culturzwecken die Philan-
thropie der Besitzenden zuzuwenden; und wenn sich unter diesen
Jemand gefunden hatte, der begeistert für die Idee der Befreiung
besitzloser Arbeit vom Drucke des Unternehmerbesitzes sich an
die Spitze der Arbeiter stellte und, dem Wahlspruche „Für das
Wohl der Arbeiter" getreu, sich für ihre Interessen aufopferte,
der wurde noch immer von den Arbeitern selbst, welche in ihrer
Unerfahrenheit und Unklugheit die gegen ihren Führer von dem

---

[1]) Vergleiche „Geschichte der socialen Frage" von Dr. Heinrich
Contzen, Berlin, 1879, S. 81, und „Lehrlingsfrage und gewerbliche Bildung
in Frankreich" von Dr. Karl Bücher, Eisenach, 1878. Besonders die letztere
Abhandlung ist dadurch, dass sie an der historischen Entwicklung der Lehrlingsfrage in der Heimath der socialen Bewegung den gesetzgebenden Factoren
und den gewerbetreibenden Kreisen einen Fingerzeig zur richtigen Erfassung
der Lehrlingsfrage gibt, gleich anregend als belehrend.

Unternehmerthum und seinem bezahlten Anhange geschmiedeten
Anschläge nur selten zu durchschauen vermögen, wenn nicht noch
schlimmer, so doch mit Verrath an den durch seine Opferwilligkeit ihnen geschaffenen Instituten und Unternehmungen und mit
Verlust seines guten Namens belohnt und genöthiget, vom Schau-
platze des socialen Kampfes vorzeitig zurückzutreten, bedeckt
mit Hohn, Schimpf und Hass von den Besitzenden und — Besitzlosen. Auch ist von Seite der Arbeiter noch viel zu wenig geschehen, um der Ueberzeugung Bahn zu brechen, dass es sich ihnen
nicht um blosse Vereinsmeierei, sondern in der That um Cultur-
zwecke handle. Erst wenn diese Ueberzeugung eine allgemeine
wird, dürfte das zu Bildungszwecken gegründete Associationswesen aus Humanitätsrücksichten sogar von denjenigen ausgiebig
unterstützt werden, welche ihre Reichthümer zumeist der geistigen
Armuth des Volkes verdanken.

Ausserdem wird die zur Theilnahme an der Staatsgewalt
gelangte besitzlose Arbeit die natürliche Besitzcentralisation
bekämpfen

β^3. durch die Förderung des Associationswesens zu
ökonomischen Zwecken. Dies ist zum Theil bereits in der
Gegenwart der Fall, wie die zahlreichen durch Vereinigung
kleinerer Capitalien zu einem gemeinschaftlichen Ganzen behufs leichterer Besitzerhaltung gegründeten Consum-, Vorschuss-
und Productivgenossenschaften beweisen.[1]) Es mag die ferne

---

[1]) Vergleiche unser System, Prag, 1869, Bd. I, S. 437 u. f., ferner: „Die
Wirthschaft des Menschengeschlechtes" von Fröbel, Leipzig, 1874, II, S. 145.
Darnach hatte Deutschland im Jahre 1874 3200 Genossenschaften mit 1 200 000
Mitgliedern, welche mit einem Betriebscapitale von 27 000 000 eigener und
65 000 000 Thaler fremder Gelder für 150 000 000 Thaler Geschäfte machten.
Mit Recht nennt Fröbel dies Verhältnis ein ganz achtbares Creditverhältnis,
aber er nennt es mit Unrecht „ein wenig bedeutendes Geschäftsverhältnis",
indem er übersieht, dass bei diesen Vereinen „Geschäfte" wohl die Nebensache,
dagegen der Bezug solider Waare und billigen Geldes die Hauptsache
sei. In dem allgemeinen Verbande der auf Selbsthilfe beruhenden deutschen
Erwerbs- und Wirthschaftsgenossenschaften, der auch diejenigen des ehemaligen Bundesgebietes Oesterreichs umfasst, standen nach Kolb im Jahre
1876 48 000 Genossenschaften mit nahezu 1 400 000 Mitgliedern und 170 bis
180 Millionen Mark eigenem Vermögen, deren Jahresgeschäftsverkehr 2650 Mil-

Zukunft noch vieles in ihrem Schosse bergen, was die bisherigen Associationsbestrebungen noch nicht zu zeitigen vermochten; und sie werden gewiss reichere Früchte tragen, wenn die Actiengesetzgebung in einer die künstliche Besitzcentralisation einschränkenden und das Bankwesen in einer die Decentralisation und die Zuleitung des Capitals in die kleinsten Kanäle des Kleinbesitzes fördernden Weise geregelt sein wird.

Sie wird die natürliche Besitzcentralisation ferner bekämpfen γ^3. durch die Organisation des gesetzlich zulässigen Collectiv-Schutzes. In dieser Beziehung wird vor allem der Lohnvertrag unter den Schutz der Strikes gestellt. Gerade die Strikes sind ein vorzügliches Mittel zur Kräftigung der Cohärenz der in der neuen Allianz um den Besitz kämpfenden besitzlosen Arbeitsclassen und deshalb ein im modernen Kampfe um den Besitz gern angewendetes Manöver. Denn so gross auch die Nachtheile sind, welche Production, Handel und Verkehr durch die infolge der Strikes zeitweilig eintretenden Fabrikssperren erleiden, und so schmerzlich auch die Wunden sind, welche dem Arbeiterstande infolge des Lohnentganges geschlagen werden, und so sehr auch die gesellschaftliche Ordnung in einer ihrer Lebensbedingungen durch sie bedroht erscheint, so werden sie, insolange die sociale Reform in friedlicher Weise, sei es von der herrschenden Classe, sei es vom Königthume, nicht in Angriff genommen wird, als ein wenn auch unvollkommener, so doch unvermeidlicher Behelf der gerechten Nothwehr gegen rechtswidrige Angriffe auf die Selbsterhaltung und persönliche Entwicklung der Arbeitsclassen gegen die Unter-

---

lionen Mark überstieg, und welche 360 bis 370 Millionen Depositen hatten — über 100 Millionen mehr als bei sämmtlichen deutschen Zettelbanken. („Handbuch der vergleichenden Statistik" von G. Fr. Kolb, Leipzig, 1879, S. 38 und 39.)

Die von mir in den Jahren 1868 und 1869 in Böhmen gegründeten zahlreichen Consum-, Vorschuss- und Productivassociationen haben den Beweis geliefert, dass der Slave im Associationswesen seinem strebsamen deutschen Nachbar nicht nachstehe. Die zweitgrösste dieser meiner Schöpfungen, der Prager „Oul" (Bienenstock), hatte bei meiner Resignation auf die Obmannswürde über 100000 fl. im Vermögen, und meine grösste Schöpfung, die Bank „Slavia in Prag" steht gross da, als Triumph slavischen Associationsgeistes.

nehmer angewendet werden müssen. Da den Arbeitern die Ge-
fährlichkeit dieser von ihnen gegen die Unternehmer angewandten
Taktik einleuchten muss, so sind die Strikes allemal ein untrüg-
liches Zeichen des in der Gesellschaft liegenden Widerspruches
zwischen der Nothwendigkeit des Besitzes und der Unmöglichkeit seines Erwerbes. Sie sind eine dringende Mahnung an die
Staatsgewalt, zu Gunsten des unterdrückten Theiles rechtzeitig
einzuschreiten und ohne Rücksicht auf die „wohlerworbenen"
Rechte des unterdrückenden Theiles einen solchen ungesunden
Zustand des Verkehres als einen Nothstand zu behandeln, der
unter jeder Bedingung und selbst auf Kosten entgegenstehender
Privatrechte geheilt werden muss. Das Volkswohl über alles
(salus populi summa lex esto), daher auch über das Recht! Als
Jurist ist sich der Autor dieser Schrift der ungeheuren Tragweite
vorstehenden Satzes wohl bewusst. Nichtsdestoweniger spricht
er denselben unumwunden aus, weil er seine Verschweigung für
Feigheit halten würde. Aus diesem Satze folgt, dass die Staats-
gewalt den Arbeitern die Mittel zur Anbahnung des Collectiv-
Schutzes offenhalten muss und dass sie daher die Freiheit der
Strikes nicht einschränken darf. Denn da einerseits die durch
den Strike den Arbeiter bedrohenden Nachtheile gerade so wie die
Gefahr bei der Todesfalls- oder Unfallsversicherung für den einzelnen desto mehr schwinden, je grösser die Zahl der dem Verbande angehörenden Mitglieder ist, und da auch anderseits die
Möglichkeit des Strikes desto mehr abnimmt, je mehr es den
Unternehmern einleuchtet, dass die Arbeiter mit den reichen
Kräften des Verbandes im Strike auszuhalten in der Lage sind,
und sie demnach durch zu grosse Ausbeutung des „freien" Lohnvertrages den Strike nur zu eigenem Nachtheile provociren
würden, so ist es nichts weniger als paradox, wenn wir behaupten,
dass jene der Volkswirthschaft durch die Strikes verursachten
Nachtheile desto mehr schwinden werden, je mehr die Freiheit
der Arbeiter zur Organisirung der Strikes gefördert wird. Deshalb können wir auch für die nächste Zukunft des Kampfes um
den Besitz die Verallgemeinerung der Strikes und die gesetzliche
Förderung des Vereinswesens zum Zwecke der Stellung des

Lohnvertrages unter ihren Schutz mit Bestimmtheit in Aussicht
stellen.

Einen gründlicheren und weniger gefährlichen Schutz wird
die wahre Vertragsfreiheit in der neuen Allianz der Besitzlosen
mit der Monarchie finden, durch die von derselben einzuhaltende

β^2. **Defensive gegen die künstliche Besitzcentralisation durch die gerechte
Vertheilung der politischen Macht.**

Die durch das Königthum zum Staatsruder gelangte neue
sociale Macht wird nicht, wie das Feudal- und Capital-Regime,
im Volke nur ein Aggregat der mit rücksichtsloser Selbstsucht
gegenseitig sich abstossenden Atome, sondern einen vermöge des
Princips politischer Gemeinsamkeit zusammengehaltenen Körper
sehen, worin die Einzelnen zur gemeinschaftlichen, ihre Einzel-
bestrebungen durch die Macht des Ganzen unterstützenden, mit
einem Worte zur politischen Gesammtthätigkeit berufen erscheinen. Sie wird daher alle Massregeln ergreifen, um durch
die Erkämpfung einer das Princip der politischen Gleichberechtigung verfolgenden Verfassung alle sittlichen Arbeitselemente zur politischen Gesammtthätigkeit heranzuziehen. Soll
die politische Verfassung diesem Zwecke entsprechen, so muss
sie vor allem

α^3. die Freiheit des Versammlungs-, Vereins- und
Petitionsrechtes sicherstellen. Ohne diese Rechte sind die
Besitzlosen mit Rücksicht auf die leicht zu bewerkstelligende Unter-
drückung der Pressfreiheit mundtodt. Ohne diese Rechte nützt
ihnen auch die Herabsetzung des Vermögenswahlcensus gar wenig,
weil die Einigung zur That um so schwieriger wird, je grösser die
Zahl der zur Wahlurne Berufenen ist, wogegen durch die in den
Volksversammlungen organisirte Betheiligung an den Gemeinde-,
Landtags- und Reichsrathswahlen, an den Wahlen für die Be-
zirks- und andere autonomen Vertretungen, für die in der Regel
auch mit politischen Vorrechten ausgestatteten Gewerbe- und
Handelskammern und durch geschickte Benützung des Versamm-
lungsrechtes zu Resolutionen, sowie auch durch Massenpetitionen
die Herabsetzung des Vermögenswahlcensus zu erzielen ist.

β^3. Nicht nur Herabsetzung, sondern gänzliche Beseitigung des Vermögenswahlcensus und Einführung eines Sittenwahlcensus muss das Ziel besitzloser Arbeit sein.[1])

Ebenso gewiss als das Recht auf den Besitz ein aus dem Gesetze der Selbsterhaltung und der persönlichen Entwicklung fliessendes Urrecht eines jeden Menschen ist, ebenso sicher wird auch das politische Wahlrecht Gemeingut aller Staatsbürger werden, welche ihrer sittlichen Entwicklung nach mit dem Selbsterhaltungsrechte der Gesellschaft nicht im Widerspruche stehen. Bis dahin leidet die Taktik des Kampfes um den Besitz an einem Cardinalfehler, dass nämlich zufolge des das Privat- und das öffentliche Recht beeinflussenden Vermögenswahlcensus über die Besitzerwerbsmöglichkeiten der besitzlosen Arbeit ihre principiellen Gegner, die Besitzenden, zu entscheiden haben. Denn von ihnen erwarten, dass sie diese Entscheidung aus freien Stücken in die Hand der Nichtbesitzenden legen würden, hiesse die oben nachgewiesene unbedingte Geltung des Gesetzes der von dem Besitze ausgehenden socialen Herrschaft in Zweifel ziehen. Nie werden die Besitzenden ihre Eigeninteressen ohne zwingende[2]) Gründe dem Interesse der Nichtbesitzenden nachsetzen, und am allerwenigsten dort, wo das Nachgeben die sicherste Grundlage der künstlichen Besitzcentralisation für immer zu vernichten droht. Deswegen wird der Vermögenswahlcensus als die unanfechtbare Bedingung der Theilnahme an der Volksvertretung hingestellt, von einer gewissenlosen und feilen Presse cultivirt, von Volksvertretern gepredigt, ja sogar von der Wissen-

---

[1]) Der Vermögenswahlcensus trifft die nichtbesitzenden Classen um so unbilliger und ungerechter, als sie ja durch ihre Beitragsleistung zu der der Nation auferlegten Verbrauchssteuersumme bei Weitem mehr in Mitleidenschaft gezogen werden als die zur directen Steuerleistung berufenen, mit politischen Wahlrechten ausgestatteten Steuerzahler.

[2]) Das Aufgeben der ständischen Privilegien in der denkwürdigen Sitzung der Assemblée nationale vom 4. August 1789 war nur scheinbar eine freiwillige, in der That jedoch eine durch die furchtbare, mit dem Zusammensturze der gesammten gesellschaftlichen Ordnung drohende Nothlage des Staates erzwungene Handlung.

schaft gelehrt. „Weil in die Volksvertretung nur Freie gehören", heisst es, „so müsse auch die Unabhängigkeit eine Bedingung des Wahlrechtes sein." „Arbeit ohne Besitz ist nicht frei, daher könne die besitzlose Arbeit zur Wahlurne nicht zugelassen werden." Welche Logik! Gerade darum, weil die Arbeit zu ihrer Unabhängigkeit Besitz und zur Besitzsammlung Besitzerwerbsgelegenheiten benöthigt, und weil diese offen zu halten Sache der Gesetzgebung und die Gesetzgebung Sache der Volksvertretung ist, so soll und muss in derselben auch die besitzlose Arbeit vertreten sein, damit sie durch ihre Theilnahme an der Gesetzgebung und an der Controle der Staatsverwaltung ihr Interesse am Besitzerwerbe und an der Capitalbildung wahren könne. Nicht weil nur der Besitz im Parlamente vertreten ist, muss auch nur der Besitz die Bedingung der Theilnahme an der Wahl in der Volksvertretung sein, sondern damit durch die vom Parlamente begründeten Erwerbsmöglichkeiten auch die Nichtbesitzenden des Besitzes theilhaftig werden, muss auch der unbescholtene besitzlose Arbeiter zur Wahlurne zugelassen werden. Nicht, weil die Steuerzahlung das Vorhandensein eines erwerbenden Besitzes vermuthen lässt, soll auf Grund derselben ein arbeitsloser Besitz über die besitzlose Arbeit in der Volksvertretung entscheiden, sondern der besitzlose Arbeiter soll in der Volksvertretung Sitz und Stimme haben, sobald erwiesen ist, dass er, wenn auch nicht für sich, so doch für Andere Besitz erworben hat, oder doch für sich oder für Andere Besitz zu erwerben in der Lage ist, oder, falls er einer unproductiven Volksclasse angehören sollte, sobald ihm nicht der Mangel eines untadelhaften Wandels bis zur Wahl nachgewiesen wird; kurz: der Vermögenswahlcensus muss aufgehoben und durch einen Sittenwahlcensus ersetzt werden!

Erst mit der Abschaffung des Vermögenswahlcensus wird die zur Theilnahme an der Staatsgewalt gelangte neue sociale Macht γ³. die Einführung eines allgemeinen obligatorischen Unterrichts durchzusetzen im Stande sein.

Von der Ueberzeugung ausgehend, dass die Besitzerwerbsfähigkeit der Arbeit auf zwei Factoren beruht, der mechanischen und der geistigen Fähigkeit, und dass in Anbetracht der Zurücksetzung der ersteren durch die Maschine die letztere für die Production weit massgebender geworden ist, wird die neue sociale Macht mit ihrem ganzen Gewichte für die Bildung der nichtbesitzenden Classen einstehen. Ueberzeugt, dass eine rein theoretische Bildung blos den Wunsch und das Bedürfnis nach materiellen Gütern, ohne die Fähigkeit, sie zu erwerben, schafft, wird die neue politische Macht vor allem sich für eine praktische Ausbildung der Nichtbesitzenden einsetzen, für eine Volksbildung, welche die zum Leben geweckte geistige Thätigkeit mit dem auch den materiellen Wohlstand begründenden Besitzerwerbe krönt. Ueberzeugt ferner, dass die moderne Grossindustrie die industriellen Producte des täglichen Verbrauchs ungleich billiger und schneller zu liefern vermag als das Handwerk, und dass demnach letzteres, falls es nicht auf blosse Montage und Reparatur eingeschränkt bleiben will, sich die Erzeugung kunstvoller, das Genie und die Individualität des Arbeiters verkörpernden Producte zur Aufgabe machen, kurz gesagt, vom Schablonenhandwerke zum Kunsthandwerke übergehen muss, wird die zur Theilnahme an der Staatsgewalt berufene besitzlose Arbeit sich dafür einsetzen, dass dem obligatorischen Unterrichte in der Volksschule der obligatorische Unterricht in der Fortbildungsschule, und sodann bei der Aufrechthaltung des Princips der Freiheit der Berufswahl, der gesetzliche Zwang zur Wahl eines Berufszweiges und im Falle der Wahl eines gewerblichen Berufszweiges eine wirkliche Lehrzeit in der Werkstätte des Meisters und keine Bummelzeit in der Kinderstube der Meisterin nachfolge; dass weiter der Lehre in der Werkstätte ein obligatorischer Unterricht in der gewerblichen Fachschule parallel laufe, und dass endlich die Kosten des gesammten obligatorischen Unterrichtes für die Mittellosen vom Staate bestritten werden.

Die Besitzenden, welche nach dem oben entwickelten Gesetze der Abhängigkeit der wirthschaftlichen Arbeit vom Besitze durch ihren Besitz die Arbeit bisher beherrscht haben, werden aus

mehr psychologischen, als vernünftigen Gründen diesem Streben
der zur Theilnahme an der Staatsregierung gelangten neuen
socialen Macht in der Regel den heftigsten Widerstand entgegen-
setzen und durch ihre Vertreter die Bewilligung der finanziellen
Mittel zur Creirung und Unterhaltung der nothwendigen Fachschulen und Museen und die zur Ertheilung des unentgeltlichen
Unterrichtes an die Mittellosen nothwendige Belastung des
Budgets verweigern, und in der Vorahnung, dass durch die Ausbreitung der Volksbildung der Same der künftigen Kämpfer
gegen ihre sociale Oberherrschaft gesäet werde, nicht nur den
Schulbesuch beschränken, sondern auch die Pressfreiheit und
Redefreiheit mit allen ihnen zu Gebote stehenden Mitteln bekämpfen. In diesem Kampfe sich widerstreitender Interessen
wird das monarchische Regime als getreuer Alliirter an der Seite
derjenigen stehen, welche in ihrem Streben nach Ausbreitung
der Volksbildung das Staatsinteresse wahren, d. i. an der Seite
der Besitzlosen. Da aber das Vorhandensein der dazu nöthigen
finanziellen Mittel in erster Reihe von der Ausgiebigkeit der
Steuerquellen abhängt, so wird schon aus diesem Grunde

δ^3. eine rationelle Steuergesetzgebung durchgeführt
werden müssen, welche, anstatt des rein finanziellen Gesichts-
punktes der rechtzeitigen und genügenden Deckung des Finanz-
bedarfes, dem Principe der wirthschaftlichen Gerechtigkeit von
Leistung und Gegenleistung auch in der Steuervertheilung Ein-
gang zu verschaffen, anstatt der für den Grossbesitz einträg-
lichen Pflege stabiler Deficite, die an diesem chronischen Uebel
laborirende Finanzlage als grosse Staatsnothlage zu erkennen,
anstatt der Untergrabung des Staatscredites durch Zinsenreduc-
tionen seine Finanznoth selbst durch die Radicalcur der Auflage
einer Vermögenssteuer zu heilen, und anstatt des irrationellen,
die Steuerlast zum grössten Theile auf die Schultern der besitzlosen Classen abwälzenden Systems der Verbrauchssteuern[1]) eine

---

[1]) Aus den Worten L. v. Stein's („Finanzwissenschaft", Leipzig, 1878,
I, S. 470): „dass die Berechtigung zur Besteuerung der Verzehrung in geradem
Verhältnisse zu den Anstrengungen der Verwaltung für die gesellschaftliche
Entwicklung der reinen Arbeitskraft steht und stehen muss, soll es anders

directe, das Existenzminimum freilassende, bis zum Mittelbesitz proportional und vom Mittelbesitze an progressiv aufsteigende directe Einkommensteuer[1]) einzuführen gewillt ist.

eine dauernde Fähigkeit des Staates geben, eben diese sociale Richtung zu verwirklichen, und dass dies so innerlichst gewiss sei, dass eigentlich noch nie ein Staat daran gedacht hat, die Verzehrungssteuer neben der Genusssteuer ganz aufzuheben, und die Arbeitskraft zur beständigen Almosenempfängerin gegenüber dem Capital zu machen", könnte man schliessen, dass dieser ausgezeichnete Fachmann für die von uns mit Entschiedenheit bekämpfte Verzehrungssteuer sei. Doch würde man hierin irren. L. v. Stein gebraucht die Bezeichnung Verzehrungssteuer in dem Sinne der von uns in der Note 1 auf S. 35 angeführten indirecten Steuer, also im Sinne der die Arbeit als die neben dem Capital und dem Unternehmen (wirthschaftlicher Individualität bei Stein I, S. 457 a. a. O.) bedeutendste Einkommenquelle treffenden Steuer, d. i. derjenigen Steuer, welche in den Existenzbedingungen der Arbeit, oder in den Gütern, welche die Arbeitskraft zu ihrer Existenz braucht, also in ihrer Consumtion erfasst und gemessen wird (I, S. 465 a. a. O.). Indem L. v. Stein die Mängel dieser Steuer zugibt, spricht er sich selbst für die Beseitigung der indirecten Consumbesteuerung und für die Einführung der Besteuerung des Arbeitseinkommens nach wirthschaftlichen Classen, mit einem Worte für die Verzehrungsclassensteuer aus. Diese von ihm befürwortete Steuer ist also nichts anderes als eine Species der von uns vertheidigten directen Einkommensteuer. Da nun L. v. Stein eine solche Steuer (a. a. O.) als die einzige rationelle Form der Verzehrungssteuer überhaupt nennt, und wir mit der von uns vorgeschlagenen Einkommensteuer auch jene entschieden vertreten, so sind wir, wenn auch in der Frage der Progression dem grossen Gelehrten widersprechend, so doch in den das Wesen dieser Steuer betreffenden Punkten mit ihm einig.

[1]) Unsere Auffassung des Begriffs der directen Steuer haben wir bereits in der Note 1 auf S. 35 mitgetheilt. Daraus ergibt sich schon, dass wir unter Einkommensteuer nicht die Einkommensteuer im engeren Sinne verstehen, d. i. jene, welche zur Ausgleichung der zwischen dem zu Finanzzwecken angenommenen und dem aus den drei grossen Productionskategorien, dem Capitale, der Arbeit und dem wirthschaftlichen Unternehmen wirklich fliessenden Einkommen bestehenden Differenz, also neben der directen und indirecten Steuer als dritte ihnen coordinirte Steuerart zugleich besteht. In der That meinen wir hier vielmehr die Einkommensteuer im weiteren Sinne, d. h. jene Steuer, welche eine der genannten drei Productionskategorien zum Steuerobjecte und ihr Reineinkommen zur Steuerquelle hat, wobei wir die Frage nach der rationellsten Berechnung dieses Reineinkommens oder nach der möglichsten Harmonie zwischen dem finanziell angenommenen und dem wirklichen Reineinkommen offen lassen, auf das beste, was die Wissenschaft hierüber hat, auf das ausgezeichnete Werk Stein's „Handbuch der Finanzwissenschaft, Leipzig, 1878" verweisend. Der Ausdruck „direct" hat hier keineswegs die Bedeutung des gleichen Epitheton in der Bezeichnung der

Eine rationelle Steuergesetzgebung wird nur dadurch möglich, dass die Ausschliesslichkeit der Regelung des Steuerwesens

„directen Steuer", sondern blos die Bedeutung des Wortes „unmittelbar", und
es steht die directe Besteuerung also im Gegensatze zu der „mittelbaren"
Besteuerung, welche darin besteht, dass statt einer Steuer eine andere theils
aus verkehrter Handhabung des Steuerwesens, theils in der Erwartung bestimmt wird, dass die Steuer dem wirklichen Steuersubjecte zugewälzt werde,
z. B. wenn man statt der Erwerbsteuer bei Actiengesellschaften verkehrterweise eine Couponssteuer, also statt der unmittelbaren Einkommensteuer (in
unserem Sinne) in der Form der Unternehmergewinnsteuer die mittelbare
Einkommensteuer in der Form der Capitalrentensteuer einführt, oder wenn
man, wie in Frankreich, das Einkommen des Miethers nach der von ihm
gezahlten Miethe besteuern will und doch für die zu diesem Zwecke ein-
geführte Miethsteuer verkehrterweise den Vermiether haftbar macht, oder
wenn man umgekehrt das Einkommen des Vermiethers nach der Ertragsfähigkeit seines Hauses besteuern wollte, und zu diesem Zwecke eine Miethsteuer den Miethern in der Erwartung auflegen würde, dass sie sich dieselbe
bei der Miethezahlung abrechnen werden. Da es sich in allen diesen Fällen
um ganz verschiedene Steuern, im ersten Falle um eine Unternehmergewinnsteuer, im zweiten Falle um eine Einkommensteuer des Miethers und im
dritten Fall um eine Einkommensteuer, welche hier in der Form der Ertragssteuer erscheint, handelt, und da im letzten Falle der Miether als der in der
Regel schwächere Theil die ihm auferlegte Miethsteuer gegen die Absicht
des Steuergesetzes auf den Vermiether abzuwälzen nicht in der Lage sein
wird, so erscheint eine solche, ihren Zweck verfehlende Besteuerung irratio-
nell und wegen der Bevorzugung des Besitzes auf Kosten der Arbeit und
wegen der Bevorzugung des Grossbesitzes auf Kosten des Kleinbesitzes dem
Grundsatze der wirthschaftlichen Gerechtigkeit widersprechend; es ist daher
die Forderung begründet, dass anstatt solcher irrationellen und social ungerechten Steuern eine directe Einkommensteuer bestehe. Es wäre besser,
den zweideutigen Ausdruck „direct" zu vermeiden. Doch müssen wir, weil
er einmal im Gebrauche ist, um verstanden zu werden, ihn fortführen,
seine Abschaffung wissenschaftlichen Autoritäten überlassend. Demnach verstehen wir unter directer Einkommensteuer diejenige, womit das
Reineinkommen aus den drei Productionskategorien: dem Capitale, der Arbeit und dem wirthschaftlichen Unternehmen, zur
Tragung der Staatslasten unmittelbar herangezogen wird. Wir
nennen sie eine specielle Einkommensteuer, wenn sie von dem Reinertrage eines
der einzelnen Zweige jener Kategorien, als von Grund und Boden, vom Hause,
von der Rente, vom Lohne und Gehalte, Berufe, Gewerbe und einzelnen Ver-
kehrsacte erhoben wird; wir heissen sie eine generelle Einkommensteuer,
wenn sie von dem in Pausch und Bogen veranschlagten Reineinkommen der
Staatsbürger berechnet wird. Sie ist proportional, wenn sie als aliquoter
Theil des Einkommens oder als bestimmter Procentsatz desselben erhoben
wird; sie ist progressiv, wenn sie zwar auch mit dem Einkommen zunimmt,

seitens der Besitzenden von der Staatsgewalt beseitigt und der nichtbesitzenden Arbeit ein zur Wahrung ihres Classeninteresses

jedoch der Steuerfuss dabei rascher steigt als das Einkommen. Die progressive Steuer heisst auch, da ihrer Veranlagung wegen vom Gesetze bestimmte Vermögensclassen normirt und die verschiedenen Einkommen behufs der Besteuerung in dieselben eingereiht werden, Classensteuer. Mit Recht hält Th. Mithoff (in seiner Abhandlung „Die russische Classensteuer nach dem Gesetzentwurfe der Steuerreform-Commission", Dorpat, 1878, S. 23) diese Bezeichnung für unrichtig und den Ausdruck „classificirte Einkommensteuer" für richtiger. Ueberhaupt zeichnet sich die eben citirte Abhandlung dieses hervorragenden Gelehrten durch eine solche Präcision, Logik und Klarheit aus, dass man aus ihren sechs Druckbogen über die wichtigsten Fragen der Besteuerung mehr lernt, als aus manchem umfangreichen Compendium. So wird über die schwierige Materie der Finanzwissenschaft, das Steuerprincip, auf kaum zwei Seiten (50 und 51) das klarste Licht verbreitet und die Streitfrage der Einkommensteuerfreiheit des Existenzminimums, des Vorzugs der proportionalen oder progressiven Einkommensteuer, mit einer meisterhaften Klarheit und Kürze behandelt, ohne der wissenschaftlichen Gründlichkeit Eintrag zu thun. Was jedoch den Hauptvorzug der Schrift ausmacht, ist der Umstand, dass die Ansichten dieses ausgezeichneten Fachgelehrten mit den Forderungen der socialen Gerechtigkeit im Einklange sind, so dass wir nicht umhin können, uns denselben in der Beantwortung der aufgeworfenen Frage nach dem Vorzuge der proportionalen oder progressiven Einkommenbesteuerung anzuschliessen.

Bevor wir an diese Beantwortung gehen, müssen wir, um klar zu sein, die Vorfrage beantworten, ob die Einkommensteuer überhaupt der Ertragssteuer vorzuziehen sei. Um aber Missverständnissen vorzubeugen, welche infolge der in der Finanzwissenschaft nichts weniger als allgemein festgestellten Nomenclatur sich leicht zwischen uns und den freundlichen Leser eindrängen könnten, müssen wir früher noch den Begriff der Ertragssteuer fixiren.

Unter der Ertragssteuer verstehen wir die in der Note 1 auf Seite 35 definirte directe Steuer. Nach Mithoff ist sie diejenige Steuer, bei der die Erwerbsquelle ohne Rücksicht auf die darauf ruhenden Passiva das Steuerobject bildet (sie ist nach Beschaffenheit der letzteren Grund-, Haus-, Gewerbe-, Zins- oder Lohnsteuer). Nach Stein („Lehrbuch der Finanzwissenschaft- und Selbstverwaltung", Leipzig, 1878, II, S. 14) ist sie diejenige Steuer, deren Steuerobject ein messbares, festes Gütercapital, deren Steuereinheit zuerst als Gütereinheit eine bestimmte Capitaleinheit, dann im engeren Sinne der auf eine Decimaleinheit in Geld reducirte Ertrag dieser einzelnen Gütereinheit, deren Steuerfuss ein Procentsatz dieser Ertragseinheit und deren Steuerbetrag die addirte Summe dieser Steuerfüsse für jedes Steuerobject ist. Somit begreift Mithoff's Ertragssteuer alle von L. v. Stein und uns angeführten Arten directer Steuern mit Ausschluss der Verkehrssteuer in sich. Wenn wir mit dieser Ertragssteuer die oben festgestellte Einkommensteuer vergleichen, so sprechen für die letztere folgende Gründe:

genügender Antheil an dem verfassungsmässigen Steuerbewilligungs-
oder Steuerverweigerungsrechte eingeräumt werde. Denn von

a) Sie ist gerechter als die Ertragssteuer, weil sie alle Verpflichtungen
des Einkommenbesitzers berücksichtigt.

b) Ihre Steuerquelle fliesst anhaltend, weil sie, nur das Einkommen
treffend, über die Steuerfähigkeit des Volkes nicht hinausgeht.

c) Sie eignet sich vorzüglich zur Durchführung der Allgemeinheit und
Gleichmässigkeit der Besteuerung, weil sie die Besitzenden und Nichtbesitzenden und unter beiden jeden nach seiner Steuerfähigkeit trifft.

d) Sie zeichnet sich aus durch die Leichtigkeit ihrer Veranlagung im
Wege der Fassion oder der Einschätzung, wohingegen die Erhebung des Er-
trags bei den verschiedenen Ertragssteuern (wie der Grundsteuerkataster in
Oesterreich) mühsam und kostspielig ist.

e) Sie ist gegenüber der Ertragssteuer viel beweglicher, indem durch
eine blosse Erhöhung des Procentsatzes einem vorübergehenden Finanzmehr-
bedarfe leicht auszuhelfen ist.

f) Sie weckt das Gefühl der Pflicht gegen Staat und Gesellschaft und
den Wunsch nach der in dem entsprechenden Masse der politischen Rechte
bestehenden Gegenleistung.

Gegen die Einkommensteuer sprechen folgende Argumente:

a) Sie wird den Staatsbürgern deshalb auferlegt, weil sie ein Einkommen
haben, und sie wird in desto höherem Grade bemessen, je mehr Einkommen
sie haben: sie strafe daher Fleiss, Unternehmungsgeist und Sparsamkeit und
könne sehr leicht zu einer durch die Besteuerung zu vollziehenden Remedur
der durch die natürliche und künstliche Besitzcentralisation verursachten ungleichen Vermögensvertheilung missbraucht werden, sie sei daher communistisch.
Doch es ist schwer zu verkennen, dass diese Gründe auf einer gänzlichen
Negation des Princips der Staatsausgaben beruhen, wonach der Staat mit
seinen Ausgaben nur die Interessen Aller vertritt, welche die Einzelnen aus
eigenen Mitteln in den meisten Fällen gar nicht, allemal aber theuerer ver-
walten würden als der Staat; weshalb der Einzelne nur die Möglichkeit
„erwerben und sparen zu können" für sich selbst desto mehr fördert, je mehr
er zu den Ausgaben des Staates durch seine Steuerleistung beiträgt.

b) Das Gesammteinkommen ist schwer zu ermitteln; und es wird daher bei
der Einkommensteuer die Steuerumgehung gerade in den Fällen, wo eine Heran-
ziehung zur Steuerleistung am wünschenswerthesten ist, wie bei den Besitzern
von Werthpapieren, nicht zu vermeiden sein. Doch alles dies gilt ja auch
für die Erhebung des Ertrages jeder Ertragssteuerart, beweist also gar nichts.
Aber es soll damit die Schwierigkeit der Bemessung der Einkommensteuer
nicht geleugnet werden; dieselbe ist jedoch nicht unbesiegbar. Man löse das
Einkommen in seine Elemente als Capital- und Arbeitsertrag und Unternehmergewinn auf und berechne dieselben, so weit es geht, der Ziffer nach;
so weit es der Ziffer nach nicht zugänglich ist, schätze man es nach äusseren,
für eine bestimmte Ziffer sprechenden Momenten ab, classificire es dann, belege
es mit einem mit den aufsteigenden Classen progressiv steigenden Steuerfusse,

den besitzenden Classen erwarten, dass sie aus freien Stücken eine gerechte Vertheilung der Steuerlast einführen, dass sie die

---

und man wird damit zugleich der Forderung einer Genuss- oder Luxussteuer durch die Thatsache der höchsten Progression in den höchsten Classen Rechnung getragen haben.

c) Ihres inquisitorischen Charakters wegen heisst man sie „odios". Immerhin. Aber die Erhebung der Ertragsfähigkeit einzelner Objecte der Ertragssteuer, wie z. B. Anlegung der Grundsteuer- und Gewerbesteuer-Kataster, ist nicht weniger odios.

d) Man sagt, sie sei für den Credit der Steuerpflichtigen wegen der Nothwendigkeit des Eindringens in die Erwerbs- und Vermögensverhältnisse derselben sehr gefährlich. Wir behaupten das Gegentheil, weil der Creditwürdige dies nicht zu fürchten hat und die Entlarvung des Insolventen für den Gesammtcredit erspriesslicher ist, je eher sie gelingt.

e) Es wird ihr vorgeworfen, sie erziehe durch die Selbsteinschätzung das Volk zur Lüge und zum Betruge, indem man ihretwegen den Steuerträger in die Zwangslage versetze, Steuerdefraudant zu werden oder sein Sonderinteresse gegenüber dem Staatsinteresse hintanzusetzen. Doch mit gleichem Rechte kann man sagen, sie erziehe die Steuerträger zur Bürgertugend, indem sie sie lehre, das Sonderinteresse dem Staatsinteresse zu opfern.

Für die proportionale Einkommensteuer im Vergleiche mit der progressiven sprechen folgende Gründe:

a) kraft des Besteuerungsprincips von Leistung und Gegenleistung muss die Steuer in demselben Verhältnisse steigen, als die Vortheile, welche der Staat, seinem Schutz- und Wohlfahrtszwecke gemäss, dem Steuerpflichtigen bietet, zunehmen. Diese Vortheile nehmen mit der Grösse des Einkommens zu, daher ist die proportionale Besteuerung desselben gerechtfertigt.

b) Während die progressive Besteuerung wegen Ermangelung eines sicheren Massstabes für den Grad der Progression eine rein willkürliche ist, hat die proportionale Besteuerung in dem Percentsatze ihre feste Grundlage; doch muss wieder zugegeben werden, dass sich die Willkür durch eine verfassungsmässige Besteuerung einschränken lasse.

c) Das Princip der progressiven Einkommensteuer verstösst gegen den Grundsatz der Gerechtigkeit der Besteuerung, ja sie ist eine Strafe für Fleiss, Unternehmungsgeist und Sparsamkeit; aber sie ist eine für den der Besitzcentralisation gewährten Schutz wohlverdiente Gegenleistung an den Staat.

d) Die von der Einkommensteuer überhaupt drohende Gefahr der Steuerumgehung wird mit dem zunehmenden Grade der Progression in der Besteuerung verschärft; doch diese Gefahr lässt sich durch eine Verschärfung des Steuerstrafrechtes, insbesondere mittelst eines Systems progressiv aufsteigender Strafen grösstentheils beseitigen.

Für die progressive Einkommensteuer lassen sich folgende Argumente geltend machen:

a) kraft der sittlichen Nothwendigkeit des staatlichen Daseins ist jedermann ohne Rücksicht auf eine staatliche Gegenleistung und nur nach seiner

Hauptlast der Steuern nicht mehr auf die Schultern der besitzlosen Bevölkerung wälzen[1]), dass sie freiwillig das gesammte

eigenen Steuerfähigkeit verpflichtet, zu den jenes staatliche Dasein bedingenden materiellen Mitteln beizutragen. Die Besteuerung muss darnach eine progressive Einkommenbesteuerung sein.

b) Die Steuerleistungsfähigkeit nimmt keineswegs mit dem Vermögen proportionaliter ab, denn wenn man auf das Existenzminimum herabsteigt, hört sie überhaupt auf; und umgekehrt, je grösser das Einkommen ist, desto mehr erübrigt nach der Befriedigung der Bedürfnisse des ersten Grades davon zu Luxuszwecken.

c) Die progressive Einkommenbesteuerung ist in der Hand einer klugen Verwaltung ein vortreffliches Mittel zur Milderung der Härten einer ungleichen Vermögensvertheilung.

[1]) So rühren nach dem Staatsvoranschlage für die im Reichsrathe vertretenen Königreiche und Länder Oesterreichs für das Jahr 1878 von den sämmtlichen Einnahmen in Oesterreich

Gulden per 399 795 163
ganze 231 632 300
aus indirecten Abgaben her.

Erwägt man, dass in dem Reste von 163 162 863
Einnahmeposten sind, bei denen wie bei den directen Steuern per   90 000 000
bei diversen Einnahmen der Ministerien per 27 133 669
die Besitzlosen gleichfalls stark mitbetheiligt sind, und erwägt man, dass von den indirecten Abgaben die Branntweinsteuer und die Lottosteuer beinahe ausschliesslich und die übrigen Einnahmen, wie aus den Zöllen, Wein und Most, Bier, Fleisch und Schlachtvieh, Zucker und von Pachtungen, „Dazioconsumo" in Dalmatien, Gefällssicherstellungen, Salz und sonstigen Verbrauchsgegenständen, somit von über 58% der sämmtlichen Einnahmen ausmachenden indirecten Abgaben zum grössten Theile von ihnen herrühren, so dürfte die Wahrheit des oben Gesagten, wenigstens was Oesterreich betrifft, jedermann einleuchten.

Von den im Budget Russlands für das Jahr 1877 eingestellten Einnahmen in Rubeln per 537 784 596
kamen 118 671 251
auf die Kopfsteuer und 301 021 466
auf die indirecte Steuer, demnach rührten 419 692 717
also mehr als 78% der sämmtlichen Einnahmen, von den besitzlosen Classen her, da diese sowohl für den Consum der Pflanzen-, Fleisch- und mineralischen Nahrung, also auch für den Verbrauch von Getränken, Zucker und Tabak jahraus jahrein ein unvergleichlich grösseres Contingent gesunder Mägen in's Feld stellen als die besitzenden Classen. Dieselbe Thatsache lässt sich in allen Culturstaaten der Gegenwart nachweisen. Eine Remedur ist nur möglich durch die Einführung der von uns proponirten Besteuerungsform, und diese nur durch Berufung der besitzlosen Arbeit zu der ihr gebührenden Theilnahme an der Staatsgewalt. Theoretische Auseinandersetzungen und Belehrungen der

Besteuerungssystem auf die Basis der Besteuerung des reinen Einkommens stellen und dabei zugleich die sociale Forderung der Steuerfreiheit des Existenzminimums bewilligen würden, dies würde eine sehr naive Auffassung des von der künstlichen Besitz-centralisation für den modernen Bau unseres socialen Körpers entworfenen Planes verrathen. Ohne ihr Sonderinteresse auf das empfindlichste zu schädigen, können die besitzenden Classen ein solches Opfer gar nicht bringen. Sie werden daher das Project einer directen progressiven Einkommensteuer als einen Versuch zur Verletzung des Grundsatzes der wirthschaftlichen Gerechtig-keit, als eine Versündigung gegen das Princip der Gleichmässig-keit der Leistung und Gegenleistung, ja als ein communistisches Ansinnen mit aller Entschiedenheit zurückweisen und im günstigsten Falle eine directe Proportionalbesteuerung zulassen. Doch mit Unrecht! Denn mag man sich welchem von den beiden grossen Steuerprincipien immer zuneigen, so wird man stets zum Zugeständnisse der Nothwendigkeit einer von einer bestimmten Besitzstufe an ausgehenden progressiven Einkommensteuer gezwungen werden. Nimmt man den Staat als eine sittlich nothwendige Zwangsgemeinschaft an, so muss man ihm auch die materiellen Mittel zur Verwirklichung seines Lebensprincips zugestehen und daher das Mass dieser Mittel nach der Grösse seiner Aufgabe und nicht umgekehrt seine Aufgabe nach dem zu bewilligenden Masse dieser Mittel bemessen. Die Beisteuer eines jeden zu den Staatslasten müsste daher im richtigen Verhältnisse zu seiner Leistungsfähigkeit stehen; da nun aber dem Besitzenden nach Befriedigung der nothwendigen Bedürfnisse von seinem Einkommen desto mehr zur Capitalbildung übrig

---

Besitzenden über die Nothwendigkeit einer freiwilligen Entsagung ihrer Ober-herrschaft und ihrer Privilegien zu Gunsten der Besitzlosen sind, selbst wenn sie auf die glänzenden Argumente eines Filangieri (La Scienza della Legisla-zione, Firenze, 1820) gestützt werden, verlorene Mühe, so lange sie nicht durch eine das Sonderinteresse an der socialen Ausbeutung unter das Gemein-interesse an einer gerechten Besitzvertheilung beugende Macht unterstützt werden. Wie viele andere grosse Männer vor und nach ihm, so verstand auch Filangieri viel zu wenig den Bau des socialen Körpers und die Taktik des Kampfes um den Besitz!

bleibt, je grösser sein Einkommen ist; da somit seine Steuerleistungsfähigkeit mit dem Einkommen progressiv wächst, so
muss auch die Einkommensteuer eine progressive sein. Nimmt
man als Steuerprincip den von uns für einzig richtig gehaltenen
Grundsatz der Gleichmässigkeit der Leistung und Gegenleistung
an[1]), so ist mit nichten daraus eine durchgängige unbegrenzte

---

[1]) Wir sind mit dieser auf dem sogenannten Assecuranzprincip (Inter-
essenprincip, Princip der Leistung und Gegenleistung, Genussprincip) basirten
Besteuerungstheorie im Widerspruche mit den Ansichten Wagner's, welcher
(§. 418 und 419 a. a. O.) die Steuerpflicht auf das Opferprincip (gemeinschaftliches, staatswirthschaftliches Steuerprincip) gründet, wonach die Steuerleistung des Einzelnen nicht als eine Gegenleistung für öffentliche Leistungen,
sondern als seine aus den naturgegebenen Beziehungen zwischen ihm und der
Zwangsgemeinwirthschaft, der er angehört, nothwendig folgende Pflicht aufgefasst werden müsse. Obwohl nun die Verpflichtung des Einzelnen zur
Theilnahme an den für die Existenzbedingungen der Gattung nothwendigen
Lasten ausser Zweifel steht, so lässt dennoch diese Opfertheorie die Frage
unbeantwortet, warum gerade der, welcher mehr besitzt, ein grösseres Opfer
dem Staate bringen soll, als der weniger Besitzende, und diese Theorie kehrt
dort, wo sie der Antwort nicht ausweichen kann, unwillkürlich zum Princip
der Leistung und Gegenleistung zurück. So sagt Wagner (S. 369 a. a. O.),
dass der Steuerbeitrag die unbedingt erforderliche ökonomische Grundlage der
vom Gesammtinteresse verlangten gemeinwirthschaftlichen Functionen, namentlich des Staates, bilde. „Indem diese Functionen auch die Voraussetzung
und das fördernde Hilfsmittel aller einzelwirthschaftlichen productiven Thätigkeit sind, schafft sich dann auch der Einzelne in seiner Steuer gleichzeitig
die Bedingungen seiner Productivität." Also doch Leistung für Gegenleistung!
Uebrigens sind mit diesem ausgezeichneten Nationalökonomen in dieser Frage
ausser uns auch noch bedeutende Fachgelehrte im Widerspruche. Dr. Lorenz
von Stein, in der Finanzwissenschaft ein Stern erster Grösse, schreibt in
seinem Lehrbuche (a. a. O. S. 496): „Wenn es überhaupt noch ein organisches
Grundprincip der Steuer geben soll, so muss dasselbe darin bestehen, dass die
staatliche Gemeinschaft, welche ihre wirthschaftlichen Mittel durch die Steuer
empfängt, immer und nothwendig da ein Recht auf eine Steuer erwirkt, wo
sie für die wirthschaftliche Capitalbildung mit wirthschaftlichen Kosten etwas
leistet, also Werthe verwendet, um Werthe zu erzeugen." Darnach ist Stein
ein entschiedener Vertreter des von uns vertheidigten Interessenprincips, und
nur durch eine irrige Deutung des weiter folgenden Satzes unsers Meisters
der Finanzwissenschaft: „Man braucht dabei durchaus nicht an die bekannte
Leistung und Gegenleistung zu denken, bei der man sich stets einzelne Factoren der Verwaltung für die einzelne Steuer hiezu vorstellt, und dadurch
das Ganze in einem schiefen Lichte auffasst", wurde Wagner (S. 369, Note 3
a. a. O.) zu dem gegen L. v. Stein mit Unrecht erhobenen Vorwurfe ver-

proportionale Einkommenbesteuerung zu folgern. Denn wenn wir ein dem Mittelstande nothwendiges Existenzminimum des Besitzes als Einheit annehmen, so leistet der Staat einer zehnfachen Besitzeinheit nicht nur einen zehnmal grösseren Besitzschutz, sondern er ertheilt ihr ausserdem nach den von uns oben entwickelten und nachgewiesenen socialen Gesetzen das Privileg, sein auf die Erhaltung des Mittelstandes und Erschwerung der Besitzcentralisation gerichtetes Interesse neunmal oder neunfach zu verletzen, und der Staat ist nur in seinem Rechte, wenn er die, wenn auch aus Opportunitätsrücksichten gestattete Verletzung jener seinem Interesse einzig zusagenden, die Verallgemeinerung des Mittelbesitzes und die grösstmöglichste Ausbreitung des Mittelstandes bezweckenden socialen Ordnung in dem Grade erschwert, als er das Aufsteigen der Besitzlosen zum Mittelstande begünstigt; dass er demnach das Existenzminimum steuerfrei lässt, von der Grenze desselben an bis zum Niveau des Mittelbesitzes eine proportionale und vom Niveau des Mittelbesitzes aufwärts eine progressive Einkommensteuer einführt.

Diese Besteuerungsform ist mit dem Principe der Leistung

---

leitet, „dass dieser auf einem Umwege zur Genusstheorie und zum Princip von Leistung und Gegenleistung zurückkäme, obwohl er letzteres bestreite". Ausser mit L. v. Stein ist meine Ansicht auch mit den Ansichten Montesquieu's und A. Smith's im Einklange. Ersterer sagt: „Les revenus de l'état sont une portion que chaque citoyen donne de son bien pour avoir la sureté de l'autre portion, ou pour en jouir agréablement" („De l'esprit des loix." Tome I, Amsterdam, 1749, liv. XIII, chap. 1). Letzterer meint: „The subjects of every state ought to contribute towards the support of the government . . . . . in proportion to the revenue which they respectively enjoy under the protection of the state" („An inquiry into the nature and causes of the wealth of nations" by Adam Smith, Basil, 1801, Vol. IV, pag. 164 und 165). Nach Mithoff (S. 54 und 55 a. a. O.) schliessen sich die beiden Principien nicht gegenseitig aus, sondern haben beide ihre Berechtigung und sind principiell zulässig: das Princip der Leistung und Gegenleistung dort, wo die staatliche Leistung vorzugsweise Einzelnen oder bestimmten Classen der Gesellschaft zugute komme; das Princip der Leistungsfähigkeit dagegen dort, wo sie der Gesammtheit zum Vortheile gereicht, „ohne dass die Leistung für den Einzelnen aus dem Gesammtvortheile ausgeschieden werden könnte".

und Gegenleistung vollständig im Einklange. Denn beim Be-
stande eines blossen Existenzminimums darf der Staat
für den Schutz des letzteren keine Gegenleistung fordern, weil diese Gegenleistung aus dem Existenzminimum selbst und somit nur auf Kosten der Selbsterhaltung und persönlichen Entwicklung des Staatsbürgers
geschehen könnte, und weil sich der Staat dadurch mit
seinem auf die Selbsterhaltung und persönliche Entwicklung der Staatsbürger gerichteten Zwecke in
Widerspruch setzen würde. Der Staat ist diesem Existenzminimum gegenüber in der Lage des Besitzers einer liquiden,
aber nicht klagbaren Forderung: er hat nach dem zweifellosen
socialen Gesetze der Gleichmässigkeit der Leistung und Gegenleistung für seine Leistung das Recht auf eine Gegenleistung;
er darf aber dieses Recht nach dem ebenso unzweifelhaften
socialen Gesetze der Selbsterhaltung und der persönlichen Entwicklung nicht geltend machen.

Von der Grenze dieses Existenzminimums an ist das
Recht auf die proportionale Einkommensteuer praktisch und besteht kraft des darüber hinaus ausnahmslos geltenden Princips der Leistung und Gegenleistung
ohne Grenze, daher auch bis zur Höhe des Mittelbesitzes. Das Recht, den diese Höhe übersteigenden
Besitz progressiv zu besteuern, besteht kraft desselben
Princips der Leistung und Gegenleistung, weil die
Leistung des Staates von da an, wie oben nachgewiesen,
nicht nur eine dem Besitzquantum entsprechend quan-
titativ grössere, sondern dadurch, dass sie der dem
Staatsinteresse widersprechenden Besitzcentralisation
einen privilegirten Schutz gewährt, eine auch qualita-
tiv grössere ist. Wenn diese von uns entwickelten Grundsätze auch mit der bisherigen Theorie der Besteuerung in
Widerspruch stehen[1]) und wegen der Unmöglichkeit einer so-

---

[1]) Nur nach reiflicher Ueberlegung hat sich der Verfasser in dieser
hochwichtigen Frage mit der Ansicht des hochgeschätzten L. v. Stein in
Widerspruch gesetzt, welcher (in seiner „Finanzwissenschaft", Leipzig, 1878,

fortigen durchgreifenden Aenderung der im modernen Kampfe
um den Besitz von den sich gegenüberstehenden feindlichen
Kräften beobachteten Taktik kaum in der nächsten Zukunft
schon verwirklicht werden dürften, so sind sie doch so dringende
Postulate der wirthschaftlichen Gerechtigkeit, dass wir, vom
endlichen Siege der letzteren überzeugt, auch die allgemeine
Verwirklichung jener Besteuerungsgrundsätze im Wege der positiven Gesetzgebung nur für eine Frage der Zeit halten. Wohl
wird sich dagegen der Egoismus der Besitzenden sträuben,
welcher in dem zwischen den einzelnen Volksclassen ununterbrochen währenden Kampfe um den Besitz die Steuerlast gern
von sich abwälzt, so dass die Geschichte der parlamentarischen
Kämpfe zum grossen Theile mit Steuerkämpfen zwischen Im-
mobiliar- und Mobiliarbesitz, Gross- und Kleinindustrie, Gross-
und Kleinhandel, Production und Consumtion ausgefüllt ist, —
nur nicht zwischen Besitzenden und Nichtbesitzenden! Denn
letztere waren und sind in den um den Besitz bisher geführten
parlamentarischen Kämpfen mundtodt. Nur durch rastlosen, heissen
und voraussichtlich noch lange währenden Kampf und nur mit
Hilfe des Thrones werden auch sie zum Worte kommen und im
parlamentarischen Kampfe der Zukunft den Sieg jener von uns
entwickelten rationellen Besteuerungsgrundsätze erkämpfen.[1]

S. 451) sagt, „dass jede Progression eines Steuerfusses, die rein auf der
Grösse der Capitalien beruht, ein absoluter Widerspruch mit den fundamen-
talen Gesetzen der Volkswirthschaft sei, während der wahre progressive
Steuerfuss auf der Zahl der Einkommeneinheiten beruhen solle, aber niemals
als eine rein geometrische, sondern nur als eine mit jener Zahl selbst abnehmende
Progression auftreten dürfe". L. v. Stein scheint unsers Dafürhaltens nur
aus dem Grunde zu einem entgegengesetzten Resultate gekommen zu sein,
weil er in der Behandlung dieser Frage nur mit dem Wirthschafts- und
Rechtsbegriffe des Steuersubjectes operirt und den socialen Begriff desselben
aus dem Auge gelassen hat. Wir finden uns in dieser Meinung durch die
Motivirung der gegnerischen Ansicht bestärkt, da L. v. Stein (S. 452 a. a. O.).
einen abnehmenden progressiven Steuerfuss fordert, „um den Capitalbildungs-
process selbst nicht zu gefährden, damit nicht die Gerechtigkeit für den einen
zur Ungerechtigkeit für den andern werde".

[1] Trotz der wiederholten Versicherungen der grössten Autoritäten in
der Finanzwissenschaft, dass die Abschaffung der Verbrauchssteuern zu den
Unmöglichkeiten gehöre, lehrt die Geschichte der englischen Steuergesetz-

ε³. Die zur Theilnahme an der Staatsgewalt gelangte besitzlose Arbeit wird sich gegen die künstliche Besitzcentralisation

gebung, dass sich dieselbe in einem den Verbrauchssteuern nichts weniger als günstigen Sinne vorwärts bewege. So wurden mit der in den zwanziger Jahren begonnenen Steuerreform in England fast alle indirecten Steuern, mit Ausnahme der Genusssteuern, aufgehoben und mit der Zollreform von 1842 und 1846 Fleisch und Brot frei zugelassen, so dass es heute von den indirecten Steuern nur noch die Genuss- oder Luxussteuer behalten und an Stelle der abgeschafften indirecten Steuern die Einkommensteuer als ein System der Ertragssteuer, der persönlichen Erwerbs- und Gewerbesteuer eingeführt hat. In den übrigen Culturstaaten Europas macht freilich die Verzehrungssteuer heute den grössten Theil ihrer Budgets aus. In Frankreich hob zwar die Constituante von 1791 alle indirecten Steuern auf; Napoleon I. führte sie jedoch wieder ein, so dass Frankreich ebenso wie Oesterreich, Preussen, Russland und Italien an der Verzehrungssteuer bis heute festhalten. Dagegen hat Preussen das reine Verzehrungssteuersystem in den Schlacht- und Mahlsteuern durch die Classensteuer von 1820 als Personalverzehrungssteuer verdrängt und die Einkommenclassensteuer vom 1. Mai 1851 mit progressivem Steuerfusse neben der bestehenden directen und indirecten Besteuerung eingeführt. (Vgl. L. v. Stein a. a. O. II, S. 202—209.)

Die gegen die Steuerfreiheit des Existenzminimums in der Theorie geltend gemachten Einwände und die von dem positiven Rechte getroffenen, die Nothwendigkeit derselben ignorirenden Massnahmen erweisen sich gegen die zwingende Gewalt der Thatsachen ohnmächtig: die dem Existenzminimum aufgelegte Steuer ist selbstverständlich zum grossen Theile uneinbringlich. Nach Mithoff (S. 43—45 a. a. O.) war zur Aufbringung von 100 Thlr. Classensteuer unter der untersten städtischen Bevölkerungsclasse der preussischen

Regierungsbezirke:	an kostspieligen Mahnungen	an Executionsverfügungen	an fruchtlos vollstreckten Executionen	an Kosten der Beitreibung
Bromberg . . .	412	287	146	11,0 Thlr.
Posen	430	248	?	14,1 „
Marienwerder . .	689	436	151	29,5 „
Königsberg . . .	797	354	167	24,0 „

erforderlich, und es kann für niemanden, der von der Macht der von uns zu Beginn dieser Studie entwickelten socialen Gesetze überzeugt ist, zweifelhaft sein, dass die gleiche Erscheinung auch in den übrigen Culturstaaten der Welt zu Tage trete, wenn wir auch nicht statistische Nachweise dafür zur Hand haben. Daher wird auch in einigen Staaten ein Existenzminimum bereits steuerfrei gelassen, so (nach Mithoff a. a. O.) in der preussischen Classensteuer vom Jahre 1873 das Einkommen unter 140 Thlr. und in England bis 100 Pf. St., letzteres jedoch nur gegenüber der Income tax, während

dadurch vertheidigen, dass sie den ihr zugemessenen Antheil an
politischer Macht zur Offenhaltung der den nothwendigen Lohn-
erwerb ihr sichernden Arbeitsquellen geltend machen
wird. Natürlich verstehen wir darunter nicht die Verwirklichung des Rechtes auf Arbeit im socialistischen Sinne, da es
nicht die Sache des die allgemeinen Interessen schützenden
Staates ist, dem Einzelnen zu vermitteln, was er sich bei vorhandenen Erwerbsmöglichkeiten selbst verschaffen kann. Wir
meinen vielmehr die Staatshilfe in jenen Fällen, wo solche
Erwerbsmöglichkeiten nicht bestehen und von den nichtbesitzenden Classen allein trotz der äussersten Anspannung aller ihrer

gegenüber der Inhabited houses duty aller Ertrag bis 20 Pfd. Sterl. steuerfrei
ist. So sind ferner in Russland die ganz kleinen, von ihren Eigenthümern
selbst bewohnten Gebäude sammt den dazu gehörigen Liegenschaften bis zu
einem gewissen Werthe steuerfrei. In Bayern ist ein Existenzminimum bis
600 fl. gegenüber der Berufssteuer und in Italien bis 400 Lire gegenüber der
Gewerbesteuer steuerfrei gelassen (L. v. Stein S. 66, 70, 104, 108 und 118
a. a. O.). Doch sind in Bayern nach dem von der Regierung der Volksvertretung im Jahre 1879 vorgelegten Entwurfe alle reinen Einkommen bis
500 Mark von der allgemeinen Personaleinkommensteuer ausgenommen. Ausserdem sind noch frei von der österreichischen Einkommensteuer vom 29. October
1849 alle Arten des Dienst- und Lohneinkommens bis zu 630 fl., von der
sächsischen Personaleinkommensteuer alle Einkommen bis 300 Mark, von der
württembergischen Einkommensteuer des Gesetzes vom 28. April 1873 das
Dienst- und Berufseinkommen bis 350 Mark, von der badischen Erwerbsteuer
des Gesetzes vom 25. August 1876 der persönliche Gesammtverdienst unter
500 Mark und der Dienstbotenlohn unter 300 Mark. Wo die Steuerfreiheit
des Existenzminimums vom Gesetze noch nicht zur Regel erhoben wurde,
sieht man sich zu so vielseitigen, diese Befreiung zulassenden Ausnahmen
genöthigt, dass man (wie in dem neuesten Entwurfe des russischen Classen-
steuergesetzes) auf den ersten Blick erkennt, dass diese Ausnahmen in der
That die Regel bilden. Das Unhaltbare lässt sich eben nicht halten. Das
bestehende Besteuerungssystem ist unhaltbar, weil es die Besitzcentralisation
fördert und die Besitzcentralisation die Sicherheit des Staates und den Wohlstand seiner Bevölkerung untergräbt. Wir halten demnach die allgemeine
Einführung der Steuerfreiheit des Existenzminimums, die Aufhebung der Verbrauchssteuern und die Einführung der directen Einkommensteuer — sei es nun
in der von uns vorgeschlagenen, sei es in einer anderen Progression — nur für
eine Frage der Zeit. Am allerwenigsten dürfte diese Reform durch den Einwand
aufgehalten werden, dass die Besitzlosen die Verbrauchssteuer weniger fühlen
als eine directe Einkommensteuer, ein Einwand, dessen Logik auf der Höhe
des Argumentes steht, dass Krebse das Lebendigkochen schon gewöhnt seien.

Kräfte nicht geschaffen werden können. So wird unter der
neuen Allianz keine Gesetzesvorlage Gesetzkraft erlangen, welche
auf Kosten der inländischen die ausländische Arbeit im Inlande
verwerthen liesse. Dagegen wird die neue sociale Macht Gesetzesvorlagen befürworten, welche eine intensivere Bewirthschaftung des Grundbesitzes, Schöpfung localer Industrien, Aufschwung des heimischen Handwerkes und Gewerbes zu fördern
versprechen. Zu diesem Zwecke wird ein eigenes statistisches Bureau für Arbeitsangelegenheiten und ein besonderes Ministerium für die Interessen der Arbeit errichtet, von dem ersteren die Arbeitsgelegenheiten und
die Zahl und Art der Arbeitskräfte in genauer Evidenz
gehalten und vom letzteren den über das Verhältnis
der im Verkaufs- und Kaufs-Angebote der Arbeit sich
äussernden Concurrenzkräfte gewonnenen statistischen
Kenntnissen gemäss entsprechende Vorlagen für die
Volksvertretung gemacht werden. In dieser werden die
besitzlosen Arbeitsclassen ihr Interesse nöthigenfalls durch An-
ordnung von Stadterweiterungen und Städtegründungen zum
Zwecke der weiter unten zu besprechenden Versorgung der
Besitzlosen mit Sondereigenthum an Haus und Hof wahren
und durch Votierung von öffentlichen Bauten, Industrie- und
Handelsunternehmungen, Colonisationen u. s. f. Mittel und Wege
vorzuschlagen haben, um zu verhüten, dass Arbeitssuchende
wegen Arbeitsmangel zu Grunde gehen. Deshalb ist ein solches
socialstatistisches Beobachtungssystem für die Volkswohlfahrt
jedenfalls wichtiger als ein statistisches Beobachtungsnetz für
die Zwecke der Meteorologie und der tellurischen Observation.
Deshalb erscheinen auch die allerdings nicht geringen Anstrengungen und Kosten eines solchen Beobachtungsnetzes socia-
listischer Stationen für das ganze Staatsgebiet gerechtfertigt.

Endlich wird die zur Theilnahme an der Staatsgewalt berufene neue sociale Kraft die künstliche Besitzcentralisation dadurch bekämpfen,

ζ^3. dass sie die im Staatsinteresse nothwendigen
Beschränkungen der sogenannten freien Concurrenz

durchsetzen wird. Unter der letzteren verstehen wir die
gegenwärtige Taktik des Kampfes um den Besitz, nach welcher
mehrere ungleiche wirthschaftliche Kräfte dasselbe Object planlos
angreifen. Ein solcher Kampf muss Schwächung, Aufreibung
und Verlust der Kräfte zur Folge haben. Dieser Kraftverlust
wird nach dem Gesetze des Kräftegleichgewichtes die schwächeren derselben treffen, wozu im Kampfe der Besitzenden mit den
Nichtbesitzenden unstreitig die Kräfte der besitzlosen Arbeitsclassen gehören. Ihr Kraftverlust wird um so bedeutender
werden, je grösser der Factor ist, der den Unterschied dieser
Kräfte begründete — der Besitz, und er wird daher mit der
Kluft zwischen Arm und Reich, kurz mit der Besitzcentralisation
wachsen. Wenn nun die in den wirthschaftlichen Concurrenzkampf eintretenden Kräfte sich selbst überlassen bleiben, so ist
das Schicksal der besitzlosen Arbeit im vorhinein besiegelt. Sie
muss im Kampfe um den Besitz dem Besitze unterliegen. Es
ist demnach begreiflich, dass die besitzenden Classen einer
solchen Taktik des Kampfes um den Besitz vor einem auf der
Organisation der besitzlosen Arbeitskräfte beruhenden, die Heilung der durch das freie Walten der socialen Kräfte angerich-
teten Verletzungen bezweckenden Streite den Vorzug geben.
Sie handeln eben in ihrem Interesse. Mit Recht muss ihnen
aber Mangel an Offenheit vorgeworfen werden, wenn sie einen
solchen Kampf um den Besitz „frei" nennen, der doch, weil von
den Besitzlosen in den Fesseln einer Noth- und Zwangslage geführt, in der That unfrei ist. Er ist ebenso wenig frei, wie
der nur vom Instincte geleitete, im Naturzustande geführte
Kampf um den Besitz, wo bei freiester Concurrenz der Stärkere
den Schwächeren aufzehrt. Es wird daher eine der Hauptaufgaben der im Kampfe um den Besitz für die Besitzlosen eintretenden neuen Allianz sein,

α^4. dass sie vor allem der in den inländischen Concurrenzkampf mit den Besitzenden tretenden besitzlosen Arbeit beispringe, und sie, damit nicht durch die
pseudofreie Concurrenz der Kleingrundbesitz vom Grossgrundbesitze, das Handwerk von der Grossindustrie, der Kleinhandel

vom Grosshandel erdrückt werde, zum Kampfe um den Besitz durch geeignete Staatshilfe concurrenzfähig mache. Und worin soll diese Staatshilfe bestehen? Nicht darin, dass der Staat dem Landmann, Handwerker und Kleinhändler das schenke, zu dessen Erwerbe sie Kraft und Gelegenheit haben, sondern dass er, seinem Wohlfahrtszwecke gemäss, ihnen den Schutz gewähre, ohne den sie trotz grösster Anspannung aller ihrer Kräfte in dem Kampfe um den Besitz gegen den Grossgrundbesitz erliegen müssten. Diese Hilfe kann und wird ihnen daher vom Staate

1) durch eine mit Rücksicht auf diesen Concurrenzkampf nothwendige Steuerregulirung gewährt werden, damit durch eine verhältnismässige Steuerentlastung des Kleinbetriebes oder durch eine höhere Besteuerung des Grossbetriebes das Product des Landmannes und Handwerkers und die Waare des Kleinhändlers mit den Producten des Grossgrundbesitzers und Grossindustriellen und mit der Waare des Grosshändlers den Markt behaupten könne. Allerdings eine schwierige Aufgabe für die Staatsverwaltung, eine Aufgabe, welche etwas mehr Wissen und insbesondere mehr statistische und politischökonomische Kenntnisse erfordert, als für die Steuererhebung und Steuercontrole hinreicht. Doch sie wird erfüllt werden. Das Steuerwesen wird einst nicht vom Standpunkte des blossen Finanzprincips, sondern vom Standpunkte einer die Beseitigung der pseudofreien Concurrenz verfolgenden Staatsraison verwaltet werden, — jener Staatsraison, welche, gestützt auf das von uns vorgeschlagene socialistische Beobachtungssystem, die Steuer derart zu vertheilen gebietet, dass die Producte des Grossgrundbesitzes und der Grossindustrie und die Waaren des Grosshandels wegen der durch einen entsprechenden Steueraufschlag erhöhten Gestehungskosten um so viel vertheuert werden, um wie viel sie kraft der aus dem Grossbetriebe fliessenden Vortheile im Vergleiche zu dem Kleinbetriebe billiger erzeugt werden können. Denn es ist im besten Falle gleichgiltig für den Staat, ob die obersten Zehntausend je um eine Million reicher werden oder

nicht, wogegen es unter Umständen für ihn verhängnisvoll wäre, wenn eine Million Kleinbesitzer je 10 000 fl. verlieren würden. Nicht, dass wenige reich, sondern dass alle wohlhabend seien, erheischt das Staatsinteresse. Deswegen wird die zur Theilnahme an der Regierung und Gesetzgebung berufene besitzlose Arbeit die pseudofreie Concurrenz nicht nur in dem bereits eröffneten Kampfe wirthschaftlicher Kräfte, sondern

2) schon an der Wurzel seines Entstehens in den verschiedenen Formen der Verkehrsanlage zu bekämpfen haben und wird sie namentlich der Gründung von Communications- und Transportmitteln eine weit grössere Aufmerksamkeit zuwenden müssen, als sie bis jetzt ohne diese Theilnahme ihr zuzuwenden in der Lage war.

Es galt bisher dem Grossbesitze für eine ausgemachte Sache, dass das Communications- und Transportsystem den Gruppirungen der Industrieanlagen zu folgen habe. Ohne sich um die Interessen von Millionen Nichtbesitzender zu kümmern, und sich ausschliesslich das Interesse seiner eigenen Productionsstätten vor Augen haltend, setzte er kraft seines in der Interessenvertretung auf die Regierung und Gesetzgebung geübten Einflusses die Eisenbahngarantiegesetze durch, wonach er sich die zur Verbindung seiner Productionsstätten mit den entfernten Absatzgebieten nöthigen Communicationsanlagen im Wege indirecter Steuerbeiträge zu den garantirten Eisenbahnzinsen von den Nichtbesitzenden bauen und erhalten lässt. In den allerseltensten Fällen, und selbst da nur durch energisches Eingreifen einer von dem Einflusse des Grossgrundbesitzes sich bereits emancipirenden Regierungsgewalt, werden neue Verkehrslinien mit Rücksicht auf die erst zu schaffende Industrie angelegt. In der Regel ist es jedoch die politische Macht des in Latifundien, Bergwerken und Fabriken aufgehäuften Grossbesitzes, welche die Legung der Verkehrslinien in der Gegenwart bestimmt. Dies von dem Grossbesitze durch die Ausbeutung seiner politischen Macht zu seinem Vortheile geschaffene Communicationssystem wirkt auf die Besitzbildung nichtbesitzender Classen.

in doppelter Richtung nachtheilig, einmal, weil die zur Bestreitung der garantirten Zinsen nothwendigen Steuerauflagen ihre
Lohnersparnisse beständig abschöpfen, und das andere Mal, weil
ein solches, dem Sonderinteresse einer Gesellschaftsclasse dienende
Verkehrssystem das Aufkommen localer Industrien, das Anwachsen der industriellen Cultur in die Breite, die möglichste
Annäherung landwirthschaftlichen Kleingrundbesitzes an die Industrie, verhindert und den Landmann der Vortheile der Dampf-
benützung zur Verfrachtung seiner Rohproducte, der Ersparung
an den Gestehkosten und der Concurrenzfähigkeit mit dem Grossgrundbesitzer beraubt. Daraus folgt die Aufgabe der regierungs-
fähig gewordenen besitzlosen Arbeit von selbst. Sie wird mit
Hilfe ihrer neuen Allianz den Grossbesitz veranlassen, sich
seine Verkehrslinien auf eigene Kosten zu bauen, und wird
unter keinen Umständen zugeben, dass durch neue, nur das Interesse seiner Productionsstätten berücksichtigende Verkehrsanlagen die an und für sich schwierige Concurrenz der Kleinbesitzer noch durch ein die Gestehkosten der Producte des
Grossbesitzes auf Kosten des Kleinbesitzes herabminderndes Verkehrssystem erschwert werde.

β^4. Das höchste Augenmerk wird die zur Theilnahme an der Staatsgewalt berufene besitzlose Arbeit
jedoch auf die Beseitigung der pseudofreien Concurrenz zwischen der inländischen und der ausländischen
Production zu richten und der in vielen Fällen durch
sie auf Kosten des inländischen Besitzes gesteigerten
Centralisation des ausländischen Besitzes durch Zoll-
schutz mittelst Differential- und Prohibitivzölle vorzubeugen haben. Nicht in dem sogenannten natürlichen, die
Nothwendigkeit der Weckung und Erziehung inländischer Productionsstätten und -märkte nicht berücksichtigenden Walten
der Productions-, Verkehrs- und Handelskräfte der mit einander
im Verkehre stehenden Nationen wird sie das Ideal einer gesunden internationalen Volkswirthschaft suchen, sondern in dem
einsichtsvollen politischen Eingreifen in die Zollgesetzgebung
zur Förderung der internationalen Decentralisation der Pro-

ductions- und Verkehrsanlagen. Dies Ziel wird sie verfolgen in der Erkenntnis, dass die Aeusserungen der Concurrenz von den sie gestaltenden Kräften, nicht aber umgekehrt diese von ihr bestimmt werden.[1]) Sie wird die wahre Freiheit der inter-

---

[1]) Ist z. B. der ausländische Grund und Boden besser und billiger als der inländische; hat er keine oder wenige Steuern zu tragen; ist auch die fremde landwirthschaftliche Production infolge der Selbstarbeit und der ausgiebigen Maschinenverwendung billiger als die inländische, — Voraussetzungen, welche sämmtlich für den Grundbesitz der neuen Welt im Vergleiche mit dem europäischen zutreffen: so muss, sobald erst noch durch die fortschreitende Schiffsbautechnik auch die Transportkosten des ausländischen Getreides auf das äusserste Minimum reducirt werden, der amerikanische Producent den bei hohen Pachtschillingen, bei kaum erschwinglichen Steuern und bei hohen Löhnen producirenden Inländer im sogenannten freien Concurrenzkampfe immer schlagen. Würde man einer solchen Concurrenz die Productivkräfte des nationalen Grundbesitzes ohne Staatshilfe überantworten, so würde der Marktpreis bis zu den die ausländische Arbeit und den ausländischen Capitalzins noch deckenden Gestehkosten ihrer Producte, d. i. bis zu jener Grenze sinken, auf welcher der inländische Producent die Steuer und die Arbeit vom Capitale selbst bezahlen müsste, so dass letzteres über kurz oder lang als mobiles Capital aufgezehrt, als immobiles Capital von den einheimischen Grundbesitzern verlassen und von fremden Staatsangehörigen occupirt sein würde. Die Folgen einer so kurzsichtigen Finanzpolitik könnten sich für die Nation weit verderblicher gestalten, als selbst die Anwendung freihändlerischer Maximen bei noch unentwickelter inländischen Manufactur. Denn während durch letztere nur die Fabriken und die Geschäftsetablissements gesperrt würden und die Nation dadurch, dass sie in der Wahl der für den nun nothwendigen Import der Fabrikate ihr zusagenden Bezugsquellen unbeschränkt wäre, mithin durch die Nothwendigkeit des Importes nicht gerade in die ökonomische Abhängigkeit eines nationalen Erbfeindes gerathen müsste, vielmehr nur einen im schlimmsten Falle durch die Auswanderung ihrer Fabriksarbeiter qualificirten materiellen Schaden erlitte, erwüchse ihr aus der Schutzlosigkeit der landwirthschaftlichen Production möglicherweise ein unwiederbringlicher politischer Nachtheil, wenn sich nämlich auf dem inländischen Grundbesitze diejenigen ansiedelten, welche vermöge ihrer ausländischen Reichthümer sich den Luxus eines rentenlosen, ja selbst passiven Grundbesitzes erlauben dürften, weil sie die für den inländischen Grundbesitz nothwendigen Zuschüsse mit ihren infolge des für ihre ausländischen landwirthschaftlichen Producte gewonnenen inländischen Absatzgebietes gestiegenen Renten leicht bestreiten könnten, d. h. das Inland verlöre seine conservativste und patriotischeste Bevölkerung und erhielte dafür ein zersetzendes, seine nationalen Interessen einer antinationalen, ausländischen Propaganda stets zu opfern bereites Element. Wer hätte den traurigen Muth, eine Freiheit zu verfechten, welche Reichthum, Wohlstand, ja selbst die Existenz der Nation aufs Spiel setzt!

nationalen Concurrenz nicht in der freien Einfuhr der ausländischen Fabrikate und in der freien Ausfuhr inländischer
Geldvorräthe oder gar der inländischen Rohproducte, sondern in
der Beseitigung der Abhängigkeit suchen, in welcher die heimischen Productionskräfte von der ausländischen Industrie deshalb stehen, weil sie die Fabrikate der letzteren anstatt mit
eigenen Fabrikaten, grösstentheils mit Bargeld oder mit billigen
Rohproducten zu bezahlen und demnach auch die auf ihre Production verwendete Arbeit schlecht zu belohnen gezwungen sind.
Sie wird durch die Ausbildung heimischer Productivkräfte zu
gleichgewichtigen Factoren der internationalen Concurrenz und
durch die Vereinigung derselben zu einer mit den nachbarlichen
Industrien ebenbürtigen wirthschaftlichen Macht die eigene Nation
zur Handelsfreiheit erst erziehen. Sie wird bei diesem durch
das Gesetz der Selbsterhaltung und Entwicklung gebotenen Vor-
gehen auch der internationalen wirthschaftlichen Gerechtigkeit
Bahn brechen und bei Zeiten dafür sorgen, dass die einheimische
Industrie von der ausländischen Concurrenz nicht vernichtet
werde; dass unsere Nation der wirthschaftlichen Willkürherr-
schaft eines fremden Volkes nicht verfalle; dass unsere Nachkommen nicht das Schicksal der Hindu theilen und nicht als
Her Majesty's der Kaiserin von Europa getreue Unterthanen für
Albions Söhne die Wolle scheeren.

Dieser von uns bis jetzt besprochene, durch die besitzlose
Arbeit gegen die natürliche und künstliche Besitzcentralisation
zum Theile bereits unternommene, zum grössten Theile jedoch
erst auszudehnende Defensivkampf um den Besitz vermag indessen nicht für sich allein der wirthschaftlichen Gerechtigkeit
zum vollständigen Siege zu verhelfen. Das Ziel werden die
besitzlosen Arbeitsclassen erst erreichen

β. in der Offensive zur Erkämpfung neuer ökonomischer Ver-
fassungsformen.

Sind solche möglich?

Wegen des nie ruhenden Kampfes um den Besitz sind die
Besitzverhältnisse eines Volkes steten Veränderungen unter-

worfen. Mögen auch nach besonders heftigen Stürmen Momente
der Erschöpfung und der Ruhe eintreten, so treiben der Selbsterhaltungstrieb und das Streben nach persönlicher Entwicklung
die Menschheit doch stets zu neuen Kämpfen um den Besitz,
welche, wenn sie auch ihr Ziel nicht immer erreichen, mit ihrem
Kraftaufwande ihr doch nicht verloren gehen, sondern ihr dafür
den schönsten Ersatz bieten — die Cultur. Umgekehrt bleibt
der jeweilige Culturgrad, weil durch ihn das Mass der menschlichen Bedürfnisse und durch diese das Mass des zu ihrer Befriedigung nöthigen Besitzes bestimmt wird, nicht ohne Einfluss
auf die Entwicklung von den Erwerb und die Sicherung des
Besitzes fördernden ökonomischen Verfassungsformen, so dass
wir von ihnen auf den Culturgrad einer bestimmten Epoche
ebenso schliessen, wie wir den Menschen nach dem Kleide beurtheilen. Sie sind eben das Gewand, in welches die Cultur
gekleidet erscheint. Sobald sie aus ihren jeweiligen ökonomischen
Verfassungsformen herausgewachsen ist, theilen diese das Schicksal alter Kleider: sie werden abgelegt, um theils umgearbeitet
und der neuen Cultur angepasst, theils als ganz unbrauchbar
in der Rumpelkammer aufgehoben und für kommende Jahrhunderte als Zeugen unentwickelter Culturstufen aufbewahrt zu
werden.

Auch unsere ökonomischen Verfassungsformen, auf die sich
heute mancher unter uns so viel einbildet, werden kommenden
Geschlechtern als Curiositäten gezeigt werden, während ihren
Platz neue einnehmen werden, die wir in die bisherigen socialen
Formen Eingelebten uns nur schwer vorstellen können. Denn
es ist ja eine ausgemachte Thatsache, dass die menschliche Cultur, wenn auch von den natürlichen Productionsschranken abhängig, doch wegen der sich aus sich selbst reproducirenden und
durch ihre combinirte Wirksamkeit sich stets vervollkommnenden
Geisteskräfte einer unberechenbaren Entwicklung fähig ist und
dieser zufolge des Selbsterhaltungs- und Entwicklungs-Gesetzes
auch rastlos zueilt; nicht erwiesen ist es dagegen, dass die im
Interesse der darbenden Menschheit angestrebten socialen Reformen und der schliessliche Sieg der wirthschaftlichen Gerechtig-

keit über das den modernen Kampf um den Besitz beherrschende
wirthschaftliche Faustrecht absolut unmöglich wären. Schon
jetzt leuchten die Blitze einer besseren Erkenntnis an dem von
der Wolke des Egoismus getrübten Himmel der menschlichen
Vernunft ab und zu auf. Die Geister regen sich, und immer
mehr bricht sich die Ueberzeugung Bahn, dass sich mit den bestehenden ökonomischen Verfassungsformen nicht lange mehr das
Auskommen finden lasse, und dass, falls nicht die heutige Cultur
dem sicheren Untergange preisgegeben werden solle, neue,
dem Grundsatze der wirthschaftlichen Gerechtigkeit entsprechende
ökonomische Verfassungsformen in's Leben gerufen werden
müssen. Sind nun solche Formen denkbar, so muss ihre Auf-
findung das Hauptziel der politischen Oekonomie sein, und es
hiesse die Aufgabe derselben missverstehen, wenn man diese
auf die Erörterung derjenigen Formen, welche die volkswirthschaftlichen Erscheinungen bereits angenommen haben, einschränken wollte. Wie wichtig es ist, ein Besseres zu finden,
das wird jedermann einsehen, der die Ströme Blutes überblickt,
welche in Ermangelung gesunder, den Gesetzgebern auf ihren
Reformwegen voranleuchtender Lehren der politischen Oekonomie die Dämme unerträglicher socialer Zustände gewaltsam
eingerissen haben. Wie schwierig und gefährlich es zugleich
aber ist, das lehren uns die mannigfachen Utopien, in denen sich
schon die edelsten Geister verirrt haben; man denke nur an
Cabet's „Voyage en Icarie", an die Phalanstèren Fourier's, an
Proudhon's Paradoxon „Eigenthum ist Diebstahl"! Dergleichen
Verirrungen des menschlichen Geistes erscheinen uns so unge-
heuerlich, dass sich unser an eine langsame, sich ohne Sprünge
vollziehende geschichtliche Entwicklung gewohntes Gefühl dagegen empört. Und doch sind sie weniger gefährlich, als eine
andere Species volkswirthschaftlicher Utopien, welche nach Art
des Rousseau'schen Naturzustandes einen volkswirthschaftlichen
Zustand des rein Natürlichen, durch keine politischen Eingriffe
gestörten Sichgehenlassens träumt[1]), übersehend, dass gerade die

---

[1]) Es ist dies die Manchesterschule mit ihrem Grundsatze des laisser
faire, laisser aller, welche die nur cum grano salis zu nehmenden Worte

natürliche Freiheit des Kampfes um den Besitz, wie die Geschichte nachweist, überall zur Gründung und Benützung der politischen Macht zum Zwecke der gegenseitigen Beschränkung der einander widerstrebenden Besitzinteressen geführt hat.

Wenn wir uns an die Behandlung dieses wichtigen Themas wagen, so geschieht es im vollen Bewusstsein der Schwierigkeit desselben und mit dem besten Willen, das in der nächsten Zukunft Unerreichbare aus dem Spiele zu lassen und nur auf Grund der Erfahrung, unter Benützung der Lehren der Grossmeister der politischen Oekonomie[1]) gegen die Nachtheile der natürlichen und künstlichen Besitzcentralisation anzukämpfen. Wir wollen diesen Kampf führen unter Mithilfe der die Gesetzmässigkeit in den anscheinend willkürlichsten Handlungen der Menschen offenbarenden Statistik, und wir werden nach Mitteln suchen, um auf friedlichem Wege, im Rahmen der bestehenden und auf legale Weise zu reformirenden Gesetze, insbesondere unter Beibehaltung der Rechtsinstitute des Privateigenthums und des Erbrechtes als der Grundpfeiler aller wirthschaftlichen Ordnung, das Ziel zu erreichen. Als ausgesprochener Gegner der socialen Demokratie den utopischen Gedanken einer socialen Reform bekämpfend, welche die Ablösung der durch den Besitz über die besitzlose Arbeit ausgeübten socialen Herrschaft von einer ihrem Wesen nach

---

Adam Smith's, „dass die Art und Weise der Capitalverwendung keiner Autorität anvertraut werden könne, sondern den Staatsbürgern selbst überlassen werden müsse" („An inquiry into the nature and causes of the wealth of nations" by Adam Smith, Basil, 1801, S. 274), als Ausdruck eines allgemein gelten sollenden Princips aufgefasst hat und nun, auf dem Boden einer rein individualistischen Weltanschauung stehend, in dem ungezügelten Walten des „Selfinterest" die sociale Panacee erblickt.

[1]) So erfreulich sich die Zahl derjenigen mehrt, welche sich diese schwierige Aufgabe gestellt haben, so bescheiden sind die zu deren Lösung bis jetzt vorgebrachten praktischen Vorschläge. Selbst tiefe Denker, wie E. Dühring, Albert Schäffle und L. v. Stein, die mit kritischem Blicke den Sitz des socialen Uebels aufgesucht haben, halten mit praktischen Heilungsvorschlägen allzusehr zurück. Schäffle (in seinem Werke „Capitalismus und Socialismus", Tübingen, 1878, S. 460 u. f.) entwirft ein Bild der Volkswirthschaft, wie es sich aus dem Princip des Collectivbesitzes herausgestalten könnte, sogar mit der ausdrücklichen Verwahrung, dass damit keine praktisch durchzuführenden Vorschläge gegeben sein sollen.

nicht weniger ungerechten Herrschaft, nämlich der besitzlosen Arbeit über den Besitz, bezweckt, wollen wir in dem Rahmen unseres auf die Idee der Freiheit basirten Systems einer wahrhaft nationalen Oekonomie (Soustava národního hospodářství politického, V Praze 1869), wonach die Freiheit zur Individualität, die Individualität zum Verkehre, der Verkehr zum Wohlstande und der Wohlstand wieder zur Freiheit im ewigen Kreislaufe sich bewegen, die Mittel und Wege angeben, wie auch den Besitzlosen durch die in der Allianz mit der Monarchie zu erkämpfende Freiheit, also auf streng gesetzlichem Wege, zum Besitze zu verhelfen und sie damit in den, das Ziel eines allgemeinen Wohlstandes verwirklichenden Kreislauf der socialen Kräfte aufzunehmen.

Dahin gehört

α^2. die directe Betheilung mit Besitz

α^3. zum Sondereigenthume behufs Förderung der als zweckmässig erkannten individuellen Arbeit.

Die Entwicklung der Individualität ist die Voraussetzung jeglichen Verkehrs, welcher seinerseits die Quelle des Wohlstandes und damit auch der Freiheit ist. Nur dadurch, dass jeder Einzelne einen bestimmten Theil der der menschlichen Gesellschaft zustehenden gemeinsamen Aufgabe auf sich nimmt, diese Aufgabe zu seinem besonderen Berufe macht und sich in demselben nach allen seinen Kräften vervollkommnet, infolge dessen dann aber über seine Genossen durch besondere Denk- und Handlungsweise hervorragt, hört er auf, ein Dutzendmensch zu sein, und wird er eine Individualität. Nur durch die Entwicklung von Individualitäten bildet die Gesellschaft ein harmonisches Ganze, worin der Einzelne für Alle das Besondere leistet, was Alle für sich nicht leisten können; worin jeder Einzelne in der Erfüllung seiner Lebensaufgabe auch die Bestimmung aller Anderen erfüllt; worin jeder Theil zwar ein Bild des Ganzen ist, aber trotzdem sein eigenes besonderes Leben führt. Gerade so, wie ein jede Nationalität verleugnender Kosmopolitismus die Vaterlandsliebe erstickt, gerade so vernichten ökonomische Verfassungsformen, welche die Entwicklung der Individualität der Einzelnen in den verschiedenen Berufsclassen vernachlässigen, die Quellen jeglichen Verkehrs und damit auch jedweden Wohlstandes. So kann ein Vermögen nicht gedeihen, wenn sein Besitzer, anstatt alle seine Kräfte einem bestimmten Berufe nachhaltig zuzuwenden, sie bald diesem, bald jenem Berufszweige zuwendet. So ist insbesondere ein Fortschritt der landwirthschaftlichen Arbeit unmöglich, wenn der Grundbesitz in die Hand des Geldcapitals geräth, welches die Feldarbeit durch verschiedenenorts aufgetriebene, bald in der Fabrik, bald am Felde, bald im Transportdienste verwendete Arbeitskräfte besorgen lässt. Der Geldmann hegt nie die Liebe zu der landwirthschaftlichen Arbeit, mit welcher ihr ein beim Pfluge aufgewachsener Landwirth zugethan ist, und der beste unter den besitzlosen Arbeitern des Geldmannes hat an dem Gedeihen der landwirthschaftlichen Arbeit bei weitem nicht das Interesse, welches ihr der das Gut als sein eigen bebauende Landwirth entgegen bringt. Während der seinen eigenen Grundbesitz Bebauende mit Rücksicht auf seine darauf gegründete Selbsterhaltung und materielle Entwicklung ihm seine besten Kräfte zuwendet und ihm seine Individualität auf Schritt und Tritt aufprägt, ist dem besitzlosen Landwirthe der von ihm bearbeitete Grund und Boden nichts weniger als an's Herz gewachsen; er bleibt gegen den Fortschritt der Landwirthschaft gleichgiltig. Er führt den Pflug und den Spaten in der Manier des Grossvaters; ein landwirthschaftliches Anwesen gleicht dem anderen genau wie ein Ei dem zweiten. Unser Ziel ist daher nicht die Aufhebung des Sondereigenthumes und der individuellen Arbeit, wie sie die Communisten planen, auch nicht die utopische Idee einer Unterwerfung des Capitals durch die Arbeit, deren Verwirklichung die Socialisten anstreben, und auch nicht die Herrschaft der Nichtbesitzenden über die Besitzenden mittelst der Usurpation der Staatsgewalt, welche von der socialen Demokratie verfolgt wird[1]), sondern die grösst-

---

[1]) Die sociale Demokratie verlangt das allgemeine Stimmrecht nicht nur behufs Gewinnung des der besitzlosen Arbeit mit Recht gebührenden Antheiles an der Staatsgewalt, sondern zur Usurpation der gesammten

mögliche Verallgemeinerung des Sondereigenthums als des vorzüglichsten Mittels zur Entwicklung der Individualität, Steigerung
des Verkehrs und Besitzerwerbes und Verallgemeinerung des
Wohlstandes.

Wohl hatten wir die Einführung des Sondereigenthums als
Grund zum Verfalle des Mittelgrundbesitzes und seiner Freiheit
erkannt und liegt die Versuchung nahe, die Aufhebung des
Privateigenthums vorzuschlagen, um durch Wiedereinführung der
ältesten ökonomischen Besitzverhältnisse, d. i. der Besitzgemeinschaft am Stammlande mit dem Sondernutzungsrechte am Alod,
die alte Vermögensgleichheit wieder einzuführen. Doch wir
haben anderseits das mit einer masshaltenden Veräusserungs-
und Vererbungsfreiheit versehene Privateigenthum als die unentbehrliche Grundlage der sittlichen Entwicklung und daher als
einen Grundpfeiler der socialen Ordnung kennen gelernt und
wissen zu gut, dass es aus der Scylla in die Charybdis treiben
hiesse, wenn man eine neue Ordnung der Dinge damit inauguriren

Staatsgewalt, um das bisherige Verhältnis zwischen den Herrschenden und
den Beherrschten umzukehren, womit für die Reform der socialen Ordnung
natürlich gar nichts gewonnen wäre.

Die Communisten gehen von der ganz richtigen Ansicht aus, dass
das römisch-rechtliche Sondereigenthum (das quiritische Eigenthum) Grund der
socialen Abhängigkeit und der politischen Unfreiheit sei, sie fehlen aber
in den daraus gefolgerten Schlüssen, in der Negation des Eigenthums überhaupt und in dem Verlangen nach der Aufhebung der individuellen Arbeit.
Denn damit würde das Gegentheil der geplanten Gleichheit eintreten, da in
den geplanten Communen die Geleiteten bald in sclavische Abhängigkeit von
ihren Leitern gerathen würden.

Die Socialisten sind im Rechte, insoweit sie behaupten, dass die
Arbeit Capital schaffe; sie haben aber Unrecht, insoferne sie glauben, dass
letzteres nur durch die Arbeit erzeugt werde. Denn dies ist nur auf der
untersten Stufe der menschlichen Entwicklung, also im culturlosen Zustande,
der Fall, da gleich in dem ersten vom Menschen gegen die Natur um den
Besitz geführten Kampfe die arbeitsame Hand mit dem Werkzeuge, als dem
ersten Capitale sich bewaffnen musste, um damit den nothwendigen Besitz
an Erhaltungsmitteln zu erkämpfen. Von diesem Momente an bis zur Culturentwicklung der Gegenwart blieb die Productivität der Arbeit vom Besitze
bedingt, und sie wird laut der von uns oben entwickelten socialen Gesetze
auch immer bedingt bleiben. Nun ist aber alles Capital mit der einzigen
Ausnahme der res nullius Besitzobject!

wollte, dass man den Einen schenken würde, was man den Andern
nehmen müsste. Nicht diese socialdemokratische Eigenthums-
erwerbsart, nicht dieses Eigenthumsrecht, auf welches das ge-
flügelte Wort Proudhon's allerdings ohne Paradoxie zutrifft, zu
sanctioniren, wird die Aufgabe der zur Theilnahme an der Staatsgewalt gelangten besitzlosen Arbeit sein, sondern die Ausrüstung
der Besitzlosen mit einem ihre Existenz- und Entwicklungs-
bedingungen sichernden Sondereigenthume überall dort, wo es
unbeschadet der wohlerworbenen Eigenthumsrechte Dritter möglich ist, und wo die Einzelkräfte der Besitzlosen in dem aus
diesem Grunde geführten Kampfe um den Besitz nicht ausreichen.
Zu diesem Zwecke werden die Besitzlosen sich

α^4. die Colonisation bis jetzt uncultivirter Erdenge-
biete mit Hilfe des aus Staatsmitteln gegen allmähliche
Amortisation vorzuschiessenden Anlage- und Betriebscapitals angelegen sein lassen. Dem sich zur Colonisation
meldenden oder dazu zwangsweise verhaltenen Proletariate wird
auf diese Art die Möglichkeit der Ueberfahrt, der Ansiedlung,
sowie des Eigenthumserwerbes geboten werden. Die Mehrzahl
der gegenwärtig viele Millionen Steuergulden verschlingenden
und für die zur mehrjährigen Kerkerstrafe verurtheilten Verbrecher bestimmten Criminalpaläste wird cassirt und die darin
durch falsch angebrachte Humanität zu theuer gepflegten gesunden Sträflinge ausnahmslos deportirt werden. In den Colonien
werden sie Gelegenheit finden, durch Fleiss Eigenthum zu erwerben, mit der entehrenden Vergangenheit zu brechen und ein
gegen den Vorwurf derselben gesichertes makelloses Dasein zu
gründen. Damit werden unter Zurückweisung jeglicher Versuchung zu einer ausbeutenden Colonialpolitik[1]) noch andere
wichtige Nebenzwecke verfolgt werden können, wie die Gründung
von Stapelplätzen, Factoreien und Kohlenstationen für den
Handel, sowie die Eröffnung neuer Productionsquellen für das
Mutterland. Doch alle diese Vortheile werden durch die Er-

---

[1]) Typisches Muster ausbeutender Colonialverwaltung war im Alterthume
Rom und ist in der Gegenwart Grossbritannien.

reichung des Hauptzweckes, der Ableitung des Proletariates, weit
überholt und erscheinen damit die grossen zum Erwerbe von
Colonialland nothwendigen finanziellen Opfer gerechtfertigt.[1]

β^4. Die Staatsgewalt wird ferner die landwirthschaftliche grundbesitzlose Arbeit gegen den arbeitslosen Grundbesitz in Schutz nehmen und ihr ohne Rücksicht auf die vorherrschenden, mit dem Zeitgeiste und
dem Staatszwecke in Widerspruch stehenden römisch-
rechtlichen Begriffe des Eigenthumsrechtes und des
Privatvertrags durch Beschränkung der absoluten Freiheit des ersteren zum Abschlusse formell freier, in der
That aber unfreier Pachtverträge die Möglichkeit der
Besitzbildung zu wahren wissen. Man wird durch eine
öffentlich-rechtliche Regelung des Pachtwesens der Rückbildung
des Sondereigenthumsrechtes, wonach die Feudalzeit mit ihren
Abgaben und Frohnden im Gewande eines durch die absolute
Freiheit des Privateigenthums unfrei gemachten und zum ein-
seitigen Vortheile der Verpächter ausgebeuteten Pachtsystems
wiederzukehren droht, Halt gebieten. Es wird das auf den gesammten Volkswohlstand reagirende Pachtwesen auch vom Standpunkte der Volksgemeinschaft geregelt werden und nicht dem
Belieben des absoluten Eigenthumsrechts überantwortet bleiben
dürfen, da letzteres nur die Nothwendigkeit der Rentenbildung
auf Seite des Verpächters, keineswegs aber auch die Reproduc-

---

[1] Die europäischen Mächte verfügen über einen Colonialbesitz, welcher
der Menschenzahl nach der unseres Erdtheiles gleichkommt, der Ausdehnung
nach aber Europa fünfmal übertrifft. Leider ist Oesterreich unter den Colo-
nialmächten gar nicht vertreten und scheinen wir Oesterreicher den Colonialbesitz für grossen Luxus zu halten, obwohl wir für die sogenannten Reisen
um die Welt und die interessanten Spazierfahrten zum Nordpole immer Geld
übrig haben. Möchten wir doch für die aufgewendeten Geldopfer lieber eine
bereits wohldurchforschte und zur Colonisation geeignete Insel oder einen
dazu passenden Landstrich in Afrika erwerben, um daselbst unser Proletariat
unterzubringen, mit Besitz zum versorgen und zu Nutzen und Frommen des
Vaterlandes dort neue Absatzgebiete für die Producte der heimischen Industrie
zu gewinnen. Mit dem Capitale, womit wir unseren Holub für seine neue
Afrikareise ausrüsten, lässt sich allerdings keine afrikanische Holubia, noch
eine andere Colonie für Oesterreich gewinnen.

vität und Capitalbildung auf Seite des Pächters zugibt. Es werden neue Formen für das in die gesammte Volkswirthschaft so tief einschneidende Pachtwesen gefunden werden müssen, um den Pächtern einen zur Verwirklichung der wirthschaftlichen Gerechtigkeit führenden Ausgang zu eröffnen aus der jetzigen, durch die Uebermacht des Capitals über die besitzlose Arbeit geschaffenen Zwangslage, wonach sie genöthigt sind, entweder in der Form der Pachtrenten den ganzen Reinertrag der Pachtwirthschaften den Grundeigenthümern herauszugeben, oder ihre Tagarbeiter zu werden. Dies wird dadurch geschehen, dass die gegen den Wucherzins bereits geltenden Gesetze auch gegen die Wucherpacht ausgedehnt werden. Mit demselben Rechte, mit dem man Zinsmaxima mit der Bestimmung eingeführt hat, dass der Darleiher sich die Verrechnung der Wucherzinsen als Capitalsabzahlung gefallen lassen müsse, werden durch ein socialstatistisches Beobachtungssystem gefundene Pachtschillings- und Miethzins-Maxima eingeführt und die sie übersteigenden und bezahlten Pachtschillings- und Miethzins-Beträge auf Abschlag der durch Capitalisirung des erhobenen Reinertrages bestimmten Kaufschillinge verrechnet und den Pächtern und Miethern diesen Abzahlungen entsprechende Eigenthumsantheile an den Pacht- und Mieth-Objecten zuerkannt werden.

γ⁴. Die zur Theilnahme an der Regierung und Gesetzgebung berufene besitzlose Arbeit wird ferner durch Votirung entsprechender Gesetze den Uebergang des im Stadtrayon befindlichen, zu Baustellen geeigneten Grund und Bodens vom Sondereigenthume in's Gemeindeeigenthum fördern, und zwar zum Zwecke der Errichtung von Wohnhäusern und Ueberlassung derselben an besitzlose, aber arbeitsame und sparsame Staatsbürger, wie Fabriksarbeiter, Lehrer, Priester, Aerzte, Literaten, Künstler, Privat- und Staatsbeamte, zum Sondereigenthume; und dies nur gegen die Verpflichtung zur Zahlung eines um mässige, etwa auf hundert Jahre berechnete Amortisationsquoten des Anlagecapitales gesteigerten Miethzinses.

· Auf diesem Wege wird den productivsten und bravsten Staatsbürgern, welche, in dem modernen Be-

sitzvertheilungsprocesse selbst zur Besitzlosigkeit verurtheilt, für die Bereicherung ihres Volkes mit materiellen und geistigen Gütern oft ihr Leben opfern, die
Möglichkeit geboten, im Wege allmählicher Tilgung des
Kaufschillings das Sondereigenthum an solchen Häusern
zu erwerben. Damit wird zugleich dem Baustellenwucher[1])
gesteuert, dem wirthschaftlichen Erfordernisse einer der individuellen Arbeit zusagenden günstigen Lage und Stabilität des
Geschäftslocals Rechnung getragen; damit wird auch das sonst
kaum erreichbare Ideal erreicht werden, das Volk allgemein mit solchen Wohnungen zu versorgen, welche
seinen geistigen und sittlichen Wohlfahrtszwecken entsprechen. Das geistige und sittliche Wohl des Menschen wird
bekanntlich von der Art und Weise seiner Behausung ebenso
beeinflusst, wie seine Seelenstimmung von dem Zustande seines
Körpers. In unseren zwei- bis fünfstöckigen, Dutzende von
Familien beherbergenden Miethcasernen ohne Luft und Licht und
Gärten, mit ihren Pianos und Pianinos, Flöten und Geigen die
Nerven erschütternd, mit ihrem Ofenrauch und Küchendunst die
Lungen lähmend, mit ihrer Feuchtigkeit unsere Gesundheit ver-
giftend, mit einer aus allen Fugen und Löchern andringenden und
die Anstrengung der reinlichsten Hausfrau verspottenden Unrein-
lichkeit, gibt es keine Ruhe, keine Zurückgezogenheit, keine Ver-
traulichkeit des Familienlebens, keine Freude an der Blume,
keinen Morgengruss der Lerche, keine Abendandacht der Nachti-
gall, keinen herzerhebenden Aufblick zum sternenbesäeten Fir-
mamente — keine glückliche Häuslichkeit. Es drängt uns hinaus,
und in Ermangelung einer besseren Zufluchtsstätte tauschen wir
die zwischen den vier Wänden unserer Wohnung unerträg-
liche Unruhe gegen das uns wenigstens in geschäftlicher Beziehung vielfache Anregung bietende geräuschvolle Club- und
Wirthshausleben aus. Die Folgen davon sind Lockerung der
Familienbande, Vernachlässigung der Kindererziehung und Ver-
härtung des Gemüths.

---

[1]) Im gleichen Sinne äussert sich Schäffle („Capitalismus und Socialismus" von Dr. Albert Schäffle, Tübingen, 1878, S. 389).

Diese Uebelstände würden zum grössten Theile beseitigt werden, wenn der von uns vorgeschlagene Weg zur Verallgemeinerung des Sondereigenthums an Haus und Garten betreten würde. Zu diesem Ende wird die zur Theilnahme an der Staatsgewalt gelangte besitzlose Arbeit ein Gesetz durchzusetzen haben, wonach die Städte das nicht verbaute Land in ihrer Umgebung bis auf eine ihrer Einwohnerzahl entsprechende Entfernung hin nach bestimmten zweckentsprechenden Expropriationsgrundsätzen mit Hilfe des Staatscredites einzulösen und nach einem gesetzlich zu regulirenden, hygiostatischen und ästhetischen Rücksichten Rechnung tragenden Cottages- oder Villen-Systeme zu verbauen, sowie gegen allmähliche, mindestens auf 100 Jahre vertheilte Amortisationszahlungen in's Sondereigenthum der Besitzlosen und ihrer Rechtsnachfolger zu verkaufen haben werden.

Durch diese in den Pacht- und Miethverhältnissen der besitzlosen Arbeit ermöglichte Besitzbildung wird zugleich das Princip der volkswirthschaftlichen Gerechtigkeit verwirklicht werden. Weil mit der zunehmenden Volksvermehrung die Bodenproducte und damit auch die Grundrente in steter Steigerung begriffen ist; weil ferner die Bevölkerungszunahme zum grossen Theile ein Verdienst der zahlreichen besitzlosen Volksclassen ist: so ist es nur gerecht und billig, dass mit jener Grundrentensteigerung auch Erleichterungen im Erwerbe des städtischen Grundeigenthums durch die besitzlose Arbeit Hand in Hand gehen.

δ^4. Die zur Theilnahme an der Regierung und Gesetzgebung berufene besitzlose Arbeit wird ferner das Anwachsen des Latifundienbesitzes über ein gewisses Maximum in einer Hand verhindern, und dort, wo dies Mass bereits überschritten ist, das Uebermass aus Staatsmitteln expropriiren, in Antheile von der Ausdehnung des Mittelbesitzes an bis zur Grösse des Grundbesitzmaximums zerschlagen und den grundbesitzlosen landwirthschaftlichen Arbeitern und ihren Rechtsnachfolgern gegen successive, mindestens auf 100 Jahre vertheilte Terminzahlungen zum

Sondereigenthume überlassen. Die Grossgrundbesitzer werden die gelösten Millionen, falls sie selbe nicht im ausländischen Grundbesitze werden anlegen können, zur intensiven Bewirthschaftung und Meliorirung des ihnen gebliebenen Grossgrundbesitzmaximums, zur Schöpfung localer Industrien und zur Betheiligung an fremden Industrie- und Handels-Unternehmungen verwenden, wodurch abermals Erwerbsmöglichkeiten und Gelegenheiten zur Capitalbildung für die nichtbesitzende Arbeit geschaffen werden. Der etwaige Nachtheil der die Anlage in ausländischen Latifundien bezweckenden Geldausfuhr wird reichlich aufgewogen werden durch den Vortheil der Parcellirung und Veräusserung des Grossgrundbesitzes zu Gunsten der grundbesitzlosen landwirthschaftlichen Arbeit, sowie durch den aus der Vermehrung des Mittelbesitzes und der Förderung seiner zweckmässigen Bebauung durch die darauf sesshafte ländliche Bevölkerung erzielten Gewinn.

Als ein vorzügliches Mittel zur Auflösung des Ueberschusses an Latifundienbesitz wird sich in der Hand eines weisen Gesetzgebers das Erbrecht bewähren. Das Gesetz braucht nur der natürlichen Vertheilung des Latifundienbesitzes an die Erben, solange sie das zuständige Existenzminimum nicht überschreitet, keine Hindernisse in den Weg zu legen, und es werden alle das zulässige Maximum übersteigenden Latifundien binnen einiger Generationen im Wege der Erbtheilung verschwinden.

Diese auf die Vermehrung des Mittelgrundbesitzes abzielenden Massregeln und nur in rohen Umrissen angedeuteten künftigen ökonomischen Verfassungsformen werden für Staaten und Völker von einer sehr heilsamen Wirkung sein. Denn die von den Naturgewalten allzusehr abhängige Bewirthschaftung des Grundbesitzes, sein den Landmann an die Scholle bindendes Wesen, die Gleichartigkeit der auf die landwirthschaftliche Production aufgewendeten Arbeit sind Quellen strenger Ordnung, fester Regelmässigkeit, dauernder Anhänglichkeit an das Bestehende, inniger Liebe zu dem Ererbten, tiefer Ehrfurcht vor der Obrigkeit, mit einem Worte des Conservatismus. Sie stehen im Gegensatze zu der leichten Beweglichkeit des mobilen Besitzes, zu seiner

Neuerungssucht, seinem Streben nach Abwechslung, seiner Neigung
zur Preisgebung des erprobten Guten gegen Neuerungen von
fragwürdigem Werthe, zu seiner Gleichgiltigkeit gegen die
Autorität: mit einem Worte zum Liberalismus. Nichtsdestoweniger hat auch der Werthbesitz im Leben der Volkswirthschaft
als das bewegende und reformirende Element seine besondere
hochwichtige Bedeutung, und ist es gegenüber der Forderung
einer allgemeinen und gleichmässigen Besitzvertheilung wegen
seiner masslosen Entwicklungsfähigkeit für die Zukunft der nichtbesitzenden Classen sogar wichtiger und bedeutungsvoller als
der Grundbesitz, welcher wegen seiner räumlichen Beschränkung
ein unbegrenztes Wachsen und eine allgemeine Betheiligung nicht
zulässt. Daher werden die zur Theilnahme an der Staatsgewalt
gelangten nichtbesitzenden Classen auch

ε⁴. für eine möglichst allgemeine und gleichmässige
Betheiligung der Nichtbesitzenden mit Mobilarbesitz
zu sorgen haben und zu diesem Zwecke die gesammte
Grossindustrie und den gesammten Grosshandel nach dem
Artel- oder Partnership-Princip organisiren[1]); d. h. alle

---

[1]) Dieses Princip hat sich, wie bekannt, am frühesten in Russland Geltung verschafft und ist auch bis heute in keinem Lande der Welt so in
Fleisch und Blut des Volkes übergegangen, wie eben dort. Es verdient daher
viel eher die Benennung des Artelprincips als des der Partnership. Nach
Wreden (S. 66 u. f. a. a. O.) kommt das Wort Artel in juristischen Denk-
mälern zum erstenmale in einem Vertrage vom 25. Jänner 1654 vor, worin sich
die Genossenschaften Artel (артель) nennen, einen Gründungsfond (заводныя
вкупныя денги) unterscheiden und die Unternehmungskosten (накладъ) unter
den Genossenschaftern zu gleichen Theilen umlegen. Nach und nach konnte
man zwei Hauptarten der Artel unterscheiden:

1) Indem die Genossenschafter (складчики, молодцы) ihre Capitaleinlagen
(складчины капитала) zur Verwendung einem von ihnen gewählten Genossen-
schaftsvorstande (мірскому воротилѣ) übergeben, welcher mit Hilfe von zwei
oder drei Aeltsten (лядей) für die ganze Artel (за всю артель или міръ)
Waaren einkauft und die Steuern entrichtet. Nach Verkauf der Producte
theilt die Artel den Gewinn im Verhältnisse zu den Einlagen, wobei die Leiter
und die Aeltesten den zweifachen oder dreifachen Antheil bekommen — oder

2) die Genossenschaften sind Arbeiter, welche (nach Art unserer Dienst-
männer) auf Grund freier Vereinbarung (по добровольному между собою условію)
behufs gemeinsamer, durch die Einzelkraft nicht zu bewältigender Dienst-
leistung (для отправленія служёбъ і работъ) zu einem Vereine (общества

bei den wirthschaftlichen Unternehmungen in Arbeit und Amt Angestellten werden zugleich mit den für ihre leitende Arbeit einen besonderen Gehalt beziehenden Unternehmern an dem Gewinne und Verluste der Unternehmungen im Verhältnisse zu ihren Lohn- und Gehaltbezügen betheiligt sein.[1]) Dabei ist die Aufrechthaltung des Unternehmerthums, welches im Kampfe um den Besitz als die angreifende Macht ebenso unentbehrlich ist wie das die Früchte des Kampfes sichernde Eigenthumsrecht, unbedingt in's Auge zu fassen, und es wird auch die Umwandlung bereits bestehender Unternehmen im Wege einer mittelst der Staatshilfe durchzuführenden Ablösung und dem neuen System entsprechender Neuconstituirung nachfolgen müssen. Die modernen Unternehmungen der Grossindustrie und des Grosshandels haben als fremdes Material zum Baue des künftigen socialen Körpers Verwendung zu finden, und die über die Bedeutung des römisch-rechtlichen Eigenthumsbegriffs sich täuschenden, über ihren Besitz deshalb eine volle Herrschaft im Sinne eines ab-

---

рабогпиковъ) zusammentreten. — Offenbar sind nur die ersteren den englischen Partnerships analoge Bildungen.

Wir haben die englischen Partnerships in ihrer Heimath im Jahre 1869 kennen gelernt und namentlich aus den glänzenden Erfolgen der Rochdaler Pionniere die Ueberzeugung geschöpft, dass das Artel- oder Partnership-Princip im Kampfe um den Besitz noch eine bedeutende Rolle spielen werde. Es scheint berufen zu sein, den Uebergang von den absehbaren künftigen ökonomischen Verfassungsreformen zu den unabsehbaren, im dunkeln Schosse der Zukunft verborgenen, vervollkommneten socialen Gebilden vorzubereiten. Man denke sich nur diese Zukunftsartele eines und desselben Productionszweiges durch das Band einer solidarischen Verpflichtung zur Hintanhaltung eines brudermörderischen Concurrenzkampfes vereint und die dadurch begründeten Rechtsverhältnisse durch öffentliches, solche Unionen mit Autonomie ausrüstendes Recht geregelt, und man wird ohne allzugrossen Aufwand von Abstraction von den jetzigen Gestaltungen sich eine ziemliche Vorstellung von der Tragweite der durch die Bethätigung dieses Princips veranlassten socialen Bewegung der Zukunft machen können. Doch es ist nicht die Aufgabe dieser Schrift, in so weite Zukunft hinauszublicken; wir wollen nach dem zunächst Erreichbaren forschen.

[1]) Geld ist dabei Nebensache, da die Capitalmacht vom Geldvorrathe unabhängig ist oder doch zum nur geringsten Theile auf demselben fusst; die Hauptsache ist die Möglichkeit, sich behufs Gründung und Ausdehnung des Unternehmens Credit zu verschaffen.

F. L. Chleborad, Der Kampf um den Besitz. 8

soluten Verfügungsrechtes sich anmassenden Privatunternehmer, die mit der Vindication ihres Eigenthumes jenen Zukunftsbau mit der Zerstörung bedrohen, werden mit der Verweisung auf Bestimmungen desselben römischen Rechtes abgewiesen werden, das sie zum Schutze ihrer Interessen anrufen, auf jene Bestimmungen, wonach das römische Recht selbst in dem Falle, dass das Material zu einem Bau entwendet wurde, den vollendeten Bau gegen den Eigenthümer schützt und nicht auf Herausgabe des Materiales, sondern nur auf Ersatz einer dessen Werth nicht übersteigenden Geldsumme erkennt. Abgesehen davon aber auch wird die den Neubau des socialen Körpers dereinst besorgende Gesellschaft auf ihrer Seite das öffentliche Recht finden, dessen Zweck es ja ist, die Erhaltung und Entwicklung der Gesellschaft zu sichern, also der Gesellschaft zu dienen, nicht aber umgekehrt, nach dem Satze: „Fiat justitia et pereat mundus", selbst auf die Gefahr des Unterganges der Gesellschaft hin sich als Selbstzweck geltend zu machen.

Da es also kein Recht ist, was den Fortbestand gegenwärtiger socialer Verhältnisse fordert, da vielmehr das unbeschränkte Sondereigenthumsrecht zu den nach dem wirthschaftlichen Faustrechte geleiteten Unternehmungen der Grossindustrie und des Grosshandels sowohl der Idee der Gesellschaft als auch dem Staatsinteresse in der That widerspricht: so ist die Staatsgewalt zu der im Vorstehenden geforderten Expropriation und Umwandlung der Grossindustrie in Artelbildungen und Partnership-Associationen unbedingt berechtigt. (S. Note 1 auf S. 113.)

ζ4. Zum Schutze der übrigen, sowohl vom ländlichen und städtischen Grundbesitze als auch vom Handwerke und Kleinhandel zur Productions- und Handelsarbeit aufgebotenen und von den verschiedenen kleinen und grossen Geldmächten zur blossen Bedienung und Unterhaltung unterhaltenen oder zu verschiedenen Berufsleistungen angestellten Arbeiter- und Beamtenclassen[1]), wird unter Beibehaltung des Princips des Pri-

---

[1]) Man spricht leider immer nur von der Arbeiterfrage und vergisst dabei auf die Beamten-, Lehrer- und Priesterfrage, welche doch denselben socialen Charakter hat und nicht weniger Berücksichtigung verdient als erstere.

vatvertrags die zügellose Freiheit des Lohnvertrags
eingeschränkt, derselbe unter strenge Controle der zur
Theilnahme an der Regierung und Gesetzgebung berufenen besitzlosen Arbeit gestellt und anstatt wie jetzt
mit einer blos formalen, mit einer auf dem Princip der
wirthschaftlichen Gerechtigkeit basirten materiellen
Freiheit ausgerüstet werden. Dass der Staat ein Recht
dazu habe, wird niemand im Ernste bestreiten wollen. Unser
öffentliches Recht ist Gott sei Dank noch nicht im römischen
Privatrechte aufgegangen, und wenn insbesondere im Lohnvertrage die absoluten Begriffe des römischen Privatrechtes heute
noch unbeschränkt walten, so folgt daraus noch gar nicht, dass
der Staat diese ausgelassene Freiheit im Interesse seiner zahlreichsten Bevölkerungsclasse nicht einschränken dürfte. Letzteres
ist im Gegentheil um so mehr der Fall, als nicht nur das moderne Privatrecht, welches den römischen Rechtssatz[1]), „dass
Privatverträge unter den Contrahenten wie Gesetze wirken“,
aufgenommen hat, sondern das römische Recht selbst zahlreiche
Ausnahmen davon statuirt und insbesondere Verträge, welche
gegen die guten Sitten verstossen oder einem gesetzlichen Verbote
zuwiderlaufen, für ungiltig erklärt. An diese Rechtsbildung anknüpfend, wird die zur Theilnahme an der Gesetzgebung gelangte
besitzlose Arbeit zum Schutze der besitzlosen Arbeitsclassen sich
dafür einzusetzen haben, dass unter ihrer verfassungsmässigen
Mitwirkung die den Lohnvertrag betreffenden gesetzlichen Bestimmungen revidirt und dem Grundsatze der Gleichmässigkeit
der Leistung und Gegenleistung entsprechend reformirt werden.
Insbesondere müssen alle dem Principe der wirthschaftlichen
Gerechtigkeit widerstreitenden pseudofreien Lohnverträge gerade
so wie die Rechtsgeschäfte, welche mit bevormundeten Personen,
wie Minderjährigen, Verschwendern, Geistesschwachen oder aus
sonstigen Gründen in ihrer Dispositionsfähigkeit Beschränkten
ohne Zustimmung der Vormundschaft abgeschlossen sind, nicht

---

[1]) „Pacta dant legem contrahentibus“ (les conventions légalement formées
tiennent lieu de loi à ceux qui les ont faites. Art. 1134 des Code civil).

8*

nur für ungiltig erklärt, sondern als gegen die guten Sitten und die sociale Ordnung widerstrebend geradezu verboten werden, wobei zur Hintanhaltung von Umgehungen dieses Verbotes den Besitzlosen, mögen sie Arbeiter im gewöhnlichen Sinne des Wortes oder Lehrer, Priester, Literaten, Künstler, Aerzte, Privat- und Staatsbeamte sein, das Recht eingeräumt werden muss, die in einem aus Noth, Leichtsinn oder Unkenntnis gegen jenes Verbotsgesetz eingegangenen Dienstverhältnisse zwischen dem wirklich erhaltenen und dem nach den Erfahrungen des social-statistischen Bureaus gesetzlich festzusetzenden beweglichen Minimallohne sich ergebende Differenz innerhalb einer gesetzlich zu bestimmenden Verjährungsfrist auf Grund eines von dem Arbeitgeber oder der politischen Behörde auszustellenden Ausweises über die Dauer des Dienstverhältnisses im Wege eines schleunigen, mit einer inzigen mündlichen Verhandlung zu erledigenden Executivprocesses einzutreiben.

Die fernere Aufgabe der zur Theilnahme an der Regierung und Gesetzgebung gelangten besitzlosen Arbeit wird sein,

β^3. die Besitzlosen mit Collectiveigenthum zur Förderung der als zweckmässig erkannten gemeinschaftlichen Arbeit zu versorgen.

Während wir im vorigen Abschnitte die Individualisirung des Besitzes durch Betheiligung der Nichtbesitzenden mit Sondereigenthum vor Augen hatten, wollen wir nun diejenigen Fälle betrachten, wo die Umwandlung des Sondereigenthumes in Collectiveigenthum zur gemeinschaftlichen Arbeit und gemeinschaftlichen Nutzung[1]) unter Einräumung des letzten Verfügungsrechtes über das den Einzelnen zustehende Mass derselben juristischen Personen von öffentlichem Charakter im Staatsinteresse geboten erscheint. Dies wird überall dort der Fall sein, wo der Einzelbesitz vermöge seines beschränkten Masses seine Bestimmung

---

[1]) Analogien dieser Eigenthumsverfassungsformen bietet das Alterthum in dem Gemeindelande (dem κοιτον der Griechen, dem ager publicus der Römer, der Almend der Germanen und der občina der Slaven), welches bei den Griechen der γένη, bei den Römern der gens, bei den Germanen der Sippe (später Sippschaft und Magschaft), bei den Slaven dem rod gehörte.

für das mit ihm ausgerüstete Individuum nicht erfüllt, und wo
die Vervielfältigung des Kleinbesitzes in der Volkswirthschaft
das Bild eines blossen Nebeneinanderliegens isolirter Armuths-
quellen darbietet und demnach dieser Einzelbesitz mit seiner Bestimmung in absolutem Widerspruch steht. Dieser Widerspruch
wird durch die Vereinigung einzelner Besitzkörper zu Gemeinbesitz seine Lösung finden und zwar nicht nur deshalb, weil
anstatt der negativen Resultate der vielen kleinen Wirthschaften
ebenso viele positive, wenn auch kleine Quoten des einzigen
grossen Gesammtertrages treten, sondern auch deshalb, weil der
Gemeinbesitz die Gemeinsamkeit des Interesses und diese wieder
die Vergesellschaftung der Arbeit erzeugt, durch welche — dank
der darin möglichen Kräftecombination — der Besitzbefruchtung
neue Quellen eröffnet werden.

α^4. Es sind dies vor allem jene Fälle, wo, wie z. B.
bei Heilquellen, klimatischen Curorten, Seebädern, Naphthaquellen
u. s. f., der Besitzer die im Staatsinteresse gelegene gehörige Ausnützung seines Besitzes entweder verabsäumt, oder durch beschränkte Ausbeutung monopolartiger Naturschätze die wün-
schenswerthe allgemeine Benützung derselben hindert, kurz wo
der Besitzer den Zugang zu den Naturkräften andern
verwehrt.

β^4. Dann sind es Fälle, wo, wie bei Waldbeständen[1]),
Salinen und Bergwerken[2]), der Besitz vermöge seiner Ausdehnung über das' Gemeinde-, Bezirks- oder das gesammte Nationalgebiet wegen seiner Unentbehrlichkeit

---

[1]) Auch Rau ist der Ansicht, dass „einzelne Objecte, wie die Forste,
durchaus im Staatseigenthum erhalten werden sollten". (Siehe „Lehrbuch der
politischen Oeckonomie" von Karl Heinrich Rau, bearbeitet von Adolf Wagner und Erwin Nasse, V. Finanzwissenschaft, Leipzig und Heidelberg,
1877, S. 358.)

[2]) Entgegengesetzter Ansicht ist Rau, welcher (S. 492 und 493 a. a. O.)
mit dem Satze: „Die Erbpacht könnte den Uebergang der Staatsbergwerke
in's Privateigenthum, namentlich die Bildung von Bergbaugenossenschaften der
Arbeiter selbst, anbahnen, wobei jedoch ein Theil des Betriebscapitals vom
Staate vorgeschossen werden müsste, wenigstens zu Anfang" — diesen Uebergang zu befürworten scheint.

für die Gesammtbevölkerung, sowie wegen der Er-
spriesslichkeit seines einheitlichen Betriebes eine Individualisirung nicht zulässt. Bei Salinen und Bergwerken springt diese Nothwendigkeit
wegen der uns heutzutage zahlreich zu Gebote stehenden Com-
municationsmittel weniger in die Augen als bei Wäldern, obwohl
auch bei den ersteren die Zeit kommen dürfte, wo die Fund-
gruben der schwarzen Diamanten zur Neige gehen und die
Menschheit im Interesse kommender Geschlechter die Bildung
neuer Continente herbeiwünschen wird. Dagegen geht uns das
Schicksal unserer Waldbestände schon heute sehr zu Herzen.
Nachdem wir gelernt haben, dass von ihnen zum grossen Theile
das Sein und Nichtsein unserer Industrie und unsers Wasser-
transportes, die Fruchtbarkeit unsers Landes und die Gesundheit unsers Klimas abhängt, sind wir geneigt, in diesem Punkte
ausnahmsweise der socialen Forderung eines Collectiveigenthums
williges Gehör zu schenken. Selbst eingefleischte Gegner jeder
socialen Reform finden es für recht und billig, dass das Sondereigenthum an der die Wasserleitung ihrer Vaterstadt speisenden
Quelle und an dem sie bergenden und erhaltenden Walde, sowie
an dem ihren Wohnort gegen Lawinen und Sandtreiben schützenden Bannwalde im Wege der Enteignung Collectiveigenthum
aller Gemeindeglieder werde. Es ist daher zu hoffen, dass das,
wofür sie heute nur ein unbestimmtes Gefühl der Billigkeit
haben, von ihnen mit der Zeit als eine nationalökonomische, auch
für zahlreiche andere Fälle des heutigen Sondereigenthums geltende Nothwendigkeit vertheidigt werden wird.

γ^4. Sodann sind es die Fälle, wo zur Verhinderung
des Aufgehens des Kleinbesitzes in dem Grossbesitze
Sondereigenthum in's Collectiveigenthum verwandelt
werden muss. So wird

1) an die Stelle des Sondergrundeigenthums mit Ein-
zelbewirthschaftung und Sondergenuss Collectiveigenthum mit Gesammtbewirthschaftung zur gemeinschaftlichen Nutzung derjenigen unbeweglichen Güter treten,
welche wegen ihrer Kleinheit oder aus anderen Gründen

sich zu Familiengütern nicht eignen.[1]) Damit wird man von der aus altrömischem Rechte[2]) entwickelten Form des Sondergrundeigenthums zum Systeme der altgermanischen Gemeinschaft des Grundbesitzes zurückkehren, wonach der gesammte Grundbesitz dem Volke als Ganzem gehörte, weil dieses das Land erobert und es dem Einzelnen nur zum Nutzgenusse überlassen hatte. Man wird dann auch auf das System der altslavischen[3]) und russi-

---

[1]) Diese Idee wurde bei dem Verfasser vorliegender Schrift angeregt, als derselbe aus Anlass eines von ihm in einem landwirthschaftlichen Vereine gehaltenen öffentlichen Vortrages durch einen anwesenden Oekonomieverwalter darauf aufmerksam gemacht wurde, dass in der benachbarten Gemeinde die drei schönsten Bauernhöfe wegen Ueberschuldung soeben zur Feilbietung gelangen und von niemand anderm als seiner Herrschaft gekauft würden. „Warum nicht von den Dorfinsassen?" fragte Verfasser. „Weil sie alle verschuldet sind", war die Antwort. — „Und die Herrschaft steht so gut?" „Die hat mehr Schulden als die Bauern zusammen!" lautete die Antwort. — „Wie gut wäre es für diese Gemeinde", dachte Verfasser da, „wenn alle ihre Bauernwirthschaften zu einem Grossgrundbesitze vereinigt wären. Diese Bauernherrschaft, weil weniger verschuldet als die jenes Grossgrundbesitzers und weil an Grundbesitz bedeutender als die seinige, würde eher in der Lage sein, die executiv feilgebotenen schönen drei Bauernhöfe zu erstehen und sie dem Mittelstande zu erhalten."

[2]) Nach altrömischem Rechte gebührt auf den gesammten Besitz der Familie das ausschliessliche Eigenthumsrecht dem pater familias; für ihn erwerben die Frau, die Haussöhne und die Sclaven.

[3]) Das Wesen der altslavischen Communion wird mit den Worten Palacky's treffend geschildert: „Das Haupt einer jeden Familie oder Communion ist der Vater und nach seinem Tode, so lange seine Nachkommen in Besitzgemeinschaft verbleiben, ein aus der Wahl aller hervorgehender vladyka oder starosta, welcher seine Familie in den Landtagen vertritt, während die übrigen Männer die Landwirthschaft betreiben." (Siehe „Dějiny národu Českého v Čechách a na Moravě", v Praze, 1848, I. 1. S. 190.) Diese Familienältesten zeichneten sich durch Kenntnisse und Erfahrung aus und besassen infolge dessen grosse Autorität. Ihnen oblag die Sorge für das Gemeinwohl und die Rechtspflege, und sie entschieden in den Landtagen („na vicich čili sněmich obecných") über die nationalen oder Stammesinteressen (S. 81 a. a. O.). Wenn der starosta, vladyka, zugleich den Gottesdienst versah, hiess er kněz (S. 191 a. a. O.), welches Wort offenbar mit dem Worte kníže (Kuning, König) seiner Wurzel nach zusammenhängt und bei den Böhmen in ihrer heidnischen Periode den starosta des ganzen Volkes, den Landesfürsten bezeichnete (S. 192 a. a. O.). Nach Jireček („Slovanské právo v Čechách a na Moravě", v Praze, 1863, S. 156) war der „vladyka" („ot, hospodář, starešina") blosser Verweser (správce) der altslavischen Communion

schen[1]) Communionen, der südslavischen zádruga (s. S. 124, Note 2)

(dědiny), welcher zu diesem Range unter ausschliesslicher Berücksichtigung der angeborenen Vorzüge und der Autorität im Wege der freien Wahl durch die Sippschaft (od rodu) erhoben wurde und dann zugleich den Gottesdienst versah. Ausser ihrem Wahlrechte und ihrer Rechtsgleichheit erfreuten sich die einzelnen Glieder der altslavischen Communion (im Gegensatze zu den Sippen und Magen der altgermanischen Waffengemeinde, welche die Alode nur zum Nutzgenusse hatten und das Eigenthumsrecht, wie v. Stein selbst zugibt, dagegen im 13. Jahrhunderte noch nicht kannten) schon zu Libuša's sagenhaften Zeiten des Sondereigenthums an den durch ihre Arbeit in der Communion producirten Früchten, welches sobstvo hiess. (Vgl. Jireček a. a. O.)

Eine der altslavischen Communion analoge ökonomische Verfassung finden wir im Nivernais'schen Gewohnheitsrechte, wonach der einer Gemeinde gehörige Grund und Boden unter einem gewählten maître de la communauté von allen Gemeindeangehörigen gemeinsam bebaut wird. (Siehe „Note sur l'analogie existant entre certaines coutumes Slaves et la coutume du Nivernais" in L. Leger's „Chants Heroiques et chansons populaires des Slaves de Bohéme", 1866, und Näheres hierüber in unserem System der Nationalökonomie („Soustava národního hospodářství." V. Prazc, 1869, S. 431 und 432).

¹) Ebensowenig wie nach den altgermanischen Besitzverfassungsformen in Deutschland gab es auch nach altrussischer Besitzordnung in Russland ein Privateigenthum an Grund und Boden. Als die Bevölkerung vom Nomadenleben zur Gründung fester Ansiedelungen überging, vereinigte sich je eine Anzahl Familien unter einem starosta und gründete eine Dorfgemeinde (sélo), deren Mitglieder das occupirte Land als Gemeindeland unter Reservirung eines Theiles der Grundstücke für die zukünftige Bevölkerungszunahme von dem starosta oder starik (dem Aeltesten) jährlich oder auf eine Reihe von Jahren zur gemeinschaftlichen Nutzniessung zugetheilt erhielten. Diese Antheile wurden entweder nach der Kopfzahl der männlichen Glieder oder nach den einzelnen Haushaltungen, Tjaglo (тягло) genannt, bestimmt. (Vgl. „Études sur les forces productives de la Russie" par M. L. De Tçgoborski, Paris, 1852, I, S. 330 und 331.)

Dieses so zugetheilte Gemeindeland verwalteten die Theilhaber unter der Leitung des gewählten starosta durch Beschlussfassung in der allgemeinen Volksversammlung, dem „mir" (ein Name, welcher dann auf die Commune selbst überging), nach gleichem Rechte. Mehrere Gemeinden pflegten sich in eine Realgemeinde zu vereinigen und standen dann unter einem die starosty an Rang überragenden staršina. Daraus entwickelte sich die Volksanschauung dass das gesammte Land ein der Totalität des russischen Volkes verliehenes Gemeingut sei, welches der starosta der Nation, seit dem 15. Jahrhundert Czar genannt, unter die einzelnen Gemeinden nach pflichtmässigem Ermessen, wofür er nur Gott, nicht aber dem Volke, seinen Kindern, verantwortlich sei, zur Nutzniessung vertheilte. (Vgl. „Die ländliche Verfassung Russlands" von

August Freiherrn von Haxthausen, Leipzig, 1866, S. 14, 15, 67 und 68.) Was die Volksstimme als Recht billigte, ward schon zu Rurik's Zeiten in der That geübt: das Land wurde von ihm und seinen Nachfolgern vielfach unter das fürstliche Gefolge, die družina, getheilt, wobei die Besitzverhältnisse der darauf befindlichen Bauern aufrecht erhalten blieben und nur das Nutzungsrecht derselben durch die ihnen auferlegte Verpflichtung zu gewissen Abgaben, welche wahrscheinlich ursprünglich in Naturalien (fructum repartitio), später auch in Geld und Arbeitsleistungen bestanden, eingeschränkt wurde (S. 39 a. a. O.). Dafür gab es mehrere Abstufungen der Bauern von den auf fremden Privatländereien angesiedelten und zu Geldabgaben und Frohndiensten verpflichteten, rücksichtlich der Besitzentsetzung mehr oder weniger der Willkür ihrer Privatherren fausgesetzten mužik bis zu den Kron- oder Reichsbauern, welche ein jährliches Pachtgeld (obrok), ausnahmsweise einen auf dem Kataster beruhenden Grundzins, oder, was namentlich von den aus dem Auslande zu verschiedenen Zeiten berufenen Colonisten gilt, einen Bruchtheil des Rohertrages (Halbpacht, colonia partiaria, collonia mezzaria métaire) zu entrichten hatten, sonst aber ein erbliches und ewiges Nutzniessungsrecht an den ihnen zugetheilten Grundstücken genossen. Unter den Privat- und Kronbauern gab es wieder eine Mittelstufe: die auf den kaiserlichen Familiengütern angesiedelten Apanage- oder Schlossbauern. Alle diese Bauern waren mit Ausnahme der zu Sclaven gemachten und in den Dörfern angesiedelten Kriegsgefangenen (deren Nachkommen übrigens nach und nach auch unter den freien Bauern durch Vermischung aufgegangen waren) freie Männer und hatten insbesondere volles Freizügigkeitsrecht neben activem und passivem Wahlrechte zu den Würden des starosta und des Dorfrichters (S. 20 und 56 a. a. O.).

Diese altrussische Grundbesitzverfassung bietet uns das Bild der altslavischen Communion mit ihren Lichtseiten, als: der Unentsetzbarkeit des Bauers vom Grund und Boden, seiner Gleichberechtigung in der Gemeinde, seiner individuellen Entwicklung, seiner zuchtvollen Unterordnung unter das Ganze, seiner Freizügigkeit nach allen Richtungen des weiten Russlands. Sie erhielt sich vom grauen Alterthume bis auf die Verordnung des Czar Boris Gudunov vom Jahre 1592. Erst durch diese ward der russische Bauer an den Grund und Boden, den er zur Zeit bewohnte, gefesselt (glebae adscriptus)· Erst damit wurde der Anfang zu der rasch darauf sich ausbildenden Leibeigenschaft gemacht. Mit Ausnahme der Kronbauern und der durch Verschenkung oder durch Ankauf eigenen Grund und Boden erwerbenden Einhöfner, insbesondere der in der Zone des černozem angesiedelten Grossrussen und der vom polnischen Adel abstammenden kleinrussischen Grundeigenthümer (adnodvorci) und mit Ausnahme der Colonisten und freien Ackerbauer (Tęgoborski, I, S. 316 und 317 a. a. O.), sowie der in den privilegirten Gouvernements Poltava und Tschernigov angesiedelten kleinrussischen Kosaken, der im taurischen Gouvernement lebenden tatarischen Grundeigenthümer, der sibirischen Kirgisen, und theilweise auch der Juden (siehe Haxthausen, S. 86 und 101 a. a. O.) theilte der mužik nach und nach das Schicksal der

Leibeigenschaft mit seinen westeuropäischen Nachbarn. Er wurde aus derselben erst durch den Ukas des Kaisers Nikolaus vom 2. April 1842 und durch das Manifest des Czarbefreiers vom 19. Februar 1861 erlöst. Durch das ihm kraft des ersteren eingeräumte Vertragsrecht wurde er wieder Rechtssubject, durch das ihm zufolge des letzteren zuerkannte Eigenthumsrecht wurde er freier Staatsbürger.

Die damit in Russland inaugurirte Grundeigenthumsverfassung überlässt zwar dem Gutsherrn das Eigenthumsrecht an allen ihm gehörigen Ländereien, verpflichtet ihn jedoch, das seinen Bauern zur Nutzniessung auf Zeit oder Widerruf überlassene Gehöftsareal (усадебная осѣдлость) nebst einer zur Sicherstellung ihrer Existenz und zur Erfüllung ihrer Verpflichtungen gegen die Krone in den Verordnungen festgesetzten Quantität Ackerlandes (надѣлъ) sammt Zugehör für bestimmte Gegenleistungen zur permanenten Nutzniessung zu überlassen. In diesem Zustande, der als ein vorübergehender bezeichnet wird, können die Bauern durch das ihnen eingeräumte Grundablösungsrecht von allen Grundleistungen befreit und aus zeitweilig verpflichteten (временно обязанныхъ) definitiv freie Grundbesitzer werden (крестьяне собственники). In diesem Uebergangsstadium blieb jedoch das Princip der altslavischen und altrussischen Communion insoferne aufrecht, als bestimmt wurde, dass das Gemeindeland gemäss der herkömmlichen Vertheilungsweise nach Individuen oder Haushaltungen, Tjaglo (тягло) genannt, unter die Gemeindemitglieder auf eine bestimmte Zeit und gegen ihre solidarische Verpflichtung (финансобая порука) für die Erfüllung der schuldigen Leistungen an die Gemeinde und den Staat zur blossen Nutzniessung verlost werden sollte. Kraft dieser Bestimmung hat jedes Gemeindemitglied die Möglichkeit, Grundbesitz zu erwerben, wobei allerdings derjenige, welcher die schuldige Leistung nicht entrichtet hat, bei der nächsten Theilung leer ausgeht. Doch ist diese Entsetzung vom Grundbesitze nicht eine Folge der Besitzverfassung, sondern nur die Folge der Steuerverpflichtung, welche auch in zahlreichen Fällen die Nutzniessungsberechtigten zur Verzichtleistung auf das ihnen zugeloste Grundstück (den надѣлъ) veranlasst (Начальный учебникъ политической экономіи составилъ Э. Вреденъ, С. Петербургъ, 1876, ст. 25).

Dieses Nutzniessungsrecht sollte in jenen Gemeinden, welche das verliehene Land ungetheilt besässen (allocation indivisée), durch Zweidrittelmajorität der stimmberechtigten Bauern zum Sondereigenthumsrechte werden, in den ersten 9 Jahren jedoch nur mit Einwilligung der Gutsherren, dann aber auch ohne solche, und bei dem im Einzelbesitze befindlichen Grund und Boden (allocation individuelle) sollte derselbe durch Abkauf sofort in's Sondereigenthum übergehen (Haxthausen, S. 228, 229, 350 und 351 a. a. O.; „L'empire des Tsars" par M. J. H. Schnitzler, Paris, 1866, III, S. 788 und 789).

Seit jener Zeit geht diese Sondereigenthumsbildung ungestört vor sich, indem sich die russische Landgemeinde, dank der weisen Gesetzgebung des Czarbefreiers und ihrer consequenten Ausbildung und Vervollkommnung durch seinen erlauchten Nachfolger Alexander III., einer derartigen Freiheit erfreut, dass sie im vollen Masse das ihr von einem Fachgelehrten ersten Ranges gespendete Lob verdient. L. v. Stein sagt von ihr (in seinem Lehrbuche der Finanzwissenschaft, Leipzig, 1878, I, S. 180), „sie besitze die grösste wirthschaftliche und administrative Autonomie, in einigen Verhältnissen vielleicht die grösste in Europa, und sie erscheine rücksichtlich ihres Selbstbesteuerungs- und Selbstverwaltungsrechtes als Staat im Staate". Erwägt man noch, dass die jetzige russische Gemeinde nach E. Wreden (S. 25 a. a. O.) nicht nur diese staatlicherseits übertragene finanzielle Function der Steuererhebung, sondern zum grossen Theile auch die der Steuervertheilung und der solidarischen Haftung (Финансовая порука) aller Gemeindemitglieder für die der Gemeinde auferlegten directen Steuern ausübt, so muss man zugestehen, dass die russische Gemeinde das vollendetste communale Finanzwesen in Europa bildet. Es fehlen ihr auch nicht die drei ersten Bedingungen einer weiteren gedeihlichen Entwicklung: die Decentralisation, die Gleichberechtigung und die gleichmässigste Besitzvertheilung — Errungenschaften, womit die russische Nation diejenige feste materielle Grundlage der Volkswirthschaft erlangt hat, welche sich die besitzlose Arbeit in den übrigen Culturstaaten der Gegenwart erst auf dem langsamen Wege der aus der Freiheit mühsam sich emporarbeitenden Cultur, der sich aus der letzteren entwickelnden Individualität und des durch diese wieder vermittelten Verkehrsaufschwungs erkämpfen muss. Trotzdem können wir nicht jeden Zweifel unterdrücken, ob jene durch das erwähnte grosse Gesetzgebungswerk zum Zwecke des national-ökonomischen Fortschrittes eingeführten Reformen, insoweit sie zugleich die gänzliche Verdrängung des Jahrtausende hindurch in Geltung gewesenen Princips der altslavischen Communion durch das Princip des römisch-rechtlichen Sondereigenthums ermöglichen, auch die den edlen Absichten der Gesetzgeber entsprechenden Früchte tragen werden, und ob es für das russische Volk nicht erspriesslicher gewesen wäre, so lange der Culturgrad seiner unteren Classen nicht durch einen hundertjährigen Gebrauch der neuerlangten politischen Freiheit und durch die Verallgemeinerung und Vervollkommnung der Volksbildung gehoben sein würde, ihm die auf der altslavischen Communion beruhende Besitzverfassung zu belassen. Jedenfalls hatte es in dieser Richtung weder an berücksichtigungswerthen Symptomen, noch an Lehren der Geschichte gefehlt. In erster Beziehung war die Thatsache zu berücksichtigen, dass deutsche Colonisten im Gouvernement Saratov, obwohl ihnen von der Regierung die Vererbung der Grundstücke nach deutscher Art statutarisch vorgeschrieben war, so lange sollicitirten, bis man ihnen gestattete, das Princip der gleichen Theilung nach der in den russischen Communionen üblichen Art in ihren Gemeinden einzuführen. (Siehe Tęgoborski a. a. O. I, S. 332 und 333.) In zweiter Beziehung ist es gewiss, dass die absolute Freiheit des Grundeigenthums im Westen Europas das ländliche Proletariat, die Latifundienwirthschaft und das Aufkommen communistischer Ideen erzeugt hatte, während die Dorfgemeinde russischer Kronbauern bei einem bedeutenden Masse individueller Freiheit sich zugleich durch gänzlichen Mangel des Proletariats und der Grundbesitzcentralisation kennzeichnete und gegen die communistischen Ideen einen natürlichen Wall bildete. Ferner ist es ungewiss.

und der Dorfgemeinschaft (village community) der Hindus[1] zurück-
greifen, wonach der einer bestimmten Gruppe oder Communion von
Blutsverwandten und unter sie aufgenommener Fremden gehörige
Grundbesitz sammt fundus instructus allen ihren Mitgliedern zur
gemeinschaftlichen gleichberechtigten Nutzung und Verwaltung
unter einem freigewählten Oberhaupte gehört. Diese uralten,
den Pauperismus geradezu ausschliessenden ökonomischen Verfassungsformen wird man den neuen Verhältnissen anzupassen
und auf der so gewonnenen Grundlage weiter zu bauen haben.[2]
Es wird damit eine rückläufige Geschichtsbildung stattfinden.

ob das russische Volk Kraft genug haben werde, die absolute Freiheit seines
Grundeigenthums vor ihren westeuropäischen Schattenseiten zu bewahren.

Es muss demnach die Hauptaufgabe der jetzigen Staatsmänner Russlands sein, für die Ausbreitung und Hebung der Volksbildung die besten
Kräfte des Staates aufzuwenden, damit das Volk bei der Neubildung seiner
ökonomischen Verfassungsformen den goldenen Mittelweg zu finden wisse
zwischen der Besitzbildung zum Sondereigenthum behufs Förderung der
zweckmässigen individuellen Arbeit und der Besitzansammlung zum Collectiveigenthum behufs Förderung der zweckmässigen gemeinschaftlichen Arbeit.

[1] So ist bei den zum Dravidastamme gehörenden, von Bhagalpur an
der Ganga bis an das Land der Gondas wohnenden Kolb (Uraon- und Radsch-
mahal-Kolh) und den südlich von der Mahanadi in Ravapur und Tschandra-
Dandpat wohnenden Kus (Khund, Khond, Kandh) das zu einem Dorfe gehörende
Ackerland ein unveräusserliches Besitzthum Aller und wird dasselbe nach einer
patriarchalischen Verfassung von einem Dorfältesten verwaltet. („Allgemeine
Ethnographie" von Friedrich Müller, Wien, 1879, S. 470 und 471.) Vgl.
auch Sir H. S. Maine: „Ancient law", p. 260, ferner Roesler's „Vorlesungen
über Volkswirthschaft", Erlangen, 1873, S. 82, dann Dr. Albert Schäffle,
„Capitalismus und Socialismus", Tübingen, 1873, S. 33. Schäffle ist der
Ansicht, dass dem Sondereigenthume der Familie überall Gütergemeinschaft
der Horde oder der weiteren Familie voranging.

[2] Wir wollen nicht mit Dr. Lorenz v. Stein darüber rechten, ob
eine bessere Zukunft in Ordnungen liege, welche die „Croaten" nach seiner
Ansicht „bei sich selber nicht zu erhalten gewusst haben". Doch können wir
bei aller Hochschätzung Stein's nicht mit Stillschweigen die unserer Ueberzeugung nach mit unzweifelhaften geschichtlichen Thatsachen im Widerspruche
stehenden Behauptungen übergehen, „dass die Südslaven kein von dem Einzelbesitz geschiedenes Almend kennen, dass die einzelnen Glieder einer Hauscommunion nie selbstständige Männer werden, sondern ewig abhängige Söhne
des Pater familias bleiben, der über sie, ihre Arbeit und ihren Erwerb wie
der Vater über den unmündigen Sohn verfüge; dass sie ganz unfähig seien,
neben der Sippschaft, deren höchst beschränktes Bild sie geben, und die mit

Das Sondereigenthum hat sich seinerzeit gebildet, indem das eroberte Feindesland von der Sippe unabhängig gemacht und in

---

dem Grundbesitze ihr Ende erreiche, auch noch andere freie Männer in ihre Gemeinschaft aufzunehmen; dass sie unvermögend seien, neben ihrer Sippschaft eine Magschaft zu haben; dass sie vollständig ausser Stande seien, sich zum Begriffe und zur organischen Rechtsidee einer Gemeinde im germanischen Sinne des Wortes zu erheben, innerhalb deren das freie Wort jedes einzelnen Mannes so viel gilt als das des anderen; dass sie damit der einzig wahren Quelle aller selbstständigen und freien Entwicklung entbehren, die doch immer zuletzt auf dem Bewusstsein und der Thatkraft des in Noth und Glück sich selber genügenden starken Mannes ruhe, und damit auch der Fähigkeit, die freie Meinung und die selbstthätige Entwicklung der Individualität in geistigen und wirthschaftlichen Gütern in sich aufzunehmen und zu verarbeiten; dass sie aus allen diesen Gründen unfähig seien, den Begriff und das Recht des Einzeleigenthums bei sich zu entwickeln und daher ebenso vollständig aller ethischen und wirthschaftlichen Folgen, welche aus diesem Eigenthum entspringen, entbehren; dass sie deshalb auch nirgends die Idee einer germanischen Vertretung mit der zuchtvollen Unterordnung unter die Andern und das Princip der freien sich selbst verwaltenden Gemeinschaft besitzen". („Die drei Fragen des Grundbesitzes und seiner Zukunft", von Dr. Lorenz v. Stein, Stuttgart, 1881, S. 127 und 128.) Ohne diese Anführungen, insoweit sie die germanische Besitzverfassung betreffen, im geringsten anfechten zu wollen, werden wir doch den Beweis erbringen, dass sie, insoweit sie die Südslaven berühren, unrichtig sind, was bei der bekannten, grosse Fragen mit gründlichstem Wissen behandelnden Weise des ausgezeichneten Autors offenbar nur darauf zurückzuführen ist, dass demselben unverlässliche Rechtsquellen vorgelegen sind.

Nach den unten angeführten unanfechtbaren Quellen bedeutet die südslavische zádruga dasselbe wie der altslavische rod oder die altgermanische Sippschaft und Magschaft, nämlich die Gemeinschaft mehrerer Familien, welche unter einem Oberhaupte (starješina, in der altslavischen Gemeinde vládyka genannt) leben, und gerade so wie die altgermanische Geschlechtergemeinde und die später aus ihr hervorgewachsene Waffengemeinde ihre Almend hatte, mit einem allen Gemeindegliedern zur gemeinschaftlichen Nutzung gehörigen Gemeindebesitz (im altslavischen obćina, obec, genannt) versehen sind und gerade so, wie die altgermanischen Gesippten und Magen neben der Almend einen unter die einzelnen waffenfähigen Gemeindeglieder in der Form von Aloden zum Sonderbesitz aufgetheilten Gemeindebesitz hatten, einen den einzelnen Familien zugetheilten Grundbesitz stežer (bei den alten Slaven dědina genannt) zum Gesammteigenthume der ganzen Communion und zur Nutzniessung und zum Sondereigenthumserwerbe an dessen Producten für alle der Communion angehörigen Männer nach gleichem Rechte besitzen, wobei es keinen Unterschied macht, ob letztere von dem ursprünglichen Besitzer herstammen, in die Communion eingeheirathet hatten, oder auf eine andere Art als Hausgenossen — nur nicht als blosse Dienstboten — in dieselbe

Nachahmung des in der Fremde gesehenen Beispieles aus dem Alod und der Almend befreit und zu Sondereigenthum gestempelt

aufgenommen wurden. (§. 22 des Grundgesetzes für die croatisch-slavonische und banatisch-serbische Militärgrenze vom 7. Mai 1850, Nr. 243 des Reichsgesetz- und Regierungsblattes für das Kaiserthum Oesterreich, Slovanské právo v Čechách a na Moravě von Dr. Hermenegild Jireček, Prag, 1864, II, S. 184 und 185.) Daraus folgt, dass die südslavische zádruga gerade so wie die altslavische Communion nicht wie die altgermanische Sippschaft eine blosse Geschlechtergemeinschaft, d. h. eine Gemeinschaft blosser Blutsverwandten ist, sondern dass in dieselbe (gerade so wie in die altgermanische aus der Sippschaft entstandene Waffengemeinde im Falle der im Feldzuge stattgefundenen Decimirung der Gesippten) auch Nichtgesippte (Magen), d. h. mit der Sippschaft nicht blutsverwandte Waffenmänner, aufgenommen werden, und weiters ist daraus zu ersehen, dass der diesen Communionen zugetheilte Grundbesitz nicht wie das germanische Alod nur ein usus fructus, sondern ein volles Grundeigenthum gewesen ist. Jeden darüber etwa noch bestehenden Zweifel zerstreuen vollends die Resultate der gewissenhaften historischen Forschung des Historiographen Palacký, wonach bei den Böhmen und Serben geradeso wie in Deutschland und England zu der ältesten (heidnischen) Zeit dieser Völker der ganze Grundbesitz in die statky obecní, obec, občiny (die Mark Folcland) und in die dědiny (patrimonium, das Eigen) eingetheilt wurde. (Siehe §§. 43 und 44 des Gesetzbuches des Czaren Stefan Dušan vom Jahre 1349 in Palacký's „Dějiny národu Českého v Čechách a v Moravě“, Prag, 1854, I. 2. S. 299, 329, 331 und 332.)

Die einzelnen Theile waren theilbar, veräusserlich und vererblich, und ihrer grösseren oder geringeren Ausdehnung nach wurde dem starosta der Titel eines zeman oder lech (davon š-lech-ta, der Adel) verliehen (Palacky a. a. O. S. 191). Dasselbe galt in Serbien, wo die dědina „baština“ genannt wurde. Nun bilden die Serben mit den Croaten einen Zweig der ostslavischen Familie, welcher das Königreich Serbien, die Provinzen Bosnien und Herzegovina, das Königreich Dalmatien, das Littorale und die ehemalige österreichische Militärgrenze, sowie das Fürstenthum Montenegro bewohnt, und eine und dieselbe Sprache, die serbische, gemein hat, von welcher das Croatische nur ein Dialect ist. (Vergleiche „Allgemeine Ethnographie“ von Friedrich Müller, Wien, 1879, S. 542.) Daraus folgt, dass das von Palacký über die serbischen Communen Gesagte auch von der südslavischen Communion (zádruga) gilt und umgekehrt. Was nun die Stellung des starosta oder vládyka, des Hauptes der altslavischen, und des starješina, des Hauptes der südslavischen Communion, betrifft, so ist sie eine von der des Pater familias des altrömischen Rechtes gründlich verschiedene. Sie wird durch das obangeführte Grundgesetz, welches die zur Zeit seiner Kundmachung bestehenden Rechtssätze und Gewohnheiten zumeist recipirt hatte, dahin bestimmt, dass er behufs Aufrechthaltung der Ruhe, Ordnung, Eintracht, Religiosität und Sittlichkeit unter der Familie und zum Zwecke der Vermögensverwaltung derselben durch ihre freie Wahl zu dieser Würde berufen erscheine (§. 33

wurde, insbesondere durch wirthschaftliche, auf Erträgnisse in ferner Zukunft berechnete Betriebsanlagen; abermals wird es

des oben citirten Grundgesetzes), dass die Hausgenossen von ihm über die Gebahrung mit dem gemeinsamen Vermögen Rechenschaft verlangen und einem aus ihrer Mitte erwählten Hausgenossen die Mitsperre der Vorräthe und der Casse übertragen können (§. 35 a. a. O.); dass bei Kauf, Verkauf und bei Verpachtung, bei Verpfändung und Belastung (welche übrigens nach §. 16 a. a. O. nur dann statthaft sind, wenn keine andere Hilfe beschafft werden kann, und wenn der Unterhalt der Familie durch Erwerbung einer andern Ansässigkeit oder Aufnahme in ein anderes Grenzhaus gesichert ist), so wie bei jedem anderen wichtigen Geschäfte, welches die ganze Familie oder das Familienvermögen derselben betrifft, der Hausvater die geschehene Einvernehmung jedes Familiengliedes, welches das 18. Lebensjahr zurückgelegt hat, und die Zustimmung der Mehrheit derselben zu dem beabsichtigten Geschäfte nachweisen müsse, und dass über Einwendung einzelner Familienglieder der Gemeindeausschuss mit Vorbehalt weiterer Berufung zu entscheiden habe (§. 36 a. a. O.); dass ferner die einzelnen Communionglieder nach Erfüllung ihrer häuslichen Obliegenheiten mit Bewilligung des Hausvaters ausser dem Hause auf Arbeit gehen dürfen (§. 37 a. a. O.), und dass alles bewegliche Vermögen, welches einzelne Hausgenossen für sich rechtlich erwerben, ihr besonderes Eigenthum (osobina, osobština) sei. (Vgl. Jireček a. a. O.) Dass diese Bestimmungen des positiven Rechts der vor der Kundmachung des citirten Gesetzes bestandenen Rechtsübung entsprechen, beweist das von Palacký (S. 190 a. a. O.) angeführte Citat aus Wuka Stefanović (rječník u Beču 1818, S. 792), demzufolge der starješina nach dem damals in der Herzegovina in Geltung gewesenen Gewohnheitsrechte die Administration der Communion zu leiten, die Communioncasse zu verwahren, das gemeinschaftliche Gebet zu beginnen und zu schliessen hatte, wogegen den Communionmitgliedern das Recht zustand, denselben bei entdeckter Misswirthschaft seines Amtes zu entheben und an seine Stelle durch freie Wahl einen andern zu setzen.

Wir finden also in den slavischen Communionen sowohl im Alterthume, als auch in der Gegenwart eine vollständige Harmonie zwischen Sonder- und Gemeinbesitz, Nutzniessung und Eigenthum, der Freiheit des Einzelnen und der durch die Sitte erzwungenen zuchtvollen Unterordnung aller unter die gemeinsame, aus freier Wahl hervorgehende Vertretung, selbstthätige Entwicklung der Individualität und die freie, nach Verfassungsrecht sich selbst verwaltende Gemeinschaft. Ob solche ökonomischen Verfassungsformen dazu berufen seien, in der Geschichte des Kampfes um den Besitz ehrenvoll verzeichnet zu werden oder nicht, das überlassen wir getrost der Entscheidung des Lesers. Wenn auch die Ansicht Palacký's nicht getheilt werden sollte, so muss doch auf Grund der vorgeführten Quellen zugegeben werden, dass in Betreff der südslavischen Communionen das gerade Gegentheil von den obcitirten Behauptungen L. v. Stein's gilt. Dies ist nur

nun, wenn dereinst die von uns als nothwendig nachgewiesene Agrar-Reform zur Thatsache werden wird, zur Almend zurückkehrend, Gemeindeland werden, nicht aber neuerdings als ein dem Besitzwechsel unterliegendes, die Sippe vom Wohlstande ausschliessendes Alod, sondern als eine die Unveräusserlichkeit und Ausschliesslichkeit des Besitzes der ganzen Communion wahrende und durch den auf der Vereinigung der Betriebscapitalien Aller beruhenden Grossbetrieb den Wohlstand Aller fördernde Eigenthumsgemeinschaft. Damit wird zugleich die Frage der Erbfolge bezüglich der Bauerngüter und des Kleingrundbesitzes überhaupt gelöst werden.

2) Ebenso wird an die Stelle des in einer viel schlimmeren Lage sich befindlichen gewerblichen Kleinbesitzes mit Einzelbetrieb und Sondergenuss Collectiveigenthum mit Grossbetrieb und gemeinschaftlicher Nutzung treten. In dieser Beziehung sind schon einige embryonale Bildungen vorhanden. Die Gemeinden haben bereits ihre Gasanstalten, Wasserleitungen und Schlachthäuser; warum sollen sie nicht auch Wärme-, Dampf- und elektromagnetische Kräfte producirende Industrieanlagen schaffen und sie Innungen mitteloser Handwerker behufs Gewinnung billiger, ihnen sonst unerreichbarer Motore gegen amortisationsweise Abzahlung des Kaufschillings zum gemeinschaftlichen Eigenthume überlassen? Die Gemeinden haben bereits ihre Markthallen, Omnibus-, Tramway-, Versicherungs- und Sparcassen-Unternehmungen errichtet: warum sollten sie nicht auch Centralhallen für sämmtliche Kleinhändler errichten und sie ihnen gegen Annuitätenrückzahlung des Kaufschillings zum gemeinschaftlichen Eigenthume überlassen, damit auch diese Händler der Vortheile des Waareneinkaufes im Grossen und aus erster Hand theilhaftig würden?

---

im Interesse der Wissenschaft zu bedauern, welche bei richtiger Würdigung der den slavischen Völkern thatsächlich und geschichtlich eigenthümlichen Besitzverfassungsformen durch diesen politischen Oekonomen ersten Ranges gewiss um fruchtbarere Schlussfolgerungen bereichert worden wäre, als es unseren im Vergleiche zu den seinigen nur schwachen Kräften möglich gewesen ist.

δ⁴) Endlich wird es Fälle geben, wo das Collectiveigenthum an die Stelle des Sondereigenthums mittelst der Umwandlung des Privateigenthums in Staatseigenthum aus Rücksicht auf den volkswirthschaftlichen Fortschritt innerhalb eines grösseren Staatsgebietes oder des ganzen Staates gesetzt werden wird. Dies wird sich nämlich dann als nothwendig erweisen, wenn der volkswirthschaftliche Fortschritt es nöthig macht, dass die Verwaltung gewisser Eigenthumsobjecte durch die gemeinschaftliche Arbeit der ganzen Nation oder wenigstens eines grösseren Bruchtheiles derselben erfolge, dies sich aber ohne Enteignung der jeweiligen Besitzer durch den Staat nicht ermöglichen lässt. Dabei wird jedoch stets das Vorhandensein einer absoluten Nothwendigkeit für diese Umwandlung des Privateigenthums in's Staatseigenthum und der individuellen Wirthschaft in die Gemeinwirthschaft die unüberschreitbare Grenze bilden. Denn auch unter der Herrschaft künftiger, dem Principe der wirthschaftlichen Gerechtigkeit entsprechender ökonomischer Verfassungsformen wird der staatliche Betrieb gewerblicher Unternehmungen die Ausnahme, ihr Privatbetrieb dagegen die Regel zu bilden haben, widrigenfalls der Staat, um die seiner unwürdige Rolle eines Privatunternehmers zu spielen, die ihm obliegende hohe sittliche Aufgabe vernachlässigen würde: die Aufgabe der Sicherung jener absoluten Bedingungen, ohne welche seine Bevölkerung die gesellschaftlichen, ausserhalb ihrer individuellen Kraft liegenden Voraussetzungen der Capitalbildung sich nicht verschaffen kann. Das privatwirthschaftliche Unternehmen kann sein Anlagecapital nur durch seine Erträgnisse reproduciren, wogegen die Staatswirthschaft ihr aus den Steuercassen entnommenes Anlagecapital weit zweckmässiger durch ihre oben gekennzeichnete, den Aufschwung der Volkswirthschaft und damit auch die Steigerung der Steuerkraft fördernde Verwaltungsthätigkeit verwerthet, weshalb die Capitalbildung Sache der Privatwirthschaft und die Förderung der Steuerkraft Aufgabe der Staatswirthschaft bleiben muss und in einem gesunden Staatswesen auch bleiben wird. Wenn die Staaten dennoch in der Gegenwart gewerbliche Unternehmungen betreiben, so geschieht

es nicht zum Zwecke der Capitalbildung, sondern aus anderen,
öffentlichen Rücksichten, wie z. B. für die Sicherheit des
Staates oder für das Aufblühen der einheimischen Kunstindustrie,
indem der Staat in erster Beziehung wegen der Nothwendigkeit der Gebeimhaltung von Landesvertheidigungsmassregeln
die Erzeugung von Waffen, Munition und Sprengmitteln, die
Anlage der Befestigungsarbeiten u. s. w. der Privatindustrie
nicht anvertrauen darf, und in zweiter Beziehung in seinen
Musteranstalten, wie z. B. für die Glasmalerei und Porzellan-
fabrikation, Versuchsarbeiten unternehmen muss, deren Kosten
das auf die sofortige Rentabilität angewiesene Privatcapital nicht
riskiren kann. Solche öffentliche Rücksichten sind auch die für
die Regelmässigkeit und Sicherheit des Betriebes und für die
durch seine Verstaatlichung herbeizuführende gleichmässigere Besitzvertheilung, so dass der Staat in denjenigen Fällen, in welchen
die gemeinschaftliche Arbeit der Gemeinden, Bezirke, Kronländer
oder des Gesammtstaates diese Interessen besser, als die Concurrenz der individuellen Leistungen von Privatunternehmungen,
zu wahren vermag, zur Ermöglichung der ersteren gewerbliche
Unternehmungen neu gründen oder die schon bestehenden im
Wege der Enteignung in Staatseigenthum verwandeln wird. So
wird der Staat expropriirte Verkehrsanlagen, welche, wie die
einen bestimmten Bezirk durchlaufende Localbahn, mit seinem
übrigen Communicationssystem nicht zusammenhängen, dem bestimmten Bezirke als dessen Sondereigenthum, die mehrere Bezirke durchlaufende Bahn diesen zum Collectiveigenthume und
die über ein ganzes Kronland ausgedehnte Bahn diesem Kron-
lande in's Eigenthum und zur Selbstverwaltung überlassen, dagegen
eine das ganze Staatsgebiet durchlaufende Bahn im Staatseigen-
thume und im Staatsbetriebe behalten. Solche Schöpfungen besitzen wir bereits in dem Post-, Telegraphen-, Münz- und Papier-
geld-Regale. Es ist aber gewiss, dass die Zukunft noch andere,
zahlreichere und vollkommenere in ihrem Schosse birgt, welche wir
in Vorurtheilen zu Gunsten der gegenwärtigen ökonomischen
Verfassungsformen Befangenen kaum zu ahnen vermögen. So
dürfte schon die nächste Generation

1) die Verstaatlichung der sämmtlichen Verkehrs-
wege, sowie der gesammten Transportleistungen auf denselben in einem den oben angedeuteten Rücksichten der
Selbstverwaltung Rechnung tragenden Masse erleben,
mögen diese Unternehmungen nun dem Transport von Personen
und Gütern oder nur der Beförderung von Nachrichten dienen.
Die Umwandlung des Privateigenthums in's Staatseigenthum wird,
wie es ein preussisches, später jedoch wieder aufgehobenes Eisen-
bahngesetz[1]) bezweckte, durch Amortisation der Anlagecapitalien
ermöglicht werden, sowie der Fortbetrieb gegen Einhebung von
Tarifsätzen, die, auf keinerlei Gewinn berechnet, lediglich den
Regiekosten entsprechen werden.

Auch mit anderen Communicationswegen wird dies der Fall
sein, wie nicht minder mit den Gestaltungen des Verkehrs auf
denselben, also mit dem Personenfahrpost-, Packetpost- und Dampf-
schiffahrts-Betriebe, mit dem Fluss- und Seetransporte, dem Tele-
graphen-, Telephon- und Rohrpost-Betriebe. Selbstredend werden
die diesbezüglichen Massnahmen zur Aufhebung der zahlreichen
Monopole der privaten Verkehrsvermittlung führen, welche die
Besitzcentralisation heute in so ausserordentlichem Grade fördern.
Ebenso werden sie die Beseitigung der Mauthschranken[2]), dieser

---

[1]) „Cursus der National- und Socialökonomie" von E. Dühring, Berlin,
1873, S. 330.

[2]) Als in einer stürmischen Januarnacht einmal der Schlitten des Autors
dieser Untersuchung vor einem geschlossenen, unbeleuchteten Mauthschranken
zum Halten gezwungen war und Verfasser, von einem Schneesturm umbraust,
geduldig warten musste, bis es dem Mauthner beliebte, nach Pelz und Mütze zu
suchen, die Laterne anzuzünden. aufzumachen, das Geld in Empfang zu nehmen,
Kleingeld zu holen, herauszugeben, den Schranken aufzumachen und den durch-
frorenen Passagier endlich passiren zu lassen, da kam letzterem der Gedanke,
was wohl Čičikov's Selifan dazu gesagt haben würde, wenn ähnliches seinem
Herrn passirt wäre! Er würde es gewiss nicht unterlassen haben, seiner Ver-
wunderung über diese geniale Erfindung der modernen Steuerpolitik den „lieben"
eingespannten drei Reisegenossen gegenüber nach seiner Art Ausdruck zu
geben, ungefähr so: „Nicht wahr, meine Lieben, das ist doch recht drollig !
Anstatt die Wegesteuersumme auf die Steuerträger zu repartiren und die
Repartitionsbeiträge mit den übrigen Steuern einmal im Jahre durch einen
einzigen Bezirkssteuereinnehmer in seinem warmen Bureau in Empfang nehmen
zu lassen, stellen sie 100 Mauthner an, damit sie dieselbe Summe in unzähligen

Parodien auf den gesunden Menschenverstand, zur Folge haben und es mit sich bringen, dass die Enteignungs-, Anlage- und Erhaltungskosten der zu verstaatlichenden Objecte auf sämmtliche Steuerzahler umgelegt werden¹), da die hauptsächlichsten der an die Staatsregie geknüpften Vortheile — die Weckung der Productivkräfte und die Hebung der Steuerkraft — ja allen Steuerträgern zugute kommen. Es wird dadurch eine ungeheure Menge der beweglichsten und der Besitzcentralisation am leichtesten zugänglichen Besitzeffecten vom Geldmarkte verschwinden. Heere der auf Sinecuren sitzenden Verwaltungsräthe sammt ihren Eisenbahnkönigen, Generaldirectoren, Generalsecretären, Generalpächtern und Afterpächtern werden überflüssig werden. Es wird an eine Armee von Individuen, welche durch

kleinen Theilbeträgen einige 365 Mal im Jahre bei Tag und Nacht, im Sturm und Regen, in Hitze und Kälte einsammeln, bauen sie ihnen nebstbei 100 Mauthhäuser, errichten 100 Mauthschranken und ernähren 100 Mauthner sammt Familien! Bei dieser Gepflogenheit, für eine Arbeit, die einer verrichten könnte, hundert Arbeitskräfte in Anspruch zu nehmen und die nothwendigen einfachen Kosten hundertfach zu vergrössern, wird unser, meine Lieben, ganz und gar vergessen. Während sie einerseits Thierschutzvereine gründen, treiben sie anderseits jahraus jahrein die Thierquälerei im Grossen, indem sie vor den Mauthschranken Tausenden von euch eisige Schneeflocken am schweisstriefenden Nacken schmelzen lassen! Wenn ich meinen obrok auf einmal alljährig entrichten kann, könnten sie unserem armen Herrn nicht auch den gleichen Gefallen thun? Warum zwingt man ihn, in circa 365 Raten etwas zu zahlen, was er gerne auf einmal entrichten würde? Warum wird ihm nicht eine Steuer für euch drei aufgelegt, damit ich sie mit meinem obrok einmal des Jahres dem starosta hintrage und ihr, Liebwerthe, euch an diesem hässlichen Schranken nimmermehr die Stirn einrennen müsstet? Warum wird unserem Herrn und den übrigen Insassen des Bezirkes diese Steuerleistung so erschwert und gehässig gemacht, dazu noch mit finanziellen Opfern? Was für wichtige, unserem beschränkten Unterthanenverstand unerforschliche Gründe mögen sie wohl dazu haben?" Doch Gogol lebt leider nicht mehr, und so werden wir nie mehr erfahren, wie Selifan seine Lieben über den zureichenden Grund dieser merkwürdigen Erscheinung auf dem Gebiete unserer Steuerpolitik aufgeklärt haben würde. Schreiber dieses, der sich seinen Lesern gegenüber zur Wahrheitstreue verpflichtet hält, wäre in keiner geringen Verlegenheit, wenn er Selifan's urwüchsige Ansichten hierüber getreu wiedergeben sollte.

¹) Es gibt doch in jedem Bezirke unseres Landes Strassen und Gutsbesitzer, welche Pferde haben, und es ist auch gewiss, dass die Ansässigen des einen Bezirkes die Bezirksstrassen der übrigen benützen, weil ja die einzelnen Bezirke nicht mit chinesischen Mauern von einander getrennt sind.

eine unvernünftige Volkswirthschaft in den Müssiggang gegenwärtig förmlich gedrängt werden, die Forderung productiver Arbeit herantreten. Der arbeitslosen Besitzhäufung wird Einhalt gethan und der besitzlosen Arbeit die Freiheit zur Conservirung ihrer jetzt dem Grossbesitze in der Form von Garantiezinsen abgeführten Verdienste zurückgegeben und Gelegenheit zur Besitzsammlung und Capitalbildung geboten werden. Schlummernde Productivkräfte wird diese Reform an Orten wecken, welche in Ermangelung von Communicationsmitteln heute noch zum Brachliegen verurtheilt sind, und welche die auf sofortige Rentabilität angewiesene Privatunternehmung jenes Mangels halber nicht aufsuchen kann. Dem Staate wird es auch möglich werden, durch ein rationelles Tarifsystem überhaupt und ein richtiges Differentialsystem insbesondere dem inneren und äusseren Verkehre die im Interesse einer gedeihlichen Besitzvertheilung einzuhaltenden Bahnen anzuweisen und insbesondere beim Eisenbahnbetriebe durch die Individualisirung desselben nach den Rücksichten der Schnelligkeit und Sicherheit für den Personenverkehr und des Zeit- und Billigkeits-Interesses für den Frachtenverkehr das mit den Eisenbahnschienen festgenagelte Nationalcapital möglichst sparsam und mit Vermeidung einer für die Interessen des Kleinbesitzes sonst nicht wünschenswerthen Deplacirung zu verwenden.[1])

Ist also eine nennenswerthe Bevorzugung der Einen auf Kosten der Andern durch eine allgemeine in der Gestalt des Zuschlages zu den directen Steuern erhobene Wegesteuer denkbar? Und zugegeben selbst, dass diese Steuer ausnahmsweise den einen oder den anderen Pferdebesitzer empfindlicher treffen würde, als die von Fall zu Fall entrichtete Gebühr: ist dieses Uebel nicht verschwindend klein gegenüber den durch die Mauthschranken erzeugten finanziellen und volkswirthschaftlichen Nachtheilen?

[1]) Gegen diese volkswirthschaftlichen Vortheile fallen die von der Verstaatlichung des Verkehrswesens befürchteten Nachtheile gar nicht in's Gewicht. Wir wollen sie gegenseitig abwägen:

a) Vor allem ist es die von Dr. Schäffle, also von keinem Gegner der Verstaatlichung des Verkehrswesens (in seinem „Capitalismus und Socialismus“, S. 194) ausgesprochene Befürchtung, dass der staatlichen Aufsaugung der grossen Verkehrsanstalten die aus den Missständen einer bureaukratisch centralisirten Staatsverwaltung sich ergebenden Nachtheile drohen,

2) Endlich wird die zur Theilnahme an der Gesetzgebung und Regierung gelangte besitzlose Arbeit die

weshalb Schäffle als Ideal der Organisation der Verkehrsanstalten eine
administrativ-repräsentative Specialorganisation aufstellt, welche einerseits
aus dem Verwaltungs- und Dienstpersonale, andererseits aus einem unabhängig
besetzten, wohlabgestuften Systeme von Eisenbahn- und sonstigen Transport-
vertretungen sich aufbauen würde. Uns erscheint diese Befürchtung nur bei
einer absoluten Regierungsform oder beim Scheinconstitutionalismus begründet.
In wahrhaft constitutionell regierten Staaten wird die auf Grund einer
gerechten Wahlordnung gewählte Volksrepräsentanz schon für die richtige
Specialorganisation zu sorgen wissen.

b) Die Gegner der Verstaatlichung des Verkehrswesens befürchten,
dass durch dieselbe ein bedeutender Theil des Volkes in directe Abhängigkeit
von der Staatsgewalt gerathen würde, welche dieses Clientelverhältnis zur
Ausdehnung der Regierungsgewalt auf Kosten der Volksrechte missbrauchen
könnte. Dagegen muss jedoch erwogen werden, dass, wenn schon die Abhängigkeit der Bevölkerung von den Verkehrsmächten unvermeidlich ist, es
besser sei, wenn der Staat diese Herrschaft ausübt, als wenn dies durch
einzelne Privatinstitute geschieht, da im letzteren Falle die Ausbeutung der
Beherrschten gewiss, im ersteren Falle dagegen die Handhabung des Verkehrswesens im Staatsinteresse und daher auch zu ihrem Besten wahrscheinlich und durch weisen Gebrauch der politischen Macht mit Gewissheit zu
erreichen ist.

c) Man befürchtet, dass durch die Verstaatlichung des Verkehrswesens
die von der Privatconcurrenz erwarteten Vortheile der Schnelligkeit der Beförderung und der Kühnheit der Anlage ausbleiben werden. Dagegen dürften
diese schon durch die Solidität des Betriebes und die sowohl strategische als
auch volkswirthschaftliche Gesammtinteressen berücksichtigende Planmässigkeit
der staatlichen Anlage reichlich aufgewogen werden.

d) Man meint, dass durch die Verstaatlichung des Verkehrswesens ohne
Rücksicht auf die Rentabilität der Anlage und selbst zum Nachtheile des
Staatssäckels nicht rentable Verkehrslinien und Verkehrsanstalten geschaffen
werden. Diese Befürchtung gilt jedoch in weit höherem Masse bei den Privatverkehrsanstalten. Denn wegen des für diese Anstalten nothwendigen bedeutenden Capitalaufwandes und wegen der dafür beanspruchten Dauer der Capital-
fixirung kann sich das Privatunternehmen daran nur durch grosse Erwerbs-
und Actiengesellschaften betheiligen. Mag nun in diesen der Speculationsgeist sich besser als bei der staatlichen Anlage geltend machen, so geschieht
es, wie die Geschichte der Finanzirung der meisten Verkehrsunternehmungen
lehrt, trotz aller staatlichen Controle doch in der einseitigsten Weise zur
Förderung der Besitzcentralisation und auf die ungerechteste Art durch Heran-
ziehung der besitzlosen Classen zur Auftreibung der staatlichen Zinsengarantien
im Interesse der ersteren. Bei den staatlichen Verkehrsanlagen dagegen
kann sich der Speculationsgeist durch die betreffenden Volksvertretungen wohl
auch zur Geltung bringen; es ist dabei jedoch die von der Volksvertretung

Verstaatlichung des gesammten, dem Staatscredit unentbehrlichen Bankgeschäftes durchzusetzen haben. Denn die bestehenden, die Börsenbarone und die Geldaristokratie erzeugenden Privatbanken sind Besitzcentralisationsinstitute κατ' ἐξοχήν. Der Staat kommt jetzt schon oft in die Lage, behufs Deckung der nothwendigen ordentlichen Zahlungen dort, wo die Fälligkeitstermine der präliminirten Eingänge mit der Verfallszeit dieser Zahlungen nicht Schritt halten, durch Wechseldepôt- oder Lombardgeschäfte bei den Privatbanken Finanzcredit in

---

geübte Finanzcontrole schon dafür zu sorgen in der Lage, dass die Steuerkraft des Volkes in der That zur Hebung des Verkehrswesens verwendet und keineswegs zur Erhebung und Erhaltung der Eisenbahnkönige missbraucht werde.

e) Man befürchtet, dass das verstaatlichte Verkehrswesen in der Hand der jeweiligen Regierung sich als ausgiebiges Mittel zur Verfolgung politischer Parteizwecke durch die Begünstigung einzelner Orte, wie der Residenz, oder einzelner Gegenden, wie z. B. jener, welche von einer durch die Regierung protegirten Nationalität bewohnt sind, erweisen werde; doch machen sich dieselben Nachtheile infolge des Concessionssystems auch bei den Privatverkehrsanstalten geltend. (Siehe die bereits citirte „Finanzwissenschaft" von Adolf Wagner, 1877, I, S. 560.) Uebrigens darf nicht übersehen werden, dass durch die Berufung der besitzlosen Arbeit zur Theilnahme an der Regierung und Gesetzgebung diese Nachtheile in den Hintergrund treten werden, da die besitzlose Arbeit, wie die Erfahrung lehrt, in politischen und Nationalitätsfragen die freisinnigsten Grundsätze zu vertreten pflegt.

f) Es wird das Bedenken laut, dass der Staat der theuerste Bauunternehmer und Betriebsleiter sei, und dass die in Staatsregie gebauten und betriebenen Verkehrsanstalten viel höhere Tarifsätze haben werden als die privaten; doch ist die Beamtencorruption, wenn sie auch ausnahmsweise vorkommt, schon wegen der im Staatsdienste geführten strengen Controle, der angehofften Beförderungen, Auszeichnungen und Pensionen seltener bei Staats- als bei Privatunternehmungen; auch würde dieser Nachtheil, wenn sich die Sache umgekehrt verhalten sollte, weit denjenigen nachstehen, welche das die Besitzcentralisation fördernde Emissionswesen und die Agiotage mit Actien der privaten Verkehrsgesellschaften mit sich bringen.

g) Man befürchtet, dass der Staat als die an der Hebung des Verkehrs vorzugsweise interessirte Macht durch die Herabsetzung der Tarife mit seinem finanziellen Interesse an hohen Tarifirungen in Widerstreit gerathen würde. Dagegen ist zu erwägen, dass die Verstaatlichung des Verkehrswesens den Staat in den Stand setzen wird, bei der Tarifirung die für die Besteuerung oben aufgestellten Grundsätze zur analogen Anwendung zu bringen, d. h. von dem Einpfennigtarife für die Rohstoffe bis zur höchsten Tarifirung für die Luxusartikel progressiv aufzusteigen und damit eine bessere Besitzvertheilung auch in dieser Richtung anzubahnen.

Anspruch zu nehmen und ihnen sogar die Emissionen seiner grossen, zu dauernden Verwaltungszwecken contrahirten Anlehen zu überlassen. Mit dem Ins-Leben-Treten der im Vorstehenden skizzirten ökonomischen Verfassungsformen und den dadurch, theils zum Zwecke der Ausdehnung des Sondereigenthums, theils zum Zwecke der Umwandlung des bestehenden Sondereigenthums in's Collectiveigenthum, für die besitzlose Arbeit nothwendig werdenden Staatsvorschüssen wird er nun auch in der Zukunft noch in die Lage kommen, schwebende oder feste Staatsschulden zu contrahiren, eventuell die ersteren in die letzteren zu convertiren, kurz, Finanzoperationen auszuführen, welche, wie die Erfahrung lehrt, den sie vermittelnden Bankinstituten enormen Nutzen abwerfen. Dazu kommen noch die grossen Gewinne, welche die im Staatshaushalte oft disponiblen und gewissen Privatbanken, wenn auch nur auf kurze Fristen, so doch zu einem bedeutenden Vortheile jener Institute dargeliehenen Cassenbestände abwerfen. Alle diese Gewinne kommen heute ausschliesslich dem mobilen Grossbesitze zu statten, da die bestehenden Bankinstitute nur dessen Classeninteresse vertreten. Es wird also lediglich der volkswirthschaftlichen Gerechtigkeit entsprechen, wenn die besitzlose Arbeit, welche im Wege der indirecten Steuerauflagen für die Zinsen jener Anlehen aufzukommen und auch zur Ansammlung dieser Cassenbestände auf demselben Wege beizutragen hat, ebenso an dem erwähnten Gewinne participiren wird. Das einfache Mittel dazu wird die Gründung einer Staatsbank sein, die das Finanzinteresse mit dem volkswirthschaftlichen Besitzvertheilungsinteresse in Harmonie zu setzen und die bankmässigen Creditoperationen durch ein ausgebreitetes Filialen-Netz über das ganze Land auszudehnen haben wird.[1] Dieser Staatsbank

---

[1] Das in der Note auf S. 133 bis 135 unter a, b, c, e für und gegen die Verstaatlichung des Verkehrswesens Angeführte gilt auch in Betreff der Verstaatlichung des gesammten, dem Staatscredit unentbehrlichen Bankgeschäftes. Ausserdem könnten gegen das letztere die Nachtheile einer vielleicht einreissenden verderblichen Wirthschaft mit uneinlösbarem Papiergelde in's Treffen geführt werden, indem der Staat in grosser Finanznoth der Versuchung, zur Banknotenpresse Zuflucht zu nehmen, kaum widerstehen dürfte, was zur Verschlechterung der Valuta und zu den empfindlichsten Verlusten an Volks-

werden alle · den Staatscassen von den Privaten anvertrauten
Depositen und Cautionen, sowie alle Reserven der staatlichen,

capital führen müsste. Dagegen lässt sich jedoch nicht leugnen, dass der
Staat in grosser Finanznoth auch Privatbanken in Anspruch zu nehmen
pflegt, und dass in diesem Falle Verwaltungsorgane der letzteren selbst mit
Verletzung ihrer Eide sich der Staatsgewalt willfährig zu zeigen pflegen.
Wir erinnern nur an die Bank von Amsterdam, welche im Jahre 1794 ihre
Gläubiger mit der Erklärung überraschte, dass sie den Staaten von Holland
und Westfriesland, wie auch der ostindischen Compagnie mehr als 10 Millionen
Gulden heimlich vorgeschossen habe. Und doch waren es Magistratspersonen
der Stadt, welche, der Regierung und anderen zu lieb, ihren Eid verletzt,
die ihnen anvertrauten Fonds angegriffen und die Bank ruinirt hatten. (Siehe
die „Principien des Geld- und Bankwesens" von Dr. J. L. Tellkampf,
Berlin, 1867, S. 113 und 114.) Einer solchen Gefahr lässt sich aber bei einer
Staatsbank durch eine von der Volksvertretung streng geführte Controle
eher steuern, als bei einer Privatbank, bei der ein sträfliches Einverständnis
der Directoren und Revisoren schwer hintanzuhalten ist und sich lange ver-
heimlichen lässt.

Der von uns vorgeschlagenen Staatsbank könnte ferner das Bedenken
entgegenstehen, dass die Regierung für das Gebahren der Bankverwaltung
sich die Verantwortlichkeit aufbürden und für die Fälle eingerissener Missbräuche politische Gefahren gegen sich heraufbeschwören würde.

Doch auch dies Bedenken ist unbegründet und dürfte nur die Anhänger
des Manchesterthums beunruhigen, deren Ideal eine Regierung ist, die gar
nicht regiert. Es ist doch recht und billig, dass die Regierung ein die
vitalsten Interessen des Volkes berührendes Institut strenge beaufsichtigt und
eine Misswirthschaft in demselben verhindert, was ihr wohl am leichtesten
gelingt, wenn sie dessen Verwaltung selbst in die Hand nimmt. Zudem
werden fast alle Culturstaaten heutzutage constitutionell regiert und geht ein
Regierungswechsel, falls ein neues Ministerium der auf Grund einer gerechten
Wahlordnung gewählten Majorität der Volksvertretung entnommen wird,
ohne den geringsten Nachtheil für die Nation und ohne die kleinste Erschütte-
rung des Königthums vor sich.

Gewichtiger ist das der von uns vorgeschlagenen Staatsbank entgegen-
stehende Bedenken, dass der Staat durch die Ausgabe der oben besprochenen
Anweisungen oder Banknoten leicht in die Lage kommen könne, das sämmtliche
Bargeld sammt den vorhandenen Silber- und Goldbarren aus dem Lande verdrängt zu sehen und im Falle eines Kriegsausbruches und der eingetretenen
Nothwendigkeit, den Krieg jenseits der Landesgrenzen zu führen, das dazu
nothwendige bare Geld nicht auftreiben zu können. Doch auch diese Einwendung ist nicht stichhältig. Denn wenn es auch in der That solche Fälle
gibt, dass ein Staat infolge des seinen Export übersteigenden Importes aus
einem ausschliesslich bares Geld benützenden Lande seine Barvorräthe an
Edelmetall an letzteres nach und nach abgibt (wie z. B. Amerika, welches
aus China Thee und Seide importirt und trotz seiner reichen Silberminen noch

von uns weiter unten zu besprechenden Versicherungsanstalt, endlich die sämmtlichen Staatseinnahmen welchen Namens immer zur Fructificirung überwiesen werden. Die Staatsbank wird diese Empfänge dem Staate auf seinem Contocorrente gut schreiben und ihn mit den über seine Anweisungen gemachten Auszahlungen belasten. Um für Fälle eintretender Nothwendigkeit nicht immer besondern Finanzcredit benützen zu müssen, wird der Staat verzinsliche, mit bestimmter Verfallszeit ausgestellte Anweisungen an seine Bank in einem Betrage ausgeben, der die Summe der präliminirten Steuereinnahmen und der durchschnittlich zur Auszahlung nicht gelangenden Depositen nicht übersteigen darf. Diese Anweisungen werden mit der Währung auszurüsten und in kleinen, etwa mit dem Nominalwerthe der höchsten Landesgoldmünze beginnenden und fortlaufend verzinslichen Appoints auszustellen sein, damit sie selbst dem Weniger-Bemittelten zugänglich werden und durch ihre ununterbrochene Verzinsung das Volk zur Sparsam-

---

für sein Gold in Europa Silber anzukaufen genöthigt ist, um damit seine dem Reiche der Theestaude und der Silberwährung schuldige Balance bezahlen zu können), so kann ein Staat, wenn dessen Creditsverhältnisse sonst geordnet sind, im Kriegsfalle nie in Bargeldnoth kommen, denn Gold und Silber strömen in Münzen und Barren über die ganze Erde und lassen sich bei den heutigen Communicationsmitteln für gute Wechsel leicht und schnell beschaffen.

Damit wären die hauptsächlichsten Bedenken, welche der Verstaatlichung des dem Staatscredit unentbehrlichen Bankgeschäftes entgegenstehen, widerlegt. Sollte dies vielleicht nicht vollständig gelungen sein, so dürften wir doch bewiesen haben, dass die Vortheile dieser Verstaatlichung weit ihre etwaigen Nachtheile überwiegen. Wenigstens ist Verfasser fest davon überzeugt, dass eine private Notenbank ihren Hauptzweck, Gewinn zu erzielen, nie verleugnen, vielmehr stets durch die von grossen Geldcentren aus planmässig angelegte Agiotage den Mittelstand decimiren, durch Ausdehnung der Notenausgabe und der dadurch verursachten Vertheuerung aller Waaren die Glieder aller fix besoldeten Berufsstände und alle Arbeiter zur Einschränkung der Consumtion zwingen und durch Einziehung der Noten und die damit Hand in Hand gehende Geschäftsstockung in Handel und Gewerbe zur Einschränkung der Production nöthigen — kurz, dass sie stets Geld- und Geschäftskrisen erzeugen wird, um — im Trüben zu fischen.

Von diesem selbstsüchtigen, die Besitzcentralisation verfolgenden Streben wird die von uns vorgeschlagene Staatsbank frei sein, weshalb wir die Verstaatlichung des dem Staatscredit unentbehrlichen Bankgeschäftes nur für eine Frage der Zeit halten.

keit aneifern. Dabei wird man zugleich einen Theil dieser Zinsen zur Errichtung einer Zinsenlotterie verwenden können, wodurch die Möglichkeit zur Abschaffung des um den Einsatz des Capitals spielenden Lottos und damit eine zweite Gelegenheit geboten werden wird, das Volk zum Sparen anzueifern. Neben dieser schwebenden Schuld wird der Staat auch künftighin feste Schulden contrahiren müssen. Denn ebenso wie heutzutage wird der Staat auch in der Zukunft durch ausserordentliche Ereignisse genöthigt werden, Staatscredit durch Contrahirung von Anlehen in ausgedehnterem Masse zu benützen, als dies durch schwebende Schulden möglich ist. Dies wird in allen Fällen durch die Staatsbank zu geschehen haben. Erst ein so mächtiges Geldinstitut wird sich von der theueren Vermittlung der Geldaristokratie emancipiren und eine Rentenschuld einführen, bei welcher die Möglichkeit einer Differenz zwischen dem Nominalwerthe und dem Emissionscurse völlig ausgeschlossen ist, mithin auch das Eintreten von Emissionsverlusten. Auf diese Weise wird durch die Creirung der Staatsbank ein wahrhaft nationales Staatsschuldenwesen begründet werden, sei es nun nach dem Muster Frankreichs[1] (aber mit Ausschluss seiner Receveurs) oder nach englischem Muster[2] (jedoch mit Ausschluss seines Systems

---

[1] Während die Bank von Frankreich, ihrem Jahresberichte von 1881 gemäss, inländische Wechsel für 11374 Millionen Francs in 9830000 Appoints escomptirte und der Durchschnittsbetrag eines Wechsels sich auf 1157 Francs stellte und der vierte Theil aus Abschnitten von 10 bis 100 Francs bestand, wurden in der gleichen Epoche von der österreichisch-ungarischen Bank inländische Wechsel für 646648687 Gulden in 464156 Appoints escomptirt. Also von dem ersten Geldinstitute des Landes erhält das Kleingewerbe nicht Einen Guldenzettel!

[2] Das Cassawesen englischer Finanzen besorgt für jährliche 80000 Pfund Sterling die Bank von England, wogegen in Frankreich die receveurs généraux das Contocorrent des Schatzcredits führen, die Steuererhebung zu einem selbstständigen Unternehmen machen, die Cassenbestände bis zur Abfuhr an die Finanzen mit einem geringen Zinsfusse verzinsen und aus dieser Steuerverwaltung sich sehr bereichern. Sie leisten vorkommenden Falles dem Staate Vorschüsse auf die demnächst fälligen Steuern in der Art, dass sie Wechsel an die Ordre der Finanzen ausstellen, welche die Banque de France escomptirt. (Siehe „Finanzwissenschaft" von L. v. Stein, Leipzig, 1878, S. 392 und 393.)

der Schuldenverwaltung durch eine Privatbank), und damit wird ein neues Geschlecht den Bau des socialen Körpers unter Dach bringen. Denn da es unter der Herrschaft der künftigen ökonomischen Verfassungsformen keine Krösus geben wird, welche die Placirung einer festen Staatsschuld übernehmen könnten, wird eine solche Nationalbank zur Vermittlung grosser Finanzoperationen des Staates unentbehrlich sein. Sollte sie die ihr vom Staate gesetzte Aufgabe der Contrahirung einer Rentenschuld nicht gleich lösen können, und sollte der durch die Bankanweisungen ausgenützte Finanzcredit für den momentanen Bedarf sich auch als unzureichend erweisen; so wird sich der Staat in Dringlichkeitsfällen durch Vermehrung der letzteren und durch Ausstattung derselben mit Zwangscurs aushelfen, und dies um so leichter, als ja ihr gesetzlich fixirter Vorrath mit der ganzen Staatseinnahme fundirt und deshalb ohne Nachtheil für die Volkswirthschaft vorübergehend vermehrt werden wird. In dieser Möglichkeit wird der Staat den Vortheil eines nie fehlenden und ihn auch nichts kostenden Staatsschatzes besitzen.

Mit der Begründung und Vervollkommnung dieses nationalen, auf der Verstaatlichung des Notenbank-Geschäftes basirten Schuldenwesens werden alle Emissionsprovisionen, alle Bereicherungen der Receveurs und der Börsenbarone, der Verwaltungsräthe und Directoren aufhören und wird der Besitzcentralisation jenes Terrain entrissen werden, auf dem ihr Weizen heutzutage vorzugsweise blüht. Erst durch dieses rationelle Staatsschuldenwesen wird es der Staatsverwaltung möglich werden, alle Ueberschüsse der individuellen Capitalbildungen als ebenso viele Componenten des nationalen Wohlstandes zu einer einzigen mächtigen Resultante zu vereinigen und mit ihr, als dem Volkscapitale κατ' ἐξοχήν, die sich künftighin als nothwendig herausstellenden socialen Reformen durchzuführen.

Um aber die Früchte ihres Kampfes an den Grossbesitz nicht wieder zu verlieren, wird die in der neuen Allianz um den Besitz kämpfende besitzlose Arbeit

β^2. die Einführung neuer ökonomischer Verfassungsformen zur Conservirung des Erworbenen

durchzusetzen haben. Denn das im Kampfe um den Besitz Erworbene wird von denselben Mächten angegriffen, geschädigt und vernichtet, gegen die es erworben wurde: von der Natur und dem Menschen. Gegen diese Angriffe lassen die bestehenden, unter dem vorherrschenden Einflusse der Quesnay'schen und Smith'-schen Ideen des Sichselbstüberlassens [1]) entwickelten ökonomischen Verfassungsformen den Besitz in vielen Fällen ohne Schutz und Hilfe, so dass er, kaum erworben, dem glücklichen Erwerber rasch wieder verloren geht. Sowohl den Physiokraten, als den Smithianern war die Volkswirthschaft nur ein Aggregat von Privatwirthschaften und der ihre Organisation bezweckende staatliche Zwang eine Beschränkung der ökonomischen Freiheit. Der Staat sollte seine Function nur auf die Sicherung des Schutzes der Bevölkerung nach aussen hin und im Innern beschränken, im übrigen aber die Individuen gewähren lassen. Wie aber die von der Staatsgewalt emancipirten Individuen die unentbehrliche gesellschaftliche Organisation durchzuführen hätten, hat nicht einmal der Verfasser der gediegenen Untersuchungen über die Ursachen des Völkerreichthums angegeben. Indem er einerseits sich nicht darauf beschränkte, den Missbrauch der staatlichen Gewalt zur Aufrechthaltung der Monopole zu rügen, sondern die vom Staate für das materielle Wohl des Volkes getroffenen öffentlichen Einrichtungen überhaupt für verfehlte Eingriffe in die ökonomische Freiheit der Individuen erklärte, wusste er anderseits keine Mittel und Wege zur Verfolgung gesellschaftlicher Wohlfahrtszwecke anzugeben. Offenbar hatte er die Solidarität der Interessen der Gesellschaft mit denen des Individuums übersehen und die Thatsache nicht erwogen, dass mangelhafte

---

[1]) Auch „laisser faire et passer, le monde va de lui-même" lautet ein die Nothwendigkeit der Nichteinmischung des Staates in die Gestaltung der Volkswirthschaft ausdrückendes Schlagwort, dessen Provenienz ungewiss ist, und nach Wagner („Lehrbuch der politischen Oekonomie", Leipzig und Heidelberg, 1879, I, S. 231, Note 13) möglicherweise vom Physiokraten Gournay oder von Boisguilbert oder auch von den Gegnern der Colbert'schen Tarifpolitik herrührt.

Erkenntnis die Individuen ihr Privatinteresse nicht immer wahrnehmen lasse, und dass sich ihr Sonderinteresse zu ihrem eigenen Schaden gegen das Gemeininteresse aufzulehnen pflege. Nur so ist es erklärlich, dass er, obwohl die sociale Freiheit unzweifelhaft anstrebend, dennoch weder die Nothwendigkeit des staatlichen Eingreifens zur Förderung des individuellen Wohlstandes begreifen konnte, noch sich vom Standpunkte der blossen Negation des zu diesem Zwecke ausgeübten Staatszwanges auf denjenigen einer positiven Formulirung der ihn ersetzenden gesellschaftlichen Organisation zu erheben wusste. Seine atomistischen Ansichten über die Volkswirthschaft wurden durch die damalige naturrechtliche Theorie des Individualismus im Rechte ausgiebig unterstützt. Wie jener die staatliche Intervention in der Volkswirthschaft bekämpfte, so diese den staatlichen Zwang zur Geltendmachung des Rechtes im Interesse des Individuums. Wie jener durch die Einschränkung des Staatszwanges auf die Fälle der Verfolgung des Schutz- und Rechts-Zweckes die ökonomische Freiheit, so glaubte diese durch die Einschränkung desselben auf die Fälle der Hintanhaltung aller durch den Freiheitsgebrauch des Individuums verursachten Benachtheiligungen anderer die individuelle Freiheit zu fördern. Der Einfluss dieser Lehren war ein ungeheurer; er beherrschte die Entwicklung der ökonomischen Verfassungsformen unseres Jahrhunderts. Sie sind nichts als Formen zur Geltendmachung des Privatinteresses ohne Rücksicht auf die Gesellschaft. Sie ermöglichen die Besitzhäufung ohne alle Rücksicht auf die gesellschaftlichen Wirkungen des einzelnen Verkehrsactes. Sie sind insbesondere gleichgiltig gegen den Besitzerwerb auf Kosten des Existenzminimums. Sie gestatten z. B. ohne Rücksicht auf die Nothwendigkeit der Erhaltung des Existenzminimums den Enteignungszwang, gestatten dagegen nicht den jene Nothwendigkeit berücksichtigenden staatlichen Versicherungszwang. Demnach wird

α^3. die Einführung neuer ökonomischer Verfassungsformen zur Erhaltung des Erworbenen gegen die Angriffe der dem Besitze feindlichen socialen Mächte nothwendig sein, und zwar vor allem

α^{1}. die Einführung eines Existenzminimums des Besitzes und zwar vor allem

    1) des unbeweglichen Besitzes. Die Nothwendigkeit des Existenzminimums für jedermann wurde bereits im grauen Alterthume von den Vorfahren der heutigen indogermanischen und semitischen Culturvölker anerkannt. So hat Moses um 1550 v. Chr. und Lykurgos 884 v. Chr. den vaterländischen Boden in Familienlose derart getheilt, dass das einzelne Los der damit betheiligten Familie eine anständige Existenz sicherte. So wurde ferner sowohl in der altslavischen Communion, als auch in der altgermanischen Sippschaft und Magschaft durch eine gleichmässige Besitzvertheilung dafür gesorgt, dass jedermann das zu seiner Selbsterhaltung und Entwicklung nothwendige Mass Grundbesitz hatte. Seit der Begründung des absolut freien Eigenthumsrechtes ist es aber anders geworden. Die dem landwirthschaftlichen Berufe angehörende Gesellschaftsclasse wurde grösstentheils des Grundbesitzes entäussert, und der ihr verbliebene Rest, unter der Schuldenlast sich mühsam fortschleppend, ist nahe daran, gleichfalls in die Hand des Capitales überzugehen. Was insbesondere die Enteignung des Grundbesitzes durch Subhastation betrifft, so ist sie nur die rechtliche Folge der den Grundbesitz täglich mehr überwuchernden Hypothekenbelastung und diese wieder nur die naturgemässe Frucht unserer gegenwärtigen ökonomischen Verfassungsformen, wonach es dem beweglichen Besitze gestattet ist, sich in's Unendliche zu vermehren und seine Fonde im Grundbesitze anzulegen. Dadurch droht die Gefahr, dass der sämmtliche Grundbesitz im Wege der Consolidation zu einem gewissen Zeitpunkte in den Händen weniger Geldaristokraten concentrirt werden wird. Diese Gefahr ist bereits drohend, da der Grundbesitz zum grossen Theile vor der Alternative steht, entweder im Wege der Parcellirung und der theilweisen Veräusserung oder im Wege der Consolidation zum Zwecke einer billigeren Production sich den ihn umklammernden Geldmächten zu entwinden, und doch beides den Eintritt des Uebels nur beschleunigen muss. Denn Zwergwirthschaften sind willkommene Objecte der Besitzcentralisation, und die Consolidation

bildet eine günstige Chance für die Nachfrage nach den dazu nöthigen Geldmitteln. Aus dieser Zwangslage dürften die Grundbesitzer jetzt schon recht gerne einen Ausweg in einer theilweisen Abänderung der überlieferten ·Eigenthumsverfassung acceptiren. Als solcher wird sich ein die Wahrung eines Grundbesitzminimums bezweckendes Agrargesetz bewähren, wonach ein bestimmtes Mass ländlichen Besitzes mit den zu seiner Bewirthschaftung nöthigen Gebäuden und dem dazugehörigen lebenden und todten Inventare von jeder Execution ausgenommen wird. Dabei werden allerdings Abstufungen in dieser Exemption möglich sein, wie z. B. Einschränkung der Rechte des Hypothekargläubigers auf die Befugnisse, das ihm verpfändete Gut nur zu sequestriren, und von dem Sequestrationsertrage nur den über das dem Grundeigenthümer unter keiner Bedingung abnehmbare Existenzminimum erübrigenden Sequestrationsertrag zur Tilgung der Hypothekarschuld zu verwenden. Millionen von Bauerngütern werden dadurch der individuellen Arbeit, Millionen von Familien dem Mittelstande, Millionen von Fonden der Volkserziehung erhalten werden[1].)

Ein ländliches Existenzminimum wird auch bei der Freitheilbarkeit und dem freiwilligen Verkaufe des

---

[1]) Diese künftigen Besitzordnungen fangen bereits in der Gegenwart an Wurzel zu fassen; vor allem in Europa und zwar im Königreiche Serbien, dessen Civilprocessordnung (§. 471, ergänzt durch das Gesetz vom 24. December 1873, Gesetzsammlungsband XXVI, S. 14) die Bestimmung enthält, dass für jeden steuerzahlenden und vorzugsweise mit Ackerbau beschäftigten Einwohner fünf Morgen Land, jeder Morgen zu 1600 Quadratklafter berechnet (möge der Grund unbebaut sein oder unter Waldung stehen, möge er mit Obstbäumen oder Weingärten bepflanzt sein), sammt den darauf befindlichen Früchten, ferner sein Wohnhaus nebst allen dazu gehörigen Nebengebäuden sammt einem Morgen Ackerland als Heimstätte von der Execution ausgenommen sind. Hat also die Hauscommunion mehrere steuerzahlende Personen, so muss für jede 5 Morgen Land frei bleiben. Ebenso ist nach den Homesteadlaws (Heimstättengesetzen) der nordamerikanischen Union ländlicher Grundbesitz im Ausmasse von 40 bis 200 Acres oder im Werthe von 300 bis 5000 Dollars und städtischer Grundbesitz im Ausmasse von $\frac{1}{4}$ bis 1 Acres oder im Werthe von 300 bis 5000 Dollars von jeder Execution befreit. Dieser Reform hinkt Englands Bauerngrundbesitz-Entlastungsgesetz für den Dekhan vom 29. October 1879 nach, welches (in §. 22) bestimmt, dass der

Grundbesitzes festgehalten werden müssen[1]), weil die Parcellirung, wenn sie über ein gewisses, zum rationellen landwirthschaftlichen Betriebe nothwendiges Minimum hinausgeht, den Grundbesitz der von den Latifundien ausgehenden Besitzcentralisation überantwortet. Dieses Besitzminimum wird sich also, wie seinerzeit das Alod der altgermanischen Waffengemeinde und das Besitzlos der altslavischen Communion, als ein vorzügliches Mittel gegen das Aufkommen ländlichen Proletariates bewähren.

Der Erhaltung eines ländlichen Existenzminimums geradezu entgegen wirkt die unbeschränkte Erbtheilung. Diese wird durch Majorate, Abfindungseinrichtungen und insbesondere durch kleine Fideicommisse mit Abfindungszwang zu Gunsten der auf dem Fideicommissgute nicht bleiben wollenden Familienglieder aufzuhalten sein.[2]) Gerade so wie der Gesippte oder Mage nach altgermanischer Besitzordnung (ausser mit Zustimmung der Sippschaft) über das Alod und in der altslavischen Communion der einzelne Hausgenosse über das ihm zugetheilte Besitzlos durch letzten Willen nicht verfügen konnte, sondern bei diesen Völkern, entgegen dem römischen Rechte der Erbtheilung, das väterliche Gut auf sämmtliche Stamm-, Geschlechts- und Familienglieder zur gemeinschaftlichen Nutzung und Verwaltung durch ein von

---

bäuerliche Grundbesitz von der excutiven Beschlagnahme und Veräusserung befreit sei. ausser, wenn er eigen für die Rückzahlung der Schuld verpfändet wurde, welche den Gegenstand der excquirten Judicatforderung bildet (Stein, S. 250, 270 und 278—281 a. a. O.), der aus Dr. Rudolf Meyer's Heimstättengesetzsammlung geschöpft hat.

[1]) So ist es auch in Serbien und in den Unionsstaaten, wo nach den in der vorhergehenden Note citirten Quellen der von einer darauf wohnenden Familie bewirthschaftete Grundbesitz bis zur Höhe des Existenzminimums auch der vertragsmässigen Veräusserung entzogen ist.

[2]) Aus diesem Vorschlage ist zu ersehen, dass Verfasser nichts weniger als principieller Gegner der Fideicommisse ist, worauf man aus seinen gegen die unbegrenzte Centralisation des Latifundienbesitzes oben vorgebrachten Auslassungen vielleicht schliessen könnte. Wir sind nur gegen die Häufung der Fideicommissgüter in einer Hand; dagegen stimmen wir für die Ausdehnung dieser ökonomischen Verfassungsform auf jedes Existenzminimum des Grundbesitzes. Verfasser ist gegen das Wachsen der Fideicommisse in die Höhe und für ihre Ausdehnung in die Breite.

ihnen gewähltes Familienoberhaupt überging, eben so wird auch nach der künftigen Erbrechtsgestaltung kein Individuum durch eine letztwillige Verfügung seinen Grundbesitz über ein gesetzlich festzusetzendes Existenzminimum hinaus auflösen können. Dieses Existenzminimum wird ein gemeinschaftliches Eigenthum der auf dem Gute lebenden Familie bilden und gerade so, wie einst der Gemeinbesitz des rod oder der Sippe, sowohl unter Lebenden, als auch für den Todesfall untheilbar und unveräusserlich sein.[1]

2) Auch ein Existenzminimum des beweglichen Besitzes wird jedermann gewahrt werden müssen, wenn nicht der gesammte Gewerbestand mit der Zeit nur in den zwei Gruppen des Grossbesitzes und des Proletariates aufgehen soll. Dadurch, dass man sich seit der Aufhebung des Zunftwesens weder um die technische Ausbildung noch um die Erwerbsmöglichkeiten des gewerblichen Nachwuchses kümmert, wird diese Scheidung von Tag zu Tag schroffer und bricht sich gleichzeitig die Ueberzeugung die Bahn, dass man dem Handwerke mit dem Freibriefe der Gewerbefreiheit ohne Garantie für die ihm unentbehrliche Ausbildung und Capitalbildung ein Messer ohne Schaft und Klinge gereicht hatte. Durch Creirung von zeitgemässen, anstatt der unfruchtbaren Vielwisserei einen verständigen und veredelten Utilitarismus verfolgenden Schulen[1]), insbesondere

---

[1]) Aehnlich bestimmen nach den in der Note auf S. 144 citirten Quellen die Heimstättengesetze der Union, dass jenes das Existenzminimum des ländlichen Grundbesitzes betreffende Privileg nach dem Tode des Gatten sich auf die Gattin und später auf die Kinder übertrage.

[2]) Vergleiche „Die Wirthschaft des Menschengeschlechtes" von Julius Fröbel, Leipzig, 1874, II, S. 204. Insbesondere muss auf die vortreffliche Schrift „Die gewerbliche Bildungsfrage und der industrielle Rückgang" von Dr. Karl Bücher in den Pädagogischen Studien von Dr. Wilhelm Rein verwiesen werden, worin diese hochwichtige Frage des praktischen Gewerbelebens in ihrem Zusammenhange mit der allgemeinen Bildungsfrage voll grosser Sachkenntnis behandelt wird. Statt der Werkstattslehre wird die Lehrwerkstätte als die gewerbliche Bildungsanstalt der Zukunft hingestellt und zwischen ihr und dem Universitätsseminare eine gelungene Analogie gezogen. Die Schrift bietet in Kritik, Darstellung und Reformvorschlägen einen sehr schätzenswerthen Beitrag zur Lösung der socialen Frage.

von niederen und höheren Fachschulen mit Schulzwang wird die
zur Theilnahme an der Regierung und Gesetzgebung gelangte
Arbeit dem Handwerke und Kleingewerbe den Schaft und durch
die Wahrung eines unexequirbaren Besitzminimums auch die
Klinge geben. In dieser Beziehung werden nicht nur die un-
entbehrlichsten Leibeskleider, die nöthigen Werkzeuge, womit
der Handwerker sich täglich die Nahrung für sich und seine
Familie verschaffen kann, von der Execution auszunehmen sein,
sondern unbedingt auch das übrige nöthige Hausgeräthe, insbesondere sämmtliche zur Bildung und Erholung der Familie taug-
lichen Gegenstände der Wissenschaft und Kunst, wie Bücher,
Zeitschriften, Musikinstrumente.[1]) Auch die etwa dem Executen
gehörigen Renten werden nicht über ein bestimmtes, ohne Rücksicht auf die Erwerbsfähigkeit desselben berechnetes, für die
Existenz seiner Familie unentbehrliches Minimum exequirt werden.
Kein zur Bewirthschaftung des im Existenzminimum inbegrif-
fenen Grundstückes nothwendiges Rindvieh und kein zur Wirthschaft unentbehrliches Gespann des Ackerbaues, kein Spinnrad
und keine Nähmaschine der Nähterin, kein Webestuhl, keine
Druckerpresse, keine zum Fortbetriebe des Gewerbes unentbehrlichen Maschinen und Materialien des Industriellen, insofern sie
einen vom Gesetze festzusetzenden Minimalwerth nicht übersteigen,
und keine Einkünfte des Schuldners, insofern sie in einer bestimmten vor dem Tage der Einklagung noch nicht abgelaufenen
gesetzlichen Frist fällig geworden sind, dürfen mit Beschlag belegt werden. Anderseits wird der Erwerb der Arbeiter, Handwerker, Gewerbs- und Handelsleute durch ein ihnen ausnahmslos
einzuräumendes gesetzliches Pfandrecht an dem Grundstücke,

---

[1]) Nach den in der Note auf S. 144 angeführten Quellen stehen die
Unionsstaaten und Serbien, was den Schutz des Kleinbesitzes gegen die Uebermacht des Geldcapitals betrifft, oben an. In den ersteren ist bewegliches
Eigenthum in verschiedenen, 2000 Dollars nicht übersteigenden Abstufungen
des Werthes von der Execution ausgenommen; in Serbien das dem Handwerker unentbehrlichste Werkzeug und nachstehende Güter des Landmannes:
ein Pflug, ein Wagen, zwei Ochsen oder zwei Zugpferde, eine Haue, eine
Axt, eine Sense und die für ihn, seine Familie und sein Hausvieh bis zur
nächsten Ernte nothwendige Nahrung.

Gebäude, Werkzeuge, Unternehmen, mit einem Worte an dem
Objecte, an dem sie gearbeitet, oder für welches sie Waaren und
Materialien geliefert haben, geschützt werden müssen. Es werden
diesen Personen die weitesten Rechte eingeräumt werden müssen,
binnen einer gesetzlich festzusetzenden Verjährungsfrist ihre
Rechnungen bei dem competenten Gerichte einzureichen und das
mit der Einreichung erworbene gesetzliche Pfandrecht binnen
einer weiteren Verjährungsfrist klagsweise geltend zu machen.
Das gerichtliche Verfahren muss binnen einer gesetzlich festzusetzenden Frist beendet und die aus dem Pfande gelöste Geldsumme in der Rangordnung der erworbenen Pfandrechte vertheilt werden.

β^4. Mit der Erhaltung des Besitzes auf dem Niveau des
Existenzminimums würde die zur Theilnahme an der Staatsgewalt gelangte besitzlose Arbeit die ihr behufs Conservirung
des Erworbenen obliegende Aufgabe aber erst halb lösen. Nicht
ein Stehenbleiben auf dem Grunde des Besitzminimums, sondern
ein Aufsteigen bis zum Niveau des Mittelbesitzes, mit anderen
Worten: die Erhaltung des Mittelstandes, muss die Aufgabe ihres
Kampfes um den Besitz sein. Dies ist unmöglich, solange das
Geldcapital seine schrankenlose Herrschaft über die übrigen Capitalien ausübt. Kraft seiner leichten Mobilisirung und Concen-
trationsfähigkeit zum Massenangriff ist das Geldcapital im Kampfe
um den Besitz seit jeher Sieger geblieben und wird es immer
Sieger bleiben, wenn den übrigen Gattungen des immobilen und
mobilen Capitals keine Hilfsmacht in die Hand arbeitet. Ihnen
diese Hilfe in der Macht der Staatsgewalt zu verschaffen wird
eine der Hauptaufgaben der zur Theilnahme an der Staatsgewalt
berufenen besitzlosen Arbeit sein. Denn das siegreiche Geldcapital macht sich den übrigen Besitz durch steigernde Zinsauf-
lagen tributpflichtig und erhöht, dem Besitzcentralisationsrechte
gemäss, diesen Tribut nur nach Massgabe seines Sonderinteresses
und ohne Rücksicht auf das zur Erhaltung des Unternehmens
einzuhaltende Mass, so dass, falls ihm hierin durch keine stärkere
Macht Halt geboten wird, die Zinspflicht unaufhaltsam steigt,
bis der verschuldete Unternehmer nicht nur den ganzen Unter-

nehmergewinn hergeben, sondern zur Bestreitung der Wucherzinsen sein Capital selbst angreifen, die Zinsen mit dem Capital
zahlen, sein Capital aufzehren, die Fabrik schliessen, seine Arbeiter entlassen und den väterlichen Grund und Boden preisgeben muss. Deswegen wird die dereinst zur Theilnahme an der
Staatsgewalt gelangte neue sociale Macht die Errichtung eines
statistischen Bureaus zum Zwecke einer genauen Evi-
denzhaltung der gesammten Schuldenverhältnisse des
Volkes und die Errichtung eines besonderen Departe-
ments für das gesellschaftliche Schuldenwesen in den
Ministerien für Handel und Verkehr, Moratorien für
den verschuldeten Grundbesitz, staatliche Regulirung
des Zinsfusses unter den Betrag der jeweiligen Grundrente und unter das Mass eines mittleren Durchschnitts-
gewinnes beim Industrie- und Handelsunternehmen und
überhaupt alle Massregeln befürworten müssen, welche zur Ent-
lastung des immobilen und mobilen Capitals von der ihm durch
das Geldcapital auferlegten Zinspflicht dienlich sein werden.

Allein nicht nur gegen die feindlichen socialen Mächte wird
das Erworbene zu schützen sein, sondern auch

β^3. gegen die feindlichen Naturkräfte.

Die Gefährdung der Gesammtheit durch Leichtsinn oder
Verbrechen der Einzelnen oder durch bösen Zufall hintanzuhalten,
ist ein unbestreitbares Recht und eine unabweisliche Pflicht des
Staates. Sie ergeben sich aus seinem Schutzzwecke. Dieses
Recht und diese Pflicht bestehen daher auch, wenn die Gesammtheit in ihrem Besitze durch eine leichtsinnige, verbrecherische
oder zufällige Entfesselung der auf Schaden bedachten Naturkräfte gefährdet werden kann. Daraus ergibt sich als ein Recht
und eine Pflicht des Staates der Versicherungszwang. Indem
es der Staat dem Versicherungsnehmer freistellen wird,
seine Besitzobjecte bei einer beliebigen staatlich con-
cessionirten Versicherungsanstalt zu versichern, wird
er die individuelle Freiheit respectiren; indem er aber
im Falle, dass jener innerhalb einer bestimmten Frist
von dieser Freiheit keinen Gebrauch machen sollte, ihn

sofort dem staatlichen Versicherungszwange unterwirft,
wird er das Gemeininteresse wahren.[1]) Der Staat wird
sich über die Bedenken eines naturrechtlichen Individualismus
hinauszusetzen wissen und der Politik eines kurzsichtigen Egoismus das Wohl der Gesammtheit nicht preisgeben lassen. Er
wird im Gemeininteresse die Individuen zur Wahrnehmung ihres
Sonderinteresses zwingen.

Die Durchführung dieser staatlichen Versicherung wird
Sache eines Centralversicherungsdepartements im Ministerium für
Handel und Verkehr sein und durch Gouvernement-, Provinzial-
oder Landesversicherungs-Departements sowie durch die mit der
Steuereinhebung betrauten Verwaltungsorgane unter Mitwirkung
der bei den Verwaltungsbehörden angestellten Techniker besorgt werden.

Die Versicherungsprämien werden, insolange sie nur verhältnismässige Beiträge zu den Verwaltungskosten und zur
Deckung der Schäden bilden werden, den Charakter von Gebühren, in ihren Ueberschüssen dagegen denjenigen von Steuern
haben und gleich den letzteren einzutreiben sein. Mit der Einhebung der Prämien und der Auszahlung der versicherten und
fällig gewordenen Schadenersatzsummen können die Steuerämter
betraut werden. Diese werden auch die Controle über die Befolgung des Versicherungszwangs-Gesetzes in der Art ausüben
können, dass ihnen, falls der vom Elementarschaden bedrohte
Besitz bei einer Privatversicherungsanstalt versichert wäre, bei
der Steuerzahlung gleichzeitig durch die Vorweisung der Police

---

[1]) Ein Staatsversicherungsmonopol hält Verfasser wegen der Gefahr der
dabei schwer zu controlirenden Ueberversicherungen (d. h. Versicherungen
über den wirklichen Werth hinaus), sowie wegen der Unmöglichkeit einer
Vertheilung der aus der Massenversicherung drohenden Gefahr für schädlich. In
beiden Beziehungen erscheint die Concurrenz solider Privatanstalten wünschenswerth, weil bei dem identischen Interesse, welches alle Versicherungsgesell-
schaften an der Beseitigung der Ueberversicherungen haben, solche Missbräuche
desto leichter entdeckt werden, je grösser die Zahl der neben einander arbeitenden Agenturen ist, und weil auch das Risico desto besser sich vertheilt,
je mehr ausländische Privatanstalten in demselben Versicherungsgebiete mit
der inländischen Staatsversicherungsanstalt concurriren.

und Quittung die Thatsache des Abschlusses und des Aufrechtbe-
stehens der Versicherung ausgewiesen oder die für die Versicherung
dieser Objecte bei der Staatsversicherungsanstalt entfallenden Prämien und Gebühren zugleich mit der Steuer bezahlt werden müssen.
Um der Privatconcurrenz genügenden Spielraum zu lassen,
wird die bei der Staatsversicherungsanstalt versicherte Summe
stets ein gewisses Percent unter dem wahren Werthe der Risken
bedungen werden müssen, so dass es dem Versicherungsnehmer
freisteht, zwischen den Vortheilen der unbedingten Sicherheit der
staatlichen Garantie und der höheren Versicherung bei der con-
currirenden Privatanstalt zu wählen. —
Endlich wird die neue sociale Macht

γ^2. die Versicherung des Existenzminimums für den Fall der Besitzerwerbslosigkeit durchzusetzen haben.

Denn ungeachtet aller von Seite der Verwaltungsorgane im
Sinne der oben[1]) zum Zwecke der Offenhaltung von Arbeitsquellen gemachten Vorschläge aufgewendeten Bemühungen wird
es vorkommen, dass besitzlose Erwerbsfähige keine Besitz-
erwerbsgelegenheit finden; ja es dürfte sich auch häufig er-
eignen, dass die Besitzlosen bei Offenhaltung von Erwerbsgelegen-
heiten arbeitsunfähig werden. In erster Beziehung sind es In-
dustrie- und Handels-Krisen, in zweiter Krankheiten, Unfälle und
Altersschwäche, welche die erwähnten Erscheinungen hervorrufen
können. In diesen Fällen reicht die Selbsthilfe nicht aus, sondern
es muss der Staat, auf Grund der aus seinem Wohlfahrtszwecke
fliessenden Pflicht, die Gefährdung der Gesammtheit durch un-
verschuldete Hilflosigkeit[2]) Einzelner hintanzuhalten, zu Gunsten

---

[1]) Vergleiche den Abschnitt „über die gerechte Vertheilung der politischen Macht zur Beseitigung der künstlichen Besitzcentralisation".

[2]) Denn nach den von uns in den Abschnitten II. B. a und b entwickelten
Grundsätzen gestaltet sich in Ermangelung der Offenhaltung von Besitzerwerbsmöglichkeiten der Kampf um den Besitz unwiderstehlich zum Kampfe
gegen den Besitz. Zudem lehrt die Statistik, dass Mangel des Existenzminimums eine reiche Quelle von Krankheiten, namentlich des Hungertyphus
und eines dem Tode rasch zuführenden Siechthums ist, ferner, dass die zunehmende Sterblichkeit der besitzlosen Classen allemal auch eine grössere
Sterblichkeit der besitzenden Classen im Gefolge hat.

der arbeitsunfähig Gewordenen durch Organisation der socialen Hilfe interveniren. Als die bequemste Form derselben erscheint unter Aufrechterhaltung der Freiheit des Versicherungsnehmers einer Privatlebensversicherungsanstalt beizutreten, die **Zwangsversicherung des vom Staate garantirten Existenzminimums für die Fälle der Besitzerwerbslosigkeit aller Staatsbürger ohne Unterschied des Alters, Geschlechtes und Berufes und als das bequemste Mittel hiezu die Einführung einer allgemeinen progressiven Existenzminimum-Versicherungssteuer.**

Die Versicherungssteuer werden die Begünstigten oder ihre gesetzlichen Vertreter, im Falle ihrer theilweisen oder gänzlichen Unvermögenheit ihre zuständigen Gemeinden für sie zu entrichten haben, in keinem Falle jedoch die Arbeitgeber als solche, da letzteren damit eine jedes Rechtstitels bare Leistung aufoctroyirt würde, welche sie im Wege des „freien" Lohnvertrages wieder auf die Arbeiter abwälzen und diese somit durch die Zwangsversicherung der zweifelhaften Wohlthat theilhaftig würden, **zur Vermeidung der wahrscheinlichen Eventualität, einst Hunger zu leiden, mit Gewissheit sofort am Hungertuche zu nagen.**

Dagegen werden die Arbeitgeber gesetzlich zu verpflichten sein, über den aufrechten Bestand der Versicherung ihrer Arbeiter und Beamten zu wachen und die der staatlichen Versicherungsanstalt gebührenden Prämien- und Gebühren-Zahlungen ihren Arbeitern und Beamten bei der Auszahlung der Löhne und Gehalte in Abzug zu bringen.

Der Versicherungszwang wird ein allgemeiner, nicht auf die Fabriksarbeiter beschränkter, zu sein haben. Denn so schwierig als der Besitzerwerb heutzutage ist, so ist es dennoch fraglich, ob es nicht leichter sei, Besitz zu erwerben, als ihn zu behaupten. Wenigstens lehrt die Erfahrung, dass der Besitz selten über die dritte Generation hinaus der Familie erhalten bleibt,[1]) ja, nur allzu häufig ist es bekanntlich der Fall, dass Personen. welche

---

[1]) Diese Thatsache gab Anlass zur Einführung der Fideicommisse.

auf dem weichen Polster der Reichen geboren wurden, auf dem harten Strohlager des Bettlers starben.

Wie die Arbeitgeber die der staatlichen Versicherungsanstalt gebührenden Prämien- und Gebührenzahlungen vom Lohne und Gehalte ihrer Arbeiter und Beamten, so wird der Staat auch die den Staatsbeamten und Staatsdienern obliegenden Prämien- und Gebührenzahlungen bei der Auszahlung ihrer Gehalte sofort in Abzug zu bringen haben, so dass die von den Unternehmern und vom Staate für ihre Arbeiter und Beamten entrichteten und mit der Vermehrung der Familie anwachsenden Prämienzahlungen ihrer Quelle nach regelmässige Lohn- und Gehalts-Abzüge sein werden. Es werden demgemäss auch die Löhne und Beamten-Gehalte in solcher Höhe zu systemisiren sein, dass die Empfänger trotz dieser Steuerleistung in ihrem Existenzminimum nicht gekürzt werden, Familien gründen und sich auch anständig werden erhalten können. Von der geringen Regie und der daraus resultirenden Billigkeit der staatlichen Versicherungsprämien abgesehen, werden mit der staatlichen Zwangsversicherung die heutigen, bei der Wiederverehelichung der Witwen eintretenden Witwenpensionsverluste und die darin liegenden Wiederverheirathungsstrafen, überhaupt die irrationellen, auf dem Principe caritativer Leistungen beruhenden jetzigen Pensionsnormalien wegfallen.

Wir können dabei allerdings die der Durchführung dieser Reformen sich entgegenstellenden grossen Schwierigkeiten nicht ignoriren, und zwar die Schwierigkeit des Nachweises eigener Schuldlosigkeit an der Arbeitslosigkeit, dann die Schwierigkeit der Berechnung des jeweiligen Existenzminimums und endlich die Schwierigkeit der Bedeckung des zur Auszahlung der versicherten Renten erforderlichen, jedenfalls bedeutenden staatlichen Aufwandes.

Die erste Schwierigkeit jedoch dürfte theils mit Hilfe der von uns oben im Absatze ε^3 des Abschnittes B$c\alpha\beta^2$: „über die gerechte Vertheilung der politischen Macht zur Beseitigung der künstlichen Besitzcentralisation" vorgeschlagenen Organisation und grösstentheils dadurch überwunden werden, dass, um be-

trügerischen Vorspiegelungen der Invalidität und des Arbeits-
mangels vorzubeugen, das versicherte Existenzminimum stets
hinter dem durchschnittlichen Arbeitslohne und Berufs-Einkommen
zurückbleiben müsste. Der zweiten Schwierigkeit wird durch
den staatlichen Vorbehalt wiederholter Revision der Existenzbedingungen und einer theilweisen Aenderung der zur Deckung
des Existenzminimums versicherten Renten von einer gewissen
Ziffer an vorgebeugt werden können. Die dritte Schwierigkeit
wird zum grössten Theile aufgewogen durch die Erleichterung,
welche den Communen durch die beinahe vollständige Aufhebung
der Lasten des Armenwesens zu Theil werden wird. Ja, unter-
sucht man die Systemlosigkeit des jetzigen Armenwesens ein-
gehend, erwägt man, dass die Communen ihre Armen ohne Rücksicht darauf, ob die Armuth verschuldet ist oder nicht, nicht nur
ernähren, sondern durch Tragung der Lasten des Schubwesens
auch noch mit Lustreisen prämiiren müssen; berücksichtigt man
ferner, dass die Armuth, als die Hauptquelle der Verbrechen,
trotz aller dieser Opfer Jahr aus Jahr ein noch einen unberechenbaren Schaden am Nationalvermögen verursacht, durch Diebstahl,
Betrug, Raub und Brandlegung, durch Nöthigung zur Unterhaltung von Corrections- und Straf-Häusern: so dürften wir kaum
fehlgehen, wenn wir behaupten, dass die zur Versicherung jener
das Existenzminimum sichernden Rentencapitalien nothwendige
Steuerpflicht nicht drückender wäre als jene Steuerlast, die zur
Deckung der Kosten einer unzureichenden Armenpflege und zur
Heilung der dem Nationalwohlstande durch die Folgen der mit
der Armuth geförderten Sittenverwilderung geschlagenen Wunden
erforderlich ist. Und selbst wenn sich die Kosten beider
Systeme gegenseitig decken sollten, so ist zwischen dem
bestehendem Armenwesen und dem von uns vorgeschlagenen Präventivsystem doch der gewaltige Unterschied,
dass, während ersteres die Armuth voraussetzt und nur
ihr Unglück mildert, das von uns vorgeschlagene Ver-
sicherungssystem sie geradezu ausschliesst.

Wohl werden diejenigen, welche die Fahne des Manchesterthums hochhalten und an die Kette römischer Rechtsbegriffe

gefesselt sind, über den Frevel dieser gegen die Privatverträge geplanten Eingriffe den Stab brechen. Mögen sie aber eingedenk sein, dass die über die Besitzvertheilung entscheidenden privatrechtlichen Verträge mit ihren Wirkungen weit über die auf das einzelne Geschäft gerichtete Absicht der Contrahenten hinausgreifen, dass jeder die Erwerbung, Verpfändung oder Veräusserung des Eigenthums begründende Vertrag, jedes Testament, jede gesetzliche Erbfolge, jeder Schenkungs-, Darleihens- und Tauschvertrag; jeder Bestand-, Pacht- und Dienstvertrag nicht nur private Rechtsverhältnisse normiren, sondern infolge ihres auf die Besitzvertheilung geübten Einflusses auch die gesammte sociale Ordnung bestimmen. Diese Verträge dürfen daher nicht ausschliesslich durch das unserem Auge schlecht angepasste Augenglas des römischen Rechtes oder an der Hand der den Individualismus im Rechte predigenden naturrechtlichen Doctrin des vorigen Jahrhunderts, sondern mit dem freien Auge eines das Gemeininteresse über dem Sonderinteresse nicht übersehenden Rechtes und im Lichte der den staatlichen Zwang zur Wahrnehmung des Sonderinteresses für unentbehrlich erklärenden Socialwissenschaft beurtheilt werden.

Inwieweit wir selbst dieser Aufgabe nachgekommen sind, und ob die von uns vorgeschlagenen socialen Reformen nicht die Grenze der im Interesse der Gesellschaft nothwendigen Beschränkungen des Individuums zu überschreiten drohen, möge der freundliche Leser selbst beurtheilen und unseren Versuch, durch wohlgemeinte Vorschläge zur Lösung der socialen Frage nach Kräften beizutragen, mit einer unsere Ansicht berichtigenden Kritik lohnen. Weil die von uns vorgeschlagenen ökonomischen Verfassungsformen keinen gewaltsamen Umsturz der bestehenden socialen Ordnung zur Voraussetzung haben, sondern so zu sagen aus ihrem Stamme herauswachsen, so scheinen sie uns der natürliche Weg, wenn nicht zur definitiven, so doch zur vorbereitenden Lösung der socialen Frage zu sein. Dieser Weg erscheint uns natürlicher, als der von einem ausgezeichneten deutschen Nationalökonom vorgeschlagene, auf welchem der Aneignung der Früchte fremder Arbeitskraft dadurch vorgebeugt

werden soll, dass der Besitz der Productionsmittel und der hievon
unzertrennlichen Wohnstätten zu einer Institution des öffentlichen
Rechtes gemacht und das von diesem öffentlichen Charakter aus-
genommene Eigenthum auf die Gegenstände und Mittel der Consumtion beschränkt werden soll.[1]) Denn damit wäre das Eigenthumsrecht für alle Productionsmittel in der That aufgehoben,
was, wie in dieser Schrift dargethan sein dürfte, im Interesse
der fortschrittlichen Entwicklung des Menschengeschlechtes un-
zulässig und im Plane des geschichtlich abschbaren Zukunfts-
kampfes um den Besitz überflüssig ist.[2])

γ. Die Früchte der neuen Allianz.

Mit der Erkämpfung der neuen ökonomischen Verfassungsformen und der durch sie bedingten Besitzerwerbsmöglichkeiten
wird die Volkswirthschaft bald ein erfreulicheres Bild bieten.
Die ungeheuren Besitzcomplexe werden der gesetzlichen Theilung,
die Proletarierscharen dem natürlichen Lichtungsprocesse verfallen. Während die Besitzbildung der Gegenwart dem Gesetze
der Besitzcentralisation folgt, wird sie dann nach dem Gesetze
der wirthschaftlichen Decentralisation vor sich gehen. Die Auflösung der das Besitzmaximum übersteigenden grossen Besitzkörper in ihre Atome, die Anziehung zwischen letzteren und den
rudimentären Besitzbildungen in der grossen Masse der Besitzlosen, die Vereinigung dieser von oben herab und von unten
heraufströmenden Besitzelemente zu Gütern von der Grösse des
im Interesse des nationalen Wohlstandes angestrebten Besitzminimums und die Conservirung und Bestimmung dieser Güter
zu untheilbaren, unverschuldbaren und unveräusserlichen Familiengütern wird die Vermehrung des Mittelstandes und eine

---

[1]) Siehe „Cursus der National- und Socialökonomie" von E. Dühring,
Berlin, 1873, S. 401.

[2]) Diese Scheidung der Güter in die Gegenstände der Production, Consumtion und Ausschliessung der ersteren vom Eigenthumsrechte scheint uns
ausserdem unausführbar, denn wo ist die Grenze zwischen Production und
Consumtion?

neue, dem Staatsinteresse entsprechendere Besitzvertheilung zur Folge haben.

Neben diesen uneinnehmbaren Heimstätten des Sondereigenthums wird es ebenso feste Bollwerke des Collectiveigenthums geben. Der in einer ländlichen Communion Geborne wird von der Geburt an den persönlichen Nutzgenuss an dem sämmtlichen Communalgrundbesitze und an dem dazu gehörigen Fundus instructus haben. Die Erziehung des neuen Staatsbürgers wird nicht mehr ausschliessliche Pflicht der Eltern, sondern eine der wichtigsten gemeinsamen Angelegenheiten ganzer Communionen werden, da die physische und geistige Entwicklung des Einzelnen auch der ganzen Communion zugute kommt. Wo also die Kräfte der Eltern nicht ausreichen werden, dort wird für die Ernährung und den Unterhalt der Unmündigen die ganze Communion einstehen. Für den Unterricht wird ausnahmslos der Staat zu sorgen haben. Vor erreichter Mündigkeit wird kein Glied der Communion zur materiellen Erwerbsthätigkeit verhalten werden dürfen. Diese Zeit wird ausschliesslich dem Schulunterrichte, der Gymnastik und den Studienreisen gewidmet werden. Die nach erreichter Mündigkeit unter strenger staatlicher Controle abzuhaltende Prüfung wird die sich offenbarenden Talente in Evidenz nehmen und falls der talentirte Jüngling zum Eintritte in eine Fachschule oder in eine allgemeine Bildungsschule Vorbildung, Lust und Liebe zeigen sollte, denselben dafür bestimmen.[1]) Die Unterhaltskosten werden von der Communion und, falls deren Mittel nicht hinreichen sollten, vom Staate vorgeschossen werden, um späterhin, wenn der von der Communion oder dem Staate unterstützte Eleve eine dauernde Erwerbsquelle gefunden haben wird, unter gesetzlich vorzuschreibenden Zahlungsmodalitäten rückerstattet zu werden. Alle übrigen, für das Weiterstudium nicht bestimmten Schüler werden vom Zeitpunkte

---

[1]) Damit wird dem gesellschaftlichen Interesse an der Ausbildung von Individualitäten Rechnung getragen und jenes Ziel erreicht werden, welches durch die bizarren Phantasien eines Fourier als wohlthuendes Lichtmoment hindurchschimmert, aber von dem in der Gravitationsmanie befangenen, jeder wissenschaftlichen Vorbildung entbehrenden und im logischen Denken unerfahrenen Utopisten verfehlt wurde.

der erreichten Mündigkeit au sich an der wirthschaftlichen Arbeit der Communion betheiligen, wobei sie jedoch dem Wiederholungsunterrichtszwange bis zum erreichten wehrpflichtigen Alter in der Art unterliegen werden, dass unter Festhaltung eines Maximums der gesammten Arbeitszeit die Zahl der Arbeitsstunden mit der allmählichen Abnahme der Unterrichtsstunden zuzunehmen haben wird, so dass z. B. bei achtstündiger Arbeitszeit im ersten Semester des 15. Lebensjahres eine Stunde der wirthschaftlichen Arbeit und 7 Stunden dem Wiederholungsunterrichte und im zweiten Semester des 18. Lebensjahres eine Stunde dem Wiederholungsunterrichte und 7 Stunden der wirthschaftlichen Arbeit gewidmet sein werden. An der Spitze der Verwaltung der Communion wird ein von der letzteren gewähltes Oberhaupt stehen. Der Grundbesitz einer Communion wird für alle künftigen Geschlechtsfolger ein unveräusserliches, unter ein bestimmtes Minimum untheilbares, über ein bestimmtes Maximum nicht consolidirbares Gut bilden, von dem nur unverbesserliche Verbrecher und Faulenzer werden entsetzt werden dürfen. Der in der Hütte des Armen Geborne wird nicht mehr wie heutzutage dem schnelleren oder langsameren Hungertode preisgegeben sein. Denn durch Abschaffung der jetzigen Pseudofreiheit der Concurrenz und durch Stellung der Freiheit des Lohnvertrages unter die Controle der Gesellschaft wird der Lohn aufhören ein blosser Sold zu sein und wird er nicht, wie in der Gegenwart blos begrifflich, sondern in der That alle die zur Selbsterhaltung und persönlichen Entwicklung nothwendigen Elemente enthalten und dem fleissigen und sparsamen Arbeiter und Beamten nicht nur die Mittel bieten, seine Familie zu ernähren, sondern auch die erforderlich sind, um durch Capitalbildung vom Niveau des Existenzminimums zum Mittelbesitze und vom Proletariate zum Mittelstande sich zu erheben. Dies wird den Besitzlosen um so leichter werden, als der Kindersegen für sie in der That ein Segen und nicht ein nach dem Recepte des Malthusianismus zu vermeidendes Uebel sein wird. Denn unter den neuen ökonomischen Verfassungsformen wird die Bevölkerungszunahme nicht, wie unter der gegenwärtigen Herrschaft des wirthschaftlichen Faustrechtes, eine blosse

Häufung von atomistisch zerstreuten Individuen vorstellen, welche kaum für die Consumtion genügend producirend die consumirten Güter für die Capitalbildung entschieden ungenügend reproduciren, wodurch von dem jeweiligen Nahrungsmittelvorrathe auf die Einzelnen ein desto geringer Quotient entfällt, je mehr die Zahl der Geburten die der Sterbefälle überwiegt, sondern der Vermehrung der Individuen wird eine Vermehrung der durch ein wahrhaft nationalökonomisches System zu Productionsfactoren gruppirten Productionskräfte entsprechen, deren von wahrhaft nationalen Gesichtspunkten geleitete wirthschaftliche Combination einen gleichmässig vertheilten, jedermann ein Existenzminimum, der Mehrzahl einen Mittelbesitz sichernden Nationalreichthum als Product ergeben wird.

Dem entsprechend werden wie unter der grundbesitzenden Bevölkerung die Communionen, so unter der Industriebevölkerung die Unternehmungen für die Möglichkeit der Ernährung und des Unterhaltes ihrer Arbeiter, sowie des Nachwuchses der letzteren mittelst genügender Ablohnung verantwortlich und die für diese Aufgabe mit ihren Mitteln nicht aufkommenden Unternehmungen selbst gegen den Willen der nach dem Artelsystem an ihrem Gewinne und Verluste theilnehmenden Arbeiter als gemeinschädlich zu schliessen, und die letzteren bis zur Wiederanstellung auf Grund eingegangener Versicherungszwangsverträge rentenberechtigt sein, weil dem Staate an dem Wohlstande seiner arbeitenden Bevölkerung und deren Proles mehr als an der Existenz einzelner Unternehmer gelegen sein muss. So wird unter anderem die jetzige, mehr verbrecherische als leichtsinnige Duldung der augenfälligen Entkräftung und Entartung unserer Arbeiter durch die Branntweinpest mit der empörenden Motivirung, dass Branntweinfabrikanten aus Finanzgründen unentbehrlich seien, einer weisen Fürsorge der Nation für die Kräftigung und sittliche Hebung der Arbeiterclassen Platz machen. Bezüglich des Unterrichtes, der Auslese und der Fortbildung der Talente wird das von der grundbesitzenden Bevölkerung oben Gesagte auch für die Industriebevölkerung gelten, nur mit dem Unterschiede, dass in Betreff der Ertheilung von Vorschüssen zur Ausbildung der talentirten Jünglinge hier das Unternehmen an die Stelle der Communion zu treten haben wird. Das jetzt dem Principe der wirthschaftlichen Gerechtigkeit Hohn sprechende, durch Gesetz geschützte Unrecht, dass die in der Industrie ausgenützten Arbeiter als erwerbsunfähige, zumeist sieche und verkrüppelte Greise sammt Weib und Kind von den Unternehmern den Gemeinden zur Versorgung zurückgeschickt werden, wird damit endlich aufgehört haben. Da den Arbeitern, theils in den Communionen, theils in den Industrieanlagen, ausreichend Gelegenheit zur physischen und geistigen Ausbildung ihrer Kinder geboten werden wird; und da auch die zukünftigen Schulen einen den Besitzerwerb fördernden Utilitarismus verfolgen werden, so wird jede Familie desto grössere Capitalbildungsfähigkeit besitzen, je zahlreicher sie sein wird. Bei der weitgehendsten Sorge der Gesellschaft um die Arbeitsgelegenheiten wird es den Arbeitslustigen auch nicht an Erwerb und Capitalbildung fehlen. Da dem Fleissigen und Sparsamen auch nicht die Gelegenheit abgehen wird, ihre Ersparnisse in dem besser vertheilten Immobilarbesitz, sei es durch Erwerbung des Sondereigenthums, sei es durch Gewinnung von Antheilen am Collectiveigenthum anzulegen, so wird aus allen diesen Gründen einem kommenden Geschlechte das Aufsteigen in den Mittelstand erleichtert. Die Erwerbslosigkeit wird, da für den geistig oder leiblich Gebrechlichen mittelst des staatlichen Versicherungszwanges gesorgt werden wird, nur das Los der Faulen und Leichtsinnigen bleiben. Die fleissigen und braven Arbeiter werden gegen etwaige Vermögensverluste, welche sie durch Handelskrisen oder durch andere Zufälle unverschuldet treffen sollten, gleichfalls durch die im Wege des Versicherungszwanges gesicherten Renten geschützt werden. Dieselbe Sorge wird die Gesellschaft den sogenannten freien Berufsständen widmen, und es wird die einer rationellen Staatsverwaltung Hohn sprechende Erscheinung, dass der Staat, wie es seit einem Vierteljahrhundert geschehen, die talentirtesten Jünglinge zu Gelehrten, wie Medicinedoctoren und Anwälte des Volkes, heranbildet, ohne ihnen die Mittel und Wege zur Verwerthung dieser Bildung im öffentlichen und persönlichen Interesse offen zu halten, nicht wiederkehren können. Eingedenk des oben entwickelten socialen Gesetzes, dass eine blos theoretische, den Gütererwerb nicht ermöglichende Volksbildung dem Staatsinteresse widerspricht, wird der Staat, anstatt erwerbsloser Gelehrten, gelehrte Erwerbsleute heranbilden. Er wird damit einer seiner wichtigsten Pflichten nachkommen, deren Erfüllung er bis jetzt leider dem Zufall überliess.

Ebenso wird der aus der Fach- oder Fortbildungsschule heraustretende Arbeiter bezüglich seines Erwerbes nicht mehr wie heutzutage dem Zufalle oder der Willkür preisgegeben bleiben, sondern theils in den nach dem Partnership-Principe organisirten, ihm nicht nur einen anständigen festen Lohn, sondern auch einen diesem Lohne entsprechenden proportionalen Gewinnantheil sichernden Unternehmungen, theils auf Grund der durch Staatshilfe und Genossenschaftseinrichtungen ihm offen gehaltenen Etablirungsmöglichkeit und darauf gegründeten wirklichen Concurrenzfreiheit als selbstständiger Gewerbsmann den zur Gründung eines Besitzexistenzminimums hinreichenden Erwerb finden. Der erworbene Verdienst wird ihm durch keine indirecten Steuerauflagen geschmälert werden. Die Steuerleistung des Kleinbesitzes überhaupt wird durch die Steuerfreiheit des Existenzminimums auf das Minimum reducirt werden, und der Wunsch des seiner Menschenwürde bewussten, im tragischen Kampfe mit dem über die besitzlose Arbeit obgesiegten arbeitslosen Besitz heutzutage unterliegenden Arbeiters, für die im Schweisse seines Angesichtes ein Menschenalter hindurch geleistete Arbeit einen ein bescheidenes Auskommen sichernden Besitz, sei es ein Grundstück, sei es ein Rentencapital, „sein Eigen" nennen zu dürfen, diese heutzutage in den allerseltensten Fällen realisirbare Hoffnung wird allgemein erfüllt werden können. Sie wird es um so leichter, als durch allmähliche Einführung des Collectiveigenthumes in allen den Fällen, wo die gemeinsame Arbeit für die Besitzbildung zweckmässiger erscheint, als die individuelle der nebeneinander wirkenden Privatwirthschaften, der Antheil jedes einzelnen Staatsbürgers an dem gemeinsamen National-Reichthum zunehmen und das Sondereigenthum in Befolgung des socialen Gesetzes der

Entwicklung der Individualität sich der grösstmöglichen Verallgemeinerung erfreuen wird. Millionen Morgen absoluten Wald-
bodens, welche von den einzelnen Privaten, theils aus Indolenz,
theils aus Mangel an Capital, theils wegen der für die unzähligen
kleinen Waldbestände nothwendigen Unzahl sich nicht rentirenden
Forstverwaltungen, heutzutage nicht cultivirt sind, werden zum
Collectiveigenthum enteignet und aufgeforstet werden, wobei die
bisherige für den Wohlstand Aller schädliche Bodenbenützung
Einzelner einer rationellen Forstwirthschaft Platz machen wird.
Anstatt wie jetzt die Thalsohle aufwärts bis zur Mittelhöhe des
Hochgebirges Waldung und in dessen oberen Regionen kahle
Bergrücken und magere Alpenweiden zu finden, werden die Berg-
rücken bewaldet und in Abhängen der Boden für eine rationelle
Futter- und Weidenwirthschaft gewonnen werden; auf dem
flachen Lande werden alle Strassen und Feldwege mit herrlichen
Obstbäumen geziert, die Bach-, Fluss- und See-Ufer, sowie die
Teichränder mit der Korbweide, Schwarz- und Weisserle umsäumt, und durch Waldfeldbau und die Baumfelderwirthschaft
die genialen Ideen eines Cotta und eines Liebig allgemein verwirklicht werden. Die durch das individuelle Walten des Sondereigenthums jeglichen Baumschmuckes entkleideten Fluren des
vaterländischen Grundes und Bodens werden bald im grünen
Festgewande des Collectiveigenthums prangen. Die Monotonie
unserer Nadelwälder wird durch die Farbenpracht der Eichen,
Linden, Ulmen und Erlen, des Ahorns und der Akazie, der Weiss-
eschen und der kanadischen Pappeln, sowie anderer ausländischer
Edelhölzer unterbrochen werden. Die Waldränder werden von
Obst- und Maulbeerbäumen umsäumt werden. Das Collectiveigenthum wird den Reichthum der kostbarsten Nutzhölzer über
das Land ausbreiten und das Füllhorn der edelsten Früchte über
dasselbe ausschütten. Dazwischen werden an allen Ecken und
Enden aufsteigende Dämpfe und die schrillen Pfiffe der Dampf-
maschinen die Stille der Waldidylle unterbrechen. Denn das
Collectiveigenthum ist zufolge der Möglichkeit seiner Ausdehnung
über ganze Länder und Bezirke am besten im Stande, die Roh-
production zu theilen, ihre Zweige in ihre von dem Klima und

der Bodenbeschaffenheit gezogenen Grenzen zu verweisen und die natürliche Verbindung der Landwirthschaft mit der Industrie herzustellen. Ein Netz localer Industrien und Verkehrsanstalten des Collectiveigenthums wird sich über das ganze Land ausbreiten und seine Industrie- und Verkehrsanlagen mit ihren nach dem Cottagessystem angelegten Arbeitercolonien und ihrem aus der Verallgemeinerung der Artel-Einrichtungen fliessenden Wohlstande ihrer Arbeiter- und Beamten-Bevölkerung werden ebenso viele Musteranlagen für das Sondereigenthum und gleich viele unversiegbare Quellen des Nationalreichthums werden.

In den Communionen und Artelen wird der Besitzerwerb durch Ausbeutung der Arbeitsgenossen ausgeschlossen sein; die Arbeit wird die einzige Quelle ihrer gegenseitigen Bereicherung werden. Die Smith'sche Lüge von der Entstehung des Nationalreichthums durch die Bereicherung Einzelner auf Kosten der Uebrigen wird der Wahrheit der Bereicherung Aller durch die Arbeit Aller Platz machen. Die Verwerthung einer jeden einzelnen Arbeitskraft für die Communion und für die Artel wird zur Lebensfrage derselben; die Recrutirung der kräftigsten Männer auf eine Reihe von Jahren für den Dienst des Militarismus und Bureaukratismus wird als das grösste Hindernis ihres Aufblühens erkannt werden. Die zur Theilnahme an der Gesetzgebung und Regierung gelangte besitzlose Arbeit wird diese Verwendung der besten Arbeitskräfte für unproductive Zwecke einzuschränken wissen; sie wird die arbeitsunkundigen Waffengenossen zu waffenkundigen Arbeitsgenossen heranbilden und die in dem Chaos sich derogirender und abrogirender Gesetze sich selbst nicht mehr auskennende Beamten-Regierung durch eine nach einfachen in das Herz eines gerechten Mannes geschriebenen Rechtssätzen entscheidende Selbstregierung des Volkes ersetzen. Das mit den productiven Classen alliirte Königthum wird des Militarismus entbehren; das die christliche Gerechtigkeit in seinem Rechte verwirklichende Volk den Gelehrtenkram des heidnischen römischen Rechtes überflüssig machen. Die für das militärische Staatswesen Europas imminente Gefahr, durch das rein ökonomische Gemeinwesen Amerikas materiell ruinirt zu werden, wird

11*

damit abgewendet werden. Die Staatsschulden werden abnehmen; der Steuerdruck wird nachlassen: die Völker werden aufathmen. Die Hebung der materiellen und sittlichen Volkswohlfahrt wird auch den internationalen Verkehr und sein Recht auf die Bahn der Gerechtigkeit leiten. Die Nationen werden die stehenden Heere als die Hauptquelle ihres gemeinsamen Ruines erkennen, und in dem Masse als sie sich zum gemeinschaftlichen Kampfe gegen die Natur rüsten werden, werden sie im Kampfe unter einander abrüsten.

Durch die vorstehenden im engen Rahmen dieser Schrift natürlich nur in den flüchtigsten Umrissen gezeichneten Folgen der voraussichtlichen künftigen ökonomischen Verfassungsformen und die zu ihrem Schutze und ihrer Weiterbildung und steter Vervollkommnung getroffenen Verwaltungsmassregeln wird der Mittelstand an Zahl, Kraft und Freiheit zunehmen. Es wird keine Krösuse, aber auch keine Proletarier-Heere mehr geben. Der Wohlstand wird allgemein und die Freiheit Gemeingut Aller: die zur Theilnahme an der Gesetzgebung und Verwaltung gelangte besitzlose Arbeit wird, kraft der in der monarchischen Gewalt gefundenen neuen Allianz den Staatszweck über den Parteizweck, die besitzlose Arbeit über das arbeitslose Capital, das Volkswohl über das Sonderinteresse triumphiren heissen und der wirthschaftlichen Gerechtigkeit über das wirthschaftliche Faustrecht zum Siege verhelfen.

Und wenn dieses Ideal verwirklicht worden sein wird: wird in dieses „Reich Gottes", welches die ersten Christen nahe glaubten, und die Philanthropen aller Zeiten auf Erden zu gründen trachteten, der „ewige Friede" seinen Einzug feiern? Niemals. Nachweisbar ist vielmehr

III.

Die Continuität des Kampfes um den Besitz.

A. Unmöglichkeit eines Waffenstillstandes im Kampfe um den Besitz

a. der Menschen unter einander

α. wegen des rechtlichen Antagonismus

α². zwischen dem Sondereigenthum und dem Collectiveigenthum.

Wir haben gefunden, dass der erste Besitz eine Errungenschaft des Kampfes des Menschen mit der Natur war, und dass der Kampf um den Besitz mit dem ersten Auftreten des Menschen auf unserem Planeten begonnen hatte. Wir haben weiter gesehen, dass der Besitz ein Mittel der Selbsterhaltung und der persönlichen Entwicklung ist und dass ein Aufgeben des Kampfes um den Besitz durch Fahnenflucht aus Feigheit den Sieg des Menschen über den Menschen oder die Knechtschaft, und ein Aufgeben desselben aus Aberglauben den Sieg der Natur über den Menschen, d. i. den Tod bedeutet. Wenn dies nun feststeht und die Weltgeschichte und die Statistik überdies die Thatsache der fortschreitenden Vermehrung der Menschen nachweisen, so folgt daraus, dass der Kampf um den Besitz seit dem Erscheinen des Urmenschen auf unserem Planeten ununterbrochen fortdauert. Wird es auch immer so sein? Gibt es gar keinen Waffenstillstand, keine Friedensaussichten im Kampfe um den Besitz?

Der Besitz, woran in der Periode des Gesammtbesitzes der durch gleiche Abstammung zusammengehörigen Genossenschaft, der Sippe (rod der Slaven, γένος der Griechen, gens der Römer)

der Einzelne zu dem Zwecke Antheil hatte, damit er dafür Waffendienst leiste, wurde, entsprechend der für alle Einzelnen gemeinsamen und gleichen Waffenpflicht, auch jeder einzelnen Familie innerhalb der Sippe mit gleichem Antheile, Allod (надѣлъ) zur Benützung überlassen. Diese ursprüngliche Gemeinsamkeit und Gleichheit der Gebrauchsantheile des Besitzes innerhalb der Sippe unterlag mit der Zeit bedeutenden Aenderungen. Vor allem vermochte die Sippe nicht immer die auf sie entfallende Zahl Waffenfähiger zu stellen und musste daher Fremde, nicht Gesippte (Magen) zu diesem Zwecke in die Sippe aufnehmen und sie des Besitzes theilhaftig machen. Damit wurde das Princip des Geschlechtsbesitzes durchbrochen, und es erhielt Anrecht auf den Besitz jedermann, ohne Unterschied der Sippschaft, wer zum Waffendienst zugezogen wurde, also jedes Mitglied der Waffengemeinde.[1]) Innerhalb der einzelnen Gemeinden wurden die Allode mit der Zeit enger und enger an die Person der Gemeindemitglieder und deren Rechtsnachfolger geknüpft und der Umfang ihrer Besitzbefugnisse mehr und mehr ausgedehnt. Wo ursprünglich die Mitbenützung von Grund und Boden zur Viehweide durch alle Genossen selbstverständlich war, nahm der Einzelne sobald er den Grund geackert und mit Feldfrüchten angebaut oder gar mit Wirthschaftsgebäuden versehen hatte, das Recht für sich in Anspruch, jeden Dritten von der Mitbenützung auszuschliessen. Der Vorwurf, dass der Grund und Boden durch die Sippe erobert worden sei, und deshalb ihr gehöre, konnte nach der Aufnahme der Nichtgesippten in den Gemeindeverband von niemandem mit Recht erhoben werden. Den Gemeindegenossen leuchtete die Unmöglichkeit der Trennung des Hauses von Grund und Boden von selbst ein. Jeder von ihnen liess im eigenen Interesse das, was sich wirthschaftlich nicht trennen liess, auch rechtlich verbunden und dem Einzelnen eigen sein. Zu dem ursprünglichen Nutzniessungsrechte gesellte sich das Verfügungsrecht über das zur blossen Nutzniessung zugetheilte

---

[1]) Siehe Dr. Lorenz v. Stein: „Die drei Fragen des Grundbesitzes und seiner Zukunft.“ S. 27 und 45.

Land selbst; über das gemeinschaftliche Besitzrecht zu der Almend erhob sich das Sondereigenthumsrecht zu dem Allod. Was daheim das wirthschaftliche Geräth bewirkte, das schuf in der Fremde das Schwert. In dem eroberten Lande waren es weder die Sippe noch die Waffengefährten einer Gemeinde, welche den Feind von Grund und Boden entsetzten. Es waren Kampfgenossen, wie sie der Kriegsgott zusammenführte. Die Sieger machten die Besiegten zu ihren Sclaven; und da sie sich das Eigenthumsrecht selbst an der Person derselben anmassten[4]), so scheuten sie um so weniger vor der Consequenz zurück, auch deren Besitz der eigenen Herrschaft total zu unterwerfen.

Sobald das Eigenthumsrecht auf diesem zweifachen Wege des Friedens und des Krieges begründet worden war, suchten die Eigenthümer, je weiter, desto mehr, jeden Dritten von der Mitbenützung ihres Eigenthumes auszuschliessen, selbst wenn sie diese Mitbenützung an der Verwendung ihres Eigenthumes zu seinen bestimmten Zwecken nicht gehindert hätte. So schlossen sie jedermann von der Benützung des aus ihrem Besitzthume sprudelnden überflüssigen Quellwassers oder des über den eigenen Grund und Boden zu einem benachbarten Fluss- und Seegebiete führenden Pfades aus. Die Eigenthümer usurpirten damit das Recht, den Nichteigenthümern den Zugang zu den unerschöpflichen Naturkräften zu verwehren, ja, sie beanspruchten das Recht, das in Besitz genommene Gut aus Uebermuth zu zerstören, auf die Gefahr hin, dass der Gesammtheit dadurch ein uneinbringlicher Verlust am Vermögen erwachse, wie z. B. durch die infolge der Ausrodung eines Waldes entstandene Trockenlegung nachbarlicher Wiesen. Sie beanspruchten für sich nicht minder das ausschliessliche Recht, mit ihrem Besitze nicht nur unter Lebenden beliebig zu schalten und zu walten, sondern auch diese Herrschaft für den Todesfall auf ihre ausdrücklich oder vermuthlich erwählten Nachfolger zu übertragen; kurz, sie forderten die rechtliche Anerkennung der vollen und alleinigen Herrschaft des Individuums über die ihm unterworfene Sache:

---

[1]) Vergleiche die Note 2 auf S. 9.

d. i. das Eigenthumsrecht im römisch-rechtlichen Sinne. Und die Geltendmachung dieser Forderung ist ihnen gelungen, und nur unbedeutend sind die an der Souveränität der Eigenthumsherrschaft vom öffentlichen Rechte im Laufe der Zeiten gemachten Einschränkungen. Der ursprünglich nur zum Nutzgenusse zugetheilte nationale Grund und Boden ist fast ausnahmslos Allod (all ganz, od Gut), d. i. volles Eigen- oder Sondereigenthum des Individuums geworden. Die Nationen verloren ihr Obereigenthum. Was keiner Völkerwanderung gelungen ist, dies erreichte das Jus Quiritium: der nationale Boden wurde bis auf die letzten Reste der Almende, des Mir, der Zádruga und der Dessa entnationalisirt.

Dies römisch-rechtliche Eigenthumsrecht oder, wie die Schule es bezeichnet, das Eigenthums- und Erbrecht, wurde als der Grundpfeiler der gesammten socialen Rechtsordnung anerkannt. Ob mit Recht? Man versucht das Eigenthumsrecht überhaupt bald aus der Occupation[1]), bald aus der Arbeit[2]), bald aus dem menschlichen Willen[3]), bald aus der gesellschaftlichen Zuerkennung[4]) abzuleiten. Keine dieser Begründungen indessen ist stichhältig. Das Princip des Eigenthumsrechtes ist nicht die Besitzergreifung, weil sie ein Willküract ist, der eine orga-

---

[1]) D. i. die sogenannte Occupationstheorie, nach L. 3, D. XLI. 1. „Quod enim nullius est, id ratione naturali occupanti conceditur." Sie verwechselt eine Erwerbsart des Eigenthums mit seinem Principe.

[2]) D. i. die sogenannte Arbeitstheorie. Vergleiche Proudhon: „Philosophie de la misère", II, ch. 11, §. 2; Locke: „Two treatises of civil government", II, ch. 5, und Bastiat: „Harmonies économiques", chap. 8 und 9. — Auch diese Theorie verwechselt das Princip oder die innere Berechtigung des Eigenthumsrechtes mit einer der beiden Haupt-Kategorien seiner historischen Entstehung. Diese sind, wie bekannt, zuerst die Gewalt und dann die Arbeit.

[3]) D. i. die sogenannte Vertragstheorie.

[4]) D. i. die sogenannte Anerkennungstheorie, von A. Wagner „Legaltheorie" genannt. Vergleiche „De l'esprit des lois par Montesquieu", tome II, livre 26, chap. 15: „Comme les hommes ont renoncé à leur independance naturelle pour vivre sous des lois politiques ils ont renoncé à la communauté naturelle des biens pour vivre sous des lois civiles. Les premières leur acquièrent la liberté, les secondes la propriété". Diese Theorie wird auch durch A. Wagner vertreten.

nische Ordnung in den Vermögensverhältnissen der menschlichen Gesellschaft ausschliesst. Sein Princip ist nicht die Arbeit, weil das Eigenthumsrecht sonst an Dingen nicht möglich wäre, welche, wie es z. B. bei den von der Natur selbst gespendeten Früchten der Fall ist, ohne jegliche Arbeitsleistung gewonnen werden, — ausser, man wollte das blosse In-den-Schoss-Fallenlassen von Naturgaben Arbeit nennen. Sein Princip ist auch nicht der menschliche Wille, da nicht abzusehen ist, warum der eine Wille mehr, als der andere gelten sollte. Sein Princip ist ebensowenig die gesellschaftliche Zuerkennung, da diese nur die Folge des Eigenthumsprincips und nicht das Princip selbst ist[1]), wie ja denn auch der sicherste Dolmetsch der gesellschaftlichen Zuerkennung, das Gesetz, dem Eigenthumsrechte heutzutage bei weitem nicht so viel Gewalt einräumt, als ihm die Vertreter der individualistischen Eigenthumstheorie vindiciren. Das römische Recht selbst hat dem Eigenthumsrechte nie jene unbeschränkte Gewalt zugesprochen, welche ihm eine unrichtige Interpretation angedichtet hat.[2])

Da diese Ableitungen nicht genügen, so wollen wir das Eigenthumsprincip selbstständig suchen und uns vor allem darüber klar

---

[1]) Als Eigenthumsprincip gedacht, ist diese gesellschaftliche Zuerkennung blosse Chimäre. Im Zustande der Sclaverei ist eine Anerkennung des Eigenthumsrechtes des Herrn durch seinen willenlosen Sclaven undenkbar; und wenn wir heute die Besitzlosen fragen, wird sich vielleicht nicht Einer finden, der ohne Rechtszwang mit dem ihn drückenden Mangel des Eigenthums einverstanden wäre.

[2]) Wir berufen uns in dieser Beziehung auf die classische Zeugenschaft Ihering's, welcher unter Hinweis auf die l. 8 Cod. de omni agro (11. 58), welche wüst liegende Ländereien dem Anbaulustigen zuerkennt, dann auf die l. 1. Cod. de metallariis (11. 6), welche die vom Eigenthümer verschmähten Schätze des Bodens demjenigen zuspricht, der zu schürfen und zu muthen sich bereit erklärt, und auf die l. 14, §. 5 de relig. (11. 7), nach welcher er eine testamentarische Verfügung, dass Werthpapiere und Kostbarkeiten des Erblassers vernichtet werden sollen, für ungiltig hält, zu der Folgerung gelangt, dass es nicht wahr sei, dass das Eigenthum seiner Idee nach die absolute Verfügungsgewalt in sich schlösse („Der Zweck im Recht" von Rudolf von Ihering, Leipzig, 1877, I, S. 507—510). Vergleiche auch „Grundriss für Vorlesungen über Nationalökonomie" von Dr. Adolf Held, Bonn, 1878, S. 12.

werden, warum der Besitz den eigenthumsrechtlichen Schutz unbedingt benöthige? Die richtige Antwort darauf ist die, dass dieser
Schutz insoweit unbedingt nöthig ist, als ohne denselben der
menschliche Trieb zur Besitzsammlung und Besitzerhaltung und
damit auch zur Entwicklung menschlicher Individualität ver-
kümmern würde. Denn die Entwicklung der Individualität beruht
auf der Erhebung von einer niederen zu einer höheren Culturstufe; dazu ist Musse nöthig, die Musse ist undenkbar ohne
genügende Lebensvorräthe; zur Ansammlung von Vorräthen entschliesst sich der menschliche Egoismus nur dann, wenn er weiss,
dass sie ihm ausschliesslich gehören werden: deshalb muss die
Gesellschaft, wenn sie auf die Entfaltung der Individualität
nicht verzichten will, ihren Gliedern die möglichst höchste und
ausschliessliche Herrschaft über das erworbene Gut, und zwar
sowohl in ihrem Ruhepunkte als Eigenthumsrecht, wie auch in
ihrer Bewegung als Erbrecht[1]), wahren. Weil die Menschen
aus Egoismus den Besitz lieber gleich selbst verzehren würden,
als ihn später mit anderen zu theilen, so ist das Eigenthumsrecht nothwendig; da aber viele aus Egoismus den Besitz auch
lieber vernichten, als ihn Fremden hinterlassen würden, ist nicht
minder das Erbrecht unentbehrlich. Ohne diesen Egoismus würde
der Besitz des eigenthumsrechtlichen Schutzes entrathen und die
menschliche Individualität auch ohne Eigenthum sich entwickeln
können. Daraus folgt, dass das sittliche Bedürfnis, die menschliche Individualität zu entwickeln und den dazu unentbehrlichen
Besitz gegen den menschlichen Egoismus zu erhalten, Grund des
Eigenthums- und Erbrechtes ist, so dass, wenn es ein solches
Rechtsinstitut nicht gäbe, dasselbe geschaffen werden müsste.
Dieses sittliche Bedürfnis ist aber auch das Mass der dem Eigenthumsrechte einzuräumenden Herrschaft. Denn da das Recht

---

[1]) In dieser seiner socialen Function ist das Erbrecht ebenso wie in
seiner rechtsgeschichtlichen Bildung mit dem Privateigenthumsrechte im Zusammenhange. Vom Standpunkte der Rechtswissenschaft aus bezeichnet es
ein vom Privateigenthumsrechte gänzlich verschiedenes, selbstständiges absolutes Recht. Vom Standpunkte des positiven Rechtes aus bezeichnet es ein
selbstständiges Privatrechtsinstitut.

der Individualität allgemein giltig ist, so muss der zur Entwicklung der Individualität nothwendige Besitz und der zum Besitzerwerbe unentbehrliche Zugang zu den Naturkräften jedermann offen sein, und es darf daher jenes Rechtsinstitut, welches zum Schutze der im Kampfe um den Besitz erzielten, die individuelle Entfaltung vermittelnden Erfolge berufen ist, sich ohne Gefahr für seinen Bestand mit seinem Zwecke nicht in Widerspruch setzen; es darf nicht selbst ein Hindernis des Besitzerwerbes, dieser Voraussetzung der Eigenthumsbildung werden: es darf kein Hemmnis der individuellen Entwicklung sein. Damit ist das Mass der Beschränkung jener Eigenthumsherrschaft für die Einzelnen gegeben und diese Beschränkung gelangt im Gesetze, als dem Wortlaute der gemeinsamen Ueberzeugung der Gesellschaft, zum Ausdrucke. Daraus folgt, dass das Eigenthumsrecht in dem Sinne der vollen, ausschliesslichen, nur durch das Gesetz[1]) eingeschränkten Herrschaft über eine Sache als Grundlage der menschlichen Individualitätsentfaltung begründet ist. Da letztere

---

[1]) Im unjuristischen Sinne rechnet man auch unkörperliche Sachen zum Eigenthume; insbesondere im Falle des Urheberrechtes, welches, als die moderne Kategorie des Eigenthumsrechtes aufgefasst, „geistiges Eigenthumsrecht" genannt wird. Es liegt dieser Bezeichnung dieselbe Vorstellung zum Grunde, welche auch die Jurisdiction zur Zeit der Patrimonialgerichtsbarkeit als ein Object des Grundeigenthumsrechtes auffasste. Es hat der Autor oder Urheber wohl Eigenthumsrecht an seinen Originalmanuscripten und den von ihm geschaffenen Industrie- und Kunstproducten, keineswegs aber an seinen Originalideen. Daraus folgt aber durchaus nicht, dass letztere sich mit einem geringeren Rechtsschutze zu begnügen hätten, als jene. Im Gegentheile! Denn als Productivkräfte haben sie für die Gesellschaft einen unvergleichlich höheren Werth, als ihre ökonomischen Einzelverwerthungen. Allein von solcher Hochschätzung ist das Autorrecht noch sehr weit entfernt. Während das sachliche Eigenthumsrecht zeitlich und räumlich unbeschränkt ist, gilt von jenem das Gegentheil. Diese Beschränkung in der ökonomischen Verwerthung der Originalideen ist beim Bestand der heutigen ökonomischen Verfassungsformen insoferne ein unvermeidliches Uebel, als sonst entweder die Interessen der Urheberschaft oder der Consumenten preisgegeben wären. Nach der Einführung der von mir oben besprochenen künftigen ökonomischen Verfassungsformen werden die Originalideen mit demselben Rechtsschutze ausgerüstet werden, dessen sich ihre körperlichen Darstellungen erfreuen, und die mit einem so gearteten Rechtsschutze umgebene Urheberschaft wird dann nicht mehr wie jetzt auf die Suche nach dem Gelde des Capitalisten gehen, sondern

sein Princip ist, so erlauben wir uns letzteres das Individualitäts-
princip zu benennen.[1])

Die Richtigkeit dieser Ableitung scheint uns gerade das
Erbrecht zu documentiren. Der Nachlass der Vorfahren ist die
Grundlage der Ausbildung von Individualitäten unter den Epi-
gonen. Ohne Ptolemäus gäbe es vielleicht keinen Copernicus,
ohne Homer gewiss keinen Virgil, ohne beide vielleicht keinen
Dante und Shakespeare und ohne diese keinen Schiller und
Goethe, ohne Aristoteles gewiss keinen Kant und ohne Adam
Smith keinen Carey. Die zweiten steigen auf den Schultern der
ersten empor. Zu gleichem Zwecke werden nicht nur Ideen,
sondern auch Vermögen vererbt. Wie der Epigone mit den
Ideen der Vorfahren, so soll auch der Erbe mit dem Vermögen
des Erblassers wirthschaften: beide sollen auf der gewonnenen
Grundlage weiter bauen und nach dem stillschweigend oder ausdrücklich gesetzten Willen der Vorfahren ihre Individualität zur
sittlichen und materiellen Wohlfahrt ausbilden. Zu diesem
Zwecke wurde auch das Vermögenserbrecht eingeführt und wird
durch staatlichen Zwang selbst gegen den Willen des Eigen-
thümers aufrecht erhalten, denn der Erblasser darf sein Eigenthum für den Todesfall nicht der Vernichtung preisgeben; er

---

letzteres wird umgekehrt die Arbeit des Urhebers aufsuchen müssen, weil es
nichts Verlockenderes für den Capitalisten gibt, als ein Unternehmen, in
welchem sich Ideen in Gold umsetzen lassen: das Urheberrecht wird die
Herrschaft der Arbeit über das Capital verwirklichen.

[1]) Verfasser ist mit dieser, soweit ihm bekannt, vereinzelt dastehenden
Ableitung des Eigenthumsrechtes am nächsten der Auffassung Stahl's,
Hegel's und Bluntschli's. Nach Stahl („Rechtsphilosophie" II, 351) ist
„das Eigenthum der Stoff für die Offenbarung der Individualität des Menschen".
Nach Hegel („Rechtsphilosophie", §. 44) ist das Eigenthum „das Mittel, sich
die Sphäre äusserer Freiheit zu geben". Nach Bluntschli („Allgemeines
Staatsrecht", München, 1851, S. 119) ist es „die Erweiterung des leiblichen
Daseins des Individuums"; indem zum Besitz „das Bewusstsein der berech-
tigten Herrschaft der Person über die Sache" hinzutrete, sei das Eigenthum
vollendet.

Eine besonders gründliche Darlegung der Theorien für die Begründung
des Privateigenthums, sowie eine zutreffende Kritik derselben enthält Wagner's „Lehrbuch der politischen Oekonomie", I, S. 535 bis 575.

muss es bestimmten, vom Gesetze zur Erbfolge berufenen Personen übertragen: darauf beruht das Notherbrecht.

Das Eigenthumsrecht und das Erbrecht begannen ihre ethische Aufgabe sofort nach ihrer Einführung damit zu erfüllen, dass sie das vernünftige Masshalten im Genusse und eine strenge Ordnung in der Wirthschaft als unumgängliche Bedingung der Erhaltung des Eigenthums vom Manne und eine kluge Leitung des Hauswesens als selbstverständliche Ergänzung der productiven Thätigkeit des Mannes vom Weibe forderten. Diesen sittlichen Einfluss krönte das Eigenthums- und Erbrecht durch Weckung des Patriotismus, da in allen die Existenz des Staates bedrohenden Gefahren der Besitzende alles, der Nichtbesitzende dagegen nichts zu verlieren hat. Mit Recht werden demnach beide Rechtsinstitute als die Grundpfeiler der socialen Ordnung gepriesen. Sie werden es auch bis zum Untergange der menschlichen Gesellschaft bleiben, allerdings mit einem den nach Zeit und Ort wechselnden Bedürfnissen der Gesellschaft gemäss mehr oder weniger eingeengten Umfange ihrer Befugnisse. Denn die Gesellschaft duldet kein Recht und daher auch kein Eigenthumsrecht, welches mit ihren Zwecken im Widerspruche stünde.[1]) Letzteres wäre der Fall, wenn die Eigenthümer durch die unbeschränkte Ausschliesslichkeit Anderer von ihrem Besitze die gesellschaftliche Entwicklung hemmen würden. Wenn die Eigenthümer in diesem Falle dem Gebote der Nothwendigkeit nicht nachgebend ihr Sonderinteresse an der Ausschliesslichkeit ihrer Besitzherrschaft dem Staatsinteresse vorziehen und, auf ihr formales Recht pochend, lieber die Gesellschaft preisgeben sollten, als sie und sich selbst mit ihr zu erhalten, so wird allemal ein Kampf zwischen den für die unbeschränkte Ausschliesslichkeit des Sondereigenthums eintretenden und allen an der Entwicklung der Gesellschaft interessirten Mächten entbrennen und er wird, kraft der ewig geltenden socialen Gesetze der Selbsterhaltung und der persönlichen Entwicklung fortgeführt werden, bis die ersteren

---

[1]) Die Idee des Eigenthums kann nichts mit sich bringen, was mit der Idee der Gesellschaft im Widerspruche steht (Ihering, S. 511 a. a. O.).

ihr Privatinteresse dem öffentlichen Interesse zu unterordnen gezwungen werden. Dies ist bereits oft geschehen. Wiederholt wurde das Princip des starren Sondereigenthums durch das Nothrecht der Gesellschaft im Wege der Expropriation durchbrochen, und es wird in der durch die sociale Frage geschaffenen grössten Nothlage der Gesellschaft durch Begründung neuer ökonomischer Verfassungsformen noch mehr durchbrochen werden.[1])

Auch das öffentliche Erbrecht kommt gemäss dem Principe der wirthschaftlichen Gerechtigkeit desto mehr zur Anerkennung je mehr die Leistungen der Familie im Vergleiche mit denen des Staates für den Einzelnen in den Hintergrund treten. Das Privaterbrecht wird durch das Gesellschaftserbrecht desto mehr beschränkt werden, je entschiedener das Collectiveigenthum durch die neuen ökonomischen Verfassungsformen gegenüber dem Sondereigenthumsrechte gefördert werden wird. Es wird sich dem Staatsinteresse, welches eine absolute Verfügungsfreiheit Verstorbener über die Besitzvertheilung Lebender nicht dulden darf, desto mehr unterordnen müssen, je mehr das Princip der wirthschaftlichen Gerechtigkeit verwirklicht werden wird. Aus diesem Grunde müssen bedeutende Beschränkungen des Intestaterbrechtes, insbesondere durch Abschluss desselben mit einem weit näheren Verwandtschaftsgrade als jetzt üblich ist, und noch mehr Einschränkungen des testamentarischen Erbrechtes gegenüber fremden, durch Blutsverwandtschafts-, Schwägerschafts- und Adoptionsbande

---

[1]) Nie wird aber das Eigenthumsrecht und das aus demselben fliessende Erbrecht beseitigt werden können. In der richtigen Erkenntnis des in der heutigen Volkswirthschaft geltenden Faustrechtes versuchen zwar die Socialisten und Communisten dem Kampfe um den Besitz eine der natürlichen entgegengesetzte Richtung zu geben, indem sie zum Kampfe gegen den Besitz rufen und der besitzlosen Arbeit durch die Aufhebung des Privateigenthums und Erbrechtes Besitz verschaffen wollen. Doch beruht ihre Ansicht auf einem Fehlschlusse. Weil das moderne Unternehmen unumgänglich Besitz erfordert, soll der dem Besitze unentbehrliche eigenthumsrechtliche Schutz beseitigt werden? Mit Unrecht! Nicht gegen das Eigenthumsrecht sind die Angriffe zu richten, sondern gegen die bestehenden Hindernisse der allgemeinen Zugänglichkeit der Besitzmittel. Dies wird die Aufgabe künftiger Generationen sein; sie heisst nicht Kampf gegen das Eigenthumsrecht, sondern Kampf um den Besitz.

dem Erblasser nicht nahestehenden Personen, mit der Zeit eintreten. Ausser diesem Anfallsrechte der Gesellschaft werden auch die mit der Gradesnähe der Verwandtschaftsbande abnehmenden und mit der Grösse der Erbportion zunehmenden Erbschaftssteuern in dem zukünftigen Kampfe um den Besitz vortreffliche Waffen der Besitzlosen zur Erreichung einer besseren Besitzvertheilung sein.

Alles dies stellt nun einen ununterbrochenen Kampf um den Besitz zwischen dem die grösstmögliche Testirfreiheit und die weitgehendste Ausdehnung der gesetzlichen Erbfolge vertheidigenden Egoismus der Besitzenden und dem die schrankenlose Testirfreiheit und allzuweite Ausdehnung der Intestaterbfolge bekämpfenden Interesse der Besitzlosen in Aussicht, welcher kaum mit geringerer Energie geführt werden dürfte, als der Kampf unter den Anhängern der absoluten Ausschliesslichkeit des Eigenthumsrechtes einerseits und den Vorkämpfern für eine der wirthschaftlichen Gerechtigkeit entsprechende, und die von uns vorgeschlagene Nationalisirung des vaterländischen Grund und Bodens bezweckende Ausdehnung des Collectiveigenthums anderseits. Da jedoch der erstere Kampf in dem Grade gegenstandslos wird, als im letzteren das Collectiveigenthum über das Sondereigenthum die Oberhand gewinnt, so werden diese Kämpfe in dem grossen Wettkampfe des Sonder- und Collectiveigenthums zur Austragung gelangen, deren Antagonismus, an dem unvertilgbaren Gegensatze der Interessen der Besitzenden und der Besitzlosen ewig genährt, ein bleibendes Hinderuis eines in dem zwischen den Menschen geführten Kampfe um den Besitz abzuschliessenden Friedens sein wird.

Gleiche Wirkung äussert

β^2. der Antagonismus zwischen dem historischen und dem natürlichen Besitzrechte.

Wir wissen, dass der Besitz ganz so wie das Recht aus der Thatkraft des Individuums hervorgegangen ist. Seine Anfänge sind geradeso wie die des Rechtes Wirkungen physischer

Gewalt.[1]) Um das Gut, welches die persönliche Thatkraft der Natur oder dem Menschen oder der Natur durch den Menschen abgerungen hatte, zu behaupten, mussten die Menschen auf die gegenseitige Beraubung verzichten. Aus dieser Verzichtleistung entwickelte sich das Rechtsgefühl, und dieses drückte dem so erworbenen Gute „seinen Stempel auf, machte es zu einem Theile der Person selbst und verdoppelte damit die Kraft, mit der es behauptet ward".[2]) Das Bedürfnis nach der Anerkennung des eigenen Besitzrechtes durch die Genossen nöthigte auch zu der Anerkennung ihres Besitzrechtes. Der Ausdruck dieser Willenseinigung wurde das Gesetz, welches mit ihrem Inhalte einer steten Veränderung unterworfen ist. Das jeweilige Gesetz ist die zeitliche Frucht des ewigen Processes, durch welchen die Kategorien des Rechtes an sich mit dem der jeweiligen Gesellschaftsordnung entsprechenden Rechte erfüllt werden. Da die Gesellschaft, welche bezüglich ihrer Besitzbildung und Besitzvertheilung sich selbst überlassen bleibt, laut des von uns nachgewiesenen socialen Gesetzes der Besitzherrschaft sich zu einer durch den Besitz bestimmten Gesellschaftsordnung entwickeln muss, so erfordert auch diese auf dem Besitze und seiner Vertheilung beruhende Gesellschaftsordnung ihr eigenes Rechtssystem und ihre eigene Rechtsbildung. Diese haben wir bereits kennen gelernt, und wir sind zu der Ueberzeugung gelangt, dass sie einerseits zur Unveräusserlichkeit und Untheilbarkeit der Latifundien, zu Monopolen und Privilegien, zur Vererbung der Vorrechte als Familienrechte, daher zu Geburts-, Standes- und Kastenrechten, wie andererseits zur Polizei der Arbeit und zur vollständigen Ausschliessung der Besitzlosen vom Besitzerwerbe, daher zur Verhinderung einer aufsteigenden Classenbewegung führte.

Dieses auf dem positiven Gesetze beruhende sogenannte

---

[1]) Das Wort „praedium", Grundstück, leitet der Römer von praeda, die Beute, ab. Und in der That lässt sich überall in der Geschichte nachweisen, dass die den Grund und Boden betreffenden Eigenthumsgestaltungen nicht ein Product der Arbeit, sondern eine Folge der Unterwerfung und Beherrschung der Schwächeren sind.

[2]) Siehe „Geist des römischen Rechtes" von Ihering, Bd. I, S. 105.

historische Besitzrecht hat einen natürlichen, ewig lebenden, rastlos kämpfenden Gegner in dem natürlichen Besitzrechte, welches durch die Macht der wissenschaftlichen Ueberzeugung der Idee der wirthschaftlichen Gerechtigkeit in der Volksanschauung Bahn bricht und durch eine, das positive Gesetz in ihrem Geiste interpretirende Jurisdiction das historische Recht ausser Wirksamkeit zu bringen bestrebt ist. Dass dieses gegen den thatkräftigen Willen des ersteren seinen Bestand nicht immer mit Erfolg zu vertheidigen vermag, lehrt die Geschichte. Sieghaft vertheidigt es die errungene Position, insolange es seine sociale Uebermacht und politische Sonderstellung nicht zur Ausschliessung der Besitzlosen von den Besitzerwerbsmöglichkeiten missbraucht, denn es hat in diesem Falle die Macht der öffentlichen Meinung für sich, welche nach der durch das positive Gesetz geheiligten Quelle seiner Herrschaft, solange letztere nicht missbraucht wird, nicht forscht. Ohne Erfolg pflegt es sich dem natürlichen Besitzrechte dort entgegenzustellen, wo es nicht durch kluge Politik seinen Egoismus zu bändigen versteht, daher durch künstliche Besitzcentralisation den Nichtbesitzenden die Erwerbsmöglichkeiten verschlossen hält, denn es hat dann die Macht der öffentlichen Meinung gegen sich, welche, das sociale Gesetz der Selbsterhaltung und persönlichen Entwicklung für die Besitzlosen anrufend, nach der Berechtigung seiner Besitzherrschaft forscht, weil diese missbraucht wird. Die öffentliche Meinung ist aber, sobald sie erst zu forschen anfängt, mit ihrem Urtheile bald fertig und verkündet laut, dass sich der historische Besitz mit jenem socialen Gesetze und daher auch mit der Freiheit der individuellen Entfaltung, als dem Lebensprincipe einer freien Gesellschaftsordnung, in Widerspruch gesetzt habe. Wenn der historische Besitz, gegen diesen Vorwurf sich verschliessend, den Widerspruch so weit verschärft, dass dem arbeitslosen Besitze Genuss und Bereicherung, der besitzlosen Arbeit dagegen Mühe und Armuth als Los beschieden werden, dann werden die Klagen über sociales Unrecht von dem kategorischen Rufe nach der Lösung jenes Widerspruches begleitet. Jener Widerspruch ist aber ohne Abänderung der bestehenden Gesetze unlösbar, weil letztere ja diesen Zustand für Recht erklären; er ist aber auch unhaltbar, weil sich das sociale Gesetz der Selbsterhaltung und der persönlichen Entwicklung als das Urgesetz der Schöpfung mit elementarer Gewalt geltend macht.[1] Es wird daher alsbald der Kampf des natürlichen Besitzrechtes mit dem historischen Besitzrechte entbrennen, welcher, dem Kampfe des abstracten mit dem concreten Rechte analog vorbereitet, auch einen ähnlichen Verlauf nimmt; es sei denn, der historische Besitz entsagte seinen Privilegien aus freien Stücken, wofür uns allerdings die Geschichte ein Beispiel liefert[2]), das vom russischen Landadel gegebene, welcher bei der Regierung durch die Zemstva die Abschaffung seines Privilegiums, keine directen Steuern zahlen zu müssen, wiederholt und merkwürdigerweise ohne Erfolg beantragt hat.

Wie nämlich die abstracten Rechtssätze durch Gewohnheitsrecht und wissenschaftliche Abstractionen oft lange schon von innen heraus sich entwickelt hatten, bevor ihnen durch die positive Gesetzgebung Gesetzeskraft verliehen worden war, so eilt auch die den Missbrauch der Besitzherrschaft verurtheilende öffentliche Meinung oft Generationen einer Gesetzgebung voraus, in welcher es ihr erst gelingt, die mit den Grundsätzen der wirthschaftlichen Gerechtigkeit im Widerspruche stehende Besitzverfassung durch neue, dem natürlichen Besitzrechte Bahn brechende ökonomische Verfassungsformen zu ersetzen. Denn das bestehende Unrecht ist, sobald es durch das Gesetz für Recht erklärt wird, unverletzlich und darf nur durch neues Recht beseitigt werden. Neues Recht kann aber, sobald der historische Besitz es verweigert, nur von demjenigen gegeben werden, welcher selbst unverletzlich ist — vom Monarchen. Daher sind es auch in der Regel weise Regenten, welche, wie Maria Theresia

---

[1] „Das erste Urrecht des Menschen ist, zu leben, d. h. seine körperlichen und geistigen Kräfte zu entwickeln." „Nationalökonomie" von Dr. Heinrich Contzen, Leipzig, 1879, S. 450.

[2] Denn die „Opferwilligkeit" einzelner Privilegirten, welche in der Assemblée nationale in der denkwürdigen Nacht vom 4. August 1789 die Aufhebung der Lehnsabgaben und Frohndienste beantragten, war wohl eine durch die Macht der gewaltigsten Ereignisse erzwungene That.

und die Kaiser Josef II., Franz Josef I. und Alexander II. und III.,
die Aufgabe des monarchischen Princips erfassend, ohne Rücksicht auf den Vorwurf der kurzsichtigen Zeitgeschichte, „es
werde durch Negation des bestehenden Rechtes der Gerechtigkeit
Gewalt angethan", mit festem, vom Staatsinteresse dictirtem
Willen den natürlichen Besitzrechten gegen den historischen
Besitz Achtung verschaffen.

Gelingt dies, und sind die, die Besitzlosen vom Besitzerwerbe
ausschliessenden Schranken des gesellschaftlichen Rechtes gefallen, dann säumt der neu errungene Besitz allerdings nicht,
sich seinerseits gegen die etwaigen Angriffe des natürlichen Besitzrechtes mit dem Panzer eines neuen, ihm entsprechenden
Privat- und öffentlichen Rechtes zu wappnen, und der Kampf
zwischen dem neuen, jetzt seinerseits historisch gewordenen Besitze und dem natürlichen Besitzrechte beginnt von neuem, stets
genährt von ihrem naturgemässen Antagonismus. Die gleiche
Wirkung rücksichtlich der Fortdauer des Kampfes um den Besitz erzielt

β. der wirthschaftliche Antagonismus

α². zwischen dem arbeitslosen Capitale und der capitallosen Arbeit.

Jeglicher Besitz folgt dem Gesetze seiner Selbsterhaltung,
welches Productivität heisst. Productiv wird der Besitz durch
Befruchtung mit der Arbeit in der Hand des Unternehmers.
Danach ist die Arbeit Ursache der Werthvermehrung und Ent-
stehungsgrund neuer Güter, daher auch neuer Capitalien. Sie
ist mit dem Capitale nicht im Widerspruche, insolange sie beide
in Einer Hand vereinigt sind. Zu dem Causalitätsverhältnisse
tritt in diesem Falle das Verhältnis der Coordination, in welchem
sie als die beiden Productionselemente gleichberechtigt neben einander stehen. Letzteres ändert sich sofort, als sie kraft des
Eigenthumsrechtes von einander geschieden werden, indem der
Eigenthümer seinen Besitz verpachtet oder verschuldet, und im
ersten Falle sich das Capital vorbehält und die Arbeit dem
Pächter überlässt, im zweiten Falle die Arbeit sich vorbehält

und das Capital dem Gläubiger überlässt.[1]) In diesem Falle wird das Capital die seinem Begriffe und seiner Natur nach entsprechende Tendenz verfolgen und sich durch stete Erhöhung seines Werthes selbst auf Kosten der Arbeit zu vermehren trachten. Der Verpächter wird den grösstmöglichen Pachtschilling, der Darleiher den höchstmöglichen Zins aus seinem Capitale herauszuschlagen trachten. Diesem Streben wird, solange der Egoismus der Haupthebel in der socialen Mechanik des menschlichen Willens bleiben wird, keine auf die Begründung eines zinslosen Mutualismus[2]) abzielende Organisation des Credits Schranken zu setzen vermögen; dies wird vielmehr nur einem auf dem Princip der wirthschaftlichen Gerechtigkeit aufgebauten Systeme neuer ökonomischer Verfassungsformen gelingen, welches die Sonderinteressen überhaupt mit dem Gemeininteresse in Harmonie zu bringen hat. Bis dahin wird der Geltendmachung jenes individualistischen Interesses durch die römisch-rechtlichen, die Pächter und Darlehensnehmer jeglicher Capitalbildungsfähigkeit beraubenden Pacht- und Darlehensverträge Vorschub geleistet, so dass die Pächter zu blossen Handlangern des arbeitslosen Capitals herabsinken. Ihre Interessen divergiren, das ursprüngliche Verhältnis der Coordination macht Platz einer Subordination jener unter dieses. So lange die Marktpreise der erzeugten Producte die Gestehungskosten übersteigen, insolange behauptet die Arbeit trotz ihrer Ueberbürdung mit jenen dem arbeitslosen Capital schuldigen Leistungen einen Werth. Sobald aber infolge der Pachtsteigerung oder des Zinswuchers die Gestehungskosten bis zur Höhe der Marktpreise gestiegen

---

[1]) Siehe „Die drei Fragen des Grundbesitzes und seiner Zukunft" von Dr. L. v. Stein, Stuttgart, 1881, S. 98.

[2]) Eine Lieblingsidee Proudhon's, welche die specielle Anwendung des von ihm vertretenen allgemeinen Gesetzes der Gegenseitigkeit der Leistungen enthält. Siehe „Die kritische Grundlegung der Nationalökonomie und des Socialismus" von Dr. E. Dühring, Leipzig, 1879, S. 464, welcher in Berücksichtigung der späteren Ideen Proudhon's über diesen Gegenstand den wohlbegründeten Zweifel ausspricht, ob der Imagination dieses Socialisten die blosse Unerheblichkeit und Geringfügigkeit, oder aber der gänzliche Wegfall des Zinses vorgeschwebt habe.

sind, ist die Arbeit des Producenten werthlos, und derselbe wird auf Grund des „freien" Pacht- oder Darlehensvertrages von dem gepachteten oder verschuldeten Gute kraft des dem Capitalisten zustehenden schrankenlosen Executionsrechtes vertrieben. Von dem Capitale eine freiwillige Beschränkung seiner durch die Herrschaft des Manchesterthums erlangten Präponderanz verlangen wollen, hiesse die reine Selbstverleugnung an die Stelle des Egoismus als elementare Triebfeder des wirthschaftlichen Verkehrs setzen wollen. Dies wäre jedoch unter der Herrschaft der gegenwärtigen ökonomischen Verfassungsformen aus den oben dargelegten Gründen ein vergebliches Bemühen. Im heutigen Kampfe um den Besitz helfen Moralpredigten eben so wenig als im Kampfe um das nationale Dasein; in beiden Fällen ist leider nur die durch den Selbsterhaltungstrieb dictirte Taktik, keineswegs aber die vom Gegner angerufene Humanität und Gnade massgebend.

Productivität und Vermehrung ist das wirthschaftliche Interesse des Capitals; es wird sich daher zur Hintansetzung oder gar Aufopferung desselben auch nicht zu Gunsten ihm fremder Arbeitsinteressen freiwillig entschliessen. Das wichtigste der letzteren ist ein zum anständigen Lebensunterhalte und zur Capitalbildung tauglicher Lohn. Dieses Interesse kann, so lange sich der Lohn mit dem Capitale in den Ertrag des wirthschaftlichen Unternehmens theilt, nur auf Kosten des Capitals gefördert werden. Der Lohn, selbst wenn er sich über die Bedeutung eines blossen Soldes nicht erhebt, gehört zu den Gestehkosten, von denen er umsoweniger erhält, je mehr sie vom Pachtschillinge oder Zinse aufgezehrt werden, so dass er auf Null herabsinkt, sobald letztere die Höhe der zulässigen Gestehkosten erreicht haben. Da es demnach sowohl im Interesse der capitallosen Arbeit, als auch im Interesse des Capitals gelegen ist, von den zulässigen Gestehkosten den grösstmöglichen Antheil zu erhalten, so steht das wirthschaftliche Interesse der capitallosen Arbeit mit demjenigen des arbeitslosen Capitals im diametralen Gegensatze. Aber selbst, wenn mit den auf dem Principe der wirthschaftlichen Gerechtigkeit aufzubauenden neuen ökonomischen Verfassungsformen die

mit dem Arbeiterwohle nicht vereinbarliche heutige Ablohnungs-
wirthschaft beseitigt wird, so bleibt doch die Kluft zwischen
dem Capitale und der Arbeit bestehen, da es zufolge des Eigen-
thums- und Erbrechtes immer Individuen geben muss, welche
das Capital haben, neben solchen, die es nicht haben: mit dem
Eigenthums- und Erbrechte steht und fällt die Scheidung • der
Gesellschaft in die capitallose Arbeit und das arbeitslose Capital.
Weil nun jene Rechtsinstitute ewig bestehen werden, so lässt
sich die durch diese Scheidung geschaffene Kluft nur einengen,
nie aber völlig schliessen, und es muss somit Lassalle's Idee vom
Capitale als einer vorübergehenden historischen Kategorie ein
frommer Wunsch bleiben.

Wie der Antagonismus zwischen der capitallosen Arbeit
und dem arbeitslosen Capital nie aussterben wird, so kann auch

β^2. **der Antagonismus zwischen dem Natural- und dem Werthbesitze**
niemals erlöschen.

Der Werthbesitz ist bezüglich seiner Productivität abhängig
von dem Gebrauche, welchen der Unternehmer von ihm macht,
und zwar für Gegenleistungen in der Form von Arbeit und Naturalgiebigkeiten oder Geldleistungen in der Gestalt von Zinsen-
zahlungen. Dies begründet ein ökonomisches Verhältnis, in welchem der Darlehensgeber die ökonomischen Kräfte des Darlehens-
werbers beherrscht. Dem Masse dieser Herrschaft entspricht
die Zinspflicht des Beherrschten, welche infolge der dem Werthbesitze innewohnenden Beweglichkeit und der Fähigkeit, sich
auf Kosten des Naturalbesitzes zu vermehren, eine steigende,
den Naturalbesitz mehr und mehr belastende Tendenz verfolgt.
Wuchergesetze sind gegen diese dem Werthbesitze eigene natürliche Besitzcentralisationsfähigkeit ohnmächtig. Ja selbst der
gesetzliche Zinsfuss[1]) übersteigt in der Regel das Reineinkommen,
welches aus der auf hundert in Geld zurückgeführten Einheit
des Naturalbesitzes im Durchschnitt erzielt werden kann. Dies

---

[1]) D. i. der als Percentsatz von jedem Darlehensbetrage bestimmte, dem
Gläubiger gesetzlich erlaubte Antheil.

gilt insbesondere von der Grundrente, welche überdies dem Geld-
zinse noch in der Beziehung nachsteht, dass sie zu oft von den
Launen der Naturkräfte abhängt, während der Geldzins mit
strenger Regelmässigkeit am Zahlungstermine entrichtet werden
muss. Die Folge davon ist eine zunehmende Verschuldung des
Grundbesitzes, bis die Ueberlastung jene Grenze erreicht, wo
der Werthbesitz den Grundbesitz durch die Entziehung seines
ganzen Ertrags sich unterjocht und ihn in Ermangelung von
Naturalgiebigkeiten zur Abtragung der schuldigen Zahlung durch
Dienstleistungen aller Art zwingt, welche den ehemaligen Frohn-
arbeiten ähnlich und in einer Hinsicht noch schlimmer als diese
sind, insofern nämlich, als der feudale Adel wohl die Freiheit
besass, aber kein Interesse daran hatte, den Hintersassen von
seinem Grund und Boden zu verjagen, während die moderne
Geldaristokratie nicht nur dies Interesse, sondern auch die Freiheit dazu hat, welche sie durch die Kündigung zur Unzeit sehr
oft nur zu dem Zwecke prakticirt, um die momentane Geldver-
legenheit des Schuldners auszubeuten, ihn durch die Process-
führung und bürgerliche Streitanmerkung um den Credit und
durch die executive Ersteigerung der verpfändeten Realität auch
um deren Besitz zu bringen.

Dafür zu sorgen, dass nicht der gesammte Naturalbesitz in
die Hand der Geldaristokratie gerathe, ist die grosse Aufgabe des
Staates, welcher das Aufsaugen seines in der grundbesitzenden
Classe liegenden conservativen Elementes durch das revolutionäre
des Werthbesitzes in seinem Lebensinteresse nicht zugeben darf.
Deshalb wird stets, noch bevor die Aufzehrung des Naturalbesitzes durch den Werthbesitz vollendet ist, sei es von oben,
sei es von unten, je nachdem die Staatsgewalt oder das Volk
Lebenskraft genug besitzt, um dem Staatsinteresse Geltung zu
verschaffen, die Reaction beginnen und dem Ueberwuchern des
Werthbesitzes durch entsprechende, den Naturalbesitz entlastende
ökonomische und politische Verfassungsformen die nothwendige
Grenze ziehen. Es wird ihm die volkswirthschaftlich gebilligte
Aufgabe eines den Naturalbesitz befruchtenden Capitales belassen,
dagegen seinen, die wirthschaftliche Gerechtigkeit verleugnenden

Bestrebungen, den Naturalbesitz auszubeuten, die Gelegenheit benommen werden. Der Werthbesitz wird sich fügen, um, wie die Geschichte lehrt, sich abermals zur Herrschaft über den Naturalbesitz emporzuschwingen und denselben mittels der Zinspflicht tributpflichtig zu machen. Dieser sociale Process wird sich zufolge des nie ruhenden Antagonismus zwischen beiden durch Ruhe und Beweglichkeit, Masshalten und Masslosigkeit, Endlichkeit und Unendlichkeit unterschiedenen Besitzelementen stets wiederholen und damit eine nie versiegende Quelle des Kampfes um den Besitz bilden.[1])

Ebenso gewiss ist

b. die Unmöglichkeit des Waffenstillstandes im Kampfe der Menschen mit der Natur.

Da unser Planet mit seinem Dasein von der ihn einschliessenden Sternenwelt und mit seinem Leben von der Sonne als der Quelle der Wärme und des Lichtes abhängig ist, und da die Aeusserungen dieser Kräfte durch die unsere Erde zusammensetzenden Stoffe vermittelt werden, so ist auch der Mensch als Theilnehmer an diesem Leben mit seinen Existenzbedingungen im letzten Grunde auf die Erdscholle angewiesen. Diese ist jedoch kein unerschöpfliches Gut, sondern der Quantität nach beschränkt, so sehr wir uns auch gewöhnt haben, von den unversiegbaren Schätzen der Erde zu reden. Wir haben um so weniger Grund dazu, als wir uns gerade durch die Zustände der fruchtbarsten Länder der Erde vom Gegentheile überzeugen können. Erwägt man z. B., dass China rücksichtlich seines Naturproductenreichthums unter die üppigsten Länder der Erde gehört, und dass namentlich das an den Hauptströmen, dem Hoang-ho und Jangtsekiang gelegene Marschland die reichste Kornkammer der Erde ist; berücksichtigt man ferner, dass der für das ehrenvollste Gewerbe in den Augen der Chinesen geltende Landbau auf die rationellste Weise betrieben wird; erwägt man weiter, dass durch

---

[1]) Vgl. „Die drei Fragen des Grundbesitzes und seiner Zukunft" von L. v. Stein, S. 9.

aufgemauerte Terrassen, durch Röhrenleitung, Bewässerungs- und
Entwässerungssysteme jeder Fussbreit Bodens des 73000 □Meilen
(ohne die Schutzländer) umfassenden Hauptlandes angebaut und
sogar Flüsse und Canäle mit schwimmenden, auf Flössen angelegten Gärten zur Production benutzt werden, und vergegen-
wärtigt man sich endlich, dass trotz alledem das chinesische
Volk wegen der riesigen Bevölkerungszahl von 536909300 Ein-
wohnern[1]) zum grossen Theile bereits hungert und behufs Ernährung zum Hunde-, Katzen-, Ratten- und Schlangenfleische seine
Zuflucht zu nehmen gezwungen ist: so muss man sich unweiger-
lich der Ueberzeugung gefangen geben, auch der strotzendste
Bodenreichthum könne sich als unfähig erweisen, allen auf ihn
angewiesenen Existenzen das Dasein zu fristen, und man steht
unwillkürlich der brennenden Frage gegenüber: Woher für die
stetige Bevölkerungszunahme Chinas die zur allgemeinen Besitz-
betheilung erforderlichen Güter nehmen? Die Antwort auf diese
Frage kann nur Eine sein: offenbar nur aus dem Mobiliarbesitze,
welcher aus dem unerschöpflichen Born der Naturkräfte sich,
wenn auch nicht in's Unendliche, so doch in's Unberechenbare
vermehren lässt. Nur darf China und kein in ähnliche Lage
gerathenes Land sich gegen die auch von anderen Nationen in
der materiellen und geistigen Production gemachten Fortschritte
absperren, sondern es muss, jeden Nationaldünkel aufgebend, das
fremde Gute neben dem heimischen weniger Guten würdigen und
stets bestrebt sein, von einer niedern Productionsschichte zu
einem höheren Niveau der Gütererzeugung aufzusteigen, um die
Producte niederer Productionsstufen zu Gütern eines feineren Genusses zu verarbeiten und gegen ausländische, den inländischen
Mangel an Nahrungsmittel deckende Urproducte auszutauschen.
Auf jedem höheren Productionsniveau vervollkommnet der Mensch
seine Waffen, Wirthschaftsgeräthe und Maschinen, schärft er durch

---

[1]) „Handbuch der vergleichenden Statistik" von G. F. Kolb, Leipzig,
1879, S. 436, wo jedoch diese Einwohnerzahl unter Berufung auf die im Jahre
1812 ausgewiesene Zahl von 360279597 in Zweifel gezogen wird. Daniel
schätzt sie in seinem „Illustrirten kleineren Handbuche der Geographie"
(Leipzig, 1881, S. 230) auf 405 Millionen im eigentlichen China.

deren Erfindung und Erzeugung seinen Geist und schreitet er auf diese Art in einer stets zunehmenden Progression vorwärts, bis es ihm endlich gelingen wird, die Natur im Kampfe um den Besitz vollständig zu besiegen, d. h. sich ihre in den verschiedensten chemischen und physikalischen Formen äussernden Kräfte dienstbar zu machen, und mit deren Hilfe das höchste Mass des Besitzes zu gewinnen. Heute schon wird die physische Kraft des Menschen bedeutend geschont; ihre Leistungen sind zum grössten Theile bereits der Natur übertragen. Aus dem Schatze der im Weltall gelagerten unermesslichen und unveränderlichen Kraftmengen mit seinen Werkzeugen unaufhörlich schöpfend und sich zu immer höheren Productionsniveaus erhebend, hat der Mensch bereits die Ueberzeugung gewonnen, dass er den höchsten ökonomischen und geistigen Fortschritt dann erreicht haben wird, wenn der um den Besitz geführte Kampf, soweit er unter den Menschen wüthet, möglichst eingeschränkt und ihrem Kampfe gegen die Natur Platz gemacht haben wird. Ein Ende des Kampfes um den Besitz ist demnach nicht abzusehen. Denn da einerseits das Gesetz der persönlichen Entwicklung zur steten geistigen Vervollkommnung drängt und da es anderseits ohne Besitz keine Ruhe von der physischen Arbeit, keine Musse zu geistiger Arbeit, keine Quellen zur Erhaltung der sogenannten Berufsstände, somit keine Möglichkeit gibt zur höchstmöglichen geistigen und sittlichen Entwicklung, mithin zur Erreichung der persönlichen Bestimmung des Menschen, so muss der Mensch nach den unwandelbaren Gesetzen seiner Natur und seiner Bestimmung nicht nur einen continuirlichen Offensivkampf um den Besitz mit der Natur führen, sondern auch das Erkämpfte gegen die feindlichen Naturkräfte in einem steten Defensivkampfe zu erhalten suchen. Also keine Friedensaussichten im Kampfe um den Besitz, kein Friede weder unter den Menschen noch mit der Natur bis zum Untergange des menschlichen Geschlechtes! Einhalten im Kampfe mit der Natur wäre bei der nimmer rastenden Thätigkeit der Naturkräfte gleichbedeutend mit ihrem Siege, und der Sieg der Natur über den Menschen ist des Menschen Tod. Einen Waffenstillstand im Kampfe der Menschen unter-

einander mögen von uns nicht geahnte, im geheimnisvollen Schosse
der Zukunft verborgene sociale Ordnungen auf kurze Zeit ermöglichen, doch ganz bestimmt nur einen Waffenstillstand, weil die
von uns erörterten absolut giltigen socialen Gesetze im Kampfe
um den Besitz keinen Frieden zulassen. Ein ewiger Friede im
Kampfe um den Besitz ist ebenso wenig möglich, wie die Verwirklichung des utopistischen Gedankens eines ewigen Friedens
im Kampfe der Nationen um ihr Dasein und in ihrem Wettkampfe um Machtstellung und Vorrang. Vielmehr sprechen zahlreiche Gründe für

B. die Möglichkeit der Intensitätssteigerung des Kampfes um den Besitz,

a. kraft der Sittengesetze, und zwar

α. auf Grund der Volksbildung.

Wir glauben bereits beim Nachweise der Nothwendigkeit
einer gerechten Vertheilung der politischen Macht zur Beseitigung
der künstlichen Besitzcentralisation den Beweis geliefert zu
haben, dass die Ausbreitung der Volksbildung im Staatsinteresse
gelegen und von der Staatsverwaltung daher zu fördern sei.
Dies pflegt mit der Zeit auch als ihr gemeinsames Interesse von
den besitzenden Classen erkannt zu werden. Denn wenn sie auch
aus Eifersucht auf ihre durch die Ausbreitung der Volksbildung
jedenfalls untergrabene sociale Oberherrschaft den Culturbestre-
bungen der arbeitenden Classen nie sehr gewogen sind, so werden
sie dennoch mit der Zeit durch das eiserne Concurrenzgesetz
gezwungen, im Interesse des Aufschwunges ihrer eigenen wirthschaftlichen Unternehmungen und der Fructificirung ihrer Capitalien die Bildung unter den Nichtbesitzenden durch Errichtung
von Fabriksschulen, Anschaffung von Lehrmitteln, Gründung von
Studien- und Reisestipendien u. s. f. selbst zu fördern. Dadurch
wird der Bildungsgrad der Nichtbesitzenden mit dem der Besitzenden zum grossen Theile ausgeglichen, was nachstehende sociale
Erscheinung zur Folge hat: Die Gleichheit der Cultur lässt den
Besitzlosen die Ungleichheit des Vermögens härter empfinden

als denjenigen, welcher auf einer niedrigeren Culturstufe steht. Gänzlicher Mangel der Cultur macht für die Vermögensunterschiede fast unempfindlich. Die durch Cultur geschaffene theilweise Gleichheit erweckt nothwendigerweise das Streben nach der vollen Gleichheit; die Beseitigung der ihr entgegenstehenden Hindernisse wird die Losung aller, welche an Bildung reich, an Besitz arm sind. Sie erkennen zu bald den Mangel an Besitz als das einzige Hindernis ihrer vollkommenen Gleichheit mit den Besitzenden; sie fühlen die Abhängigkeit von den Besitzenden in dem Grade drückender, als ihre Bildung zunimmt. Diese Abhängigkeit wird für sie geradezu unerträglich, wenn mit der zunehmenden Besitzcentralisation Schwelgerei, Sittenlosigkeit, Blasirtheit, Stumpfsinn und Unwissenheit unter den besitzenden Classen heimisch werden. Das Bewusstsein eines gleichen oder gar eines überlegenen Bildungsgrades erzeugt den Wunsch nach socialer Unabhängigkeit und das Bedürfnis des Besitzes als der ersten Bedingung derselben. Das Bedürfnis ist die Quelle der That, und diese That ist der Kampf um den Besitz. Da aber die Bildung nicht nur infolge der von mir dargelegten Gesetze der Selbsterhaltung und Entwicklung, sondern auch wegen der sich selbst reproducirenden und durch ihre combinirte Wirksamkeit in steter Vervollkommnung sich entwickelnden Geisteskräfte, wenn auch mit abwechselnden Unterbrechungen, so doch in ihren grossen Geschichtsepochen stets zunehmen muss, so muss auch der Kampf um den Besitz stets intensiver werden. Diese Nothwendigkeit resultirt nicht minder auch

β. aus der zukünftigen Rechtsbildung.

Das Recht ist die höchste Veredlung der in der ganzen Schöpfung lebendigen Kraft, mit welcher das Stärkere sich das Schwächere unterwirft. Während sie in ihrer elementaren Aeusserung als die Ursache der nach dem mechanischen Causalitätsgesetze in der leblosen Natur stattfindenden Veränderungen in die Erscheinung tritt, gestaltet sie sich als die Ursache der nach dem psychologischen Causalitätsgesetze durch die Thierwelt in der Aussenwelt gesetzten Veränderungen zur thierischen Gewalt,

mit welcher die in der Vernichtung des Schwächeren durch den
Stärkeren innerhalb der eigenen Species sich äussernde Gewalt
der Cannibalen an Roheit wetteifert. Von dieser Stufe erhebt
sie sich zu einer milderen Anwendung in der Verhaltung des
Schwächeren zur Sclavenarbeit und in ihrer mildesten Anwendung
zur Selbstbeschränkung des Stärkeren durch freiwilligen Verzicht
auf die Ausnützung des Schwächeren für seine Zwecke, also zur
Anerkennung der Persönlichkeit des Schwächeren als eines Selbst-
zweckes. Wir nennen sie in dieser Aeusserung „Macht", und insofern als von ihr die Anerkennung durch den Verpflichteten als
Bedingung ihrer Zügelung ausdrücklich oder stillschweigend gesetzt wird, heissen wir sie „Recht".

Da die Gewalt wie die Herrschaft überhaupt Genuss bereitet,
entschliesst sich der Mensch zu ihrer Zügelung nur in der Erwartung, dass ihm die gezügelte Gewalt mehr Vortheile bringen
werde, als die ungezügelte. Die erwarteten Vortheile sind im
Allgemeinen diejenigen, welche die Befreiung des Geknechteten
für die Entwicklung seiner Individualität und damit auch für
die Gemeinschaft und infolge dessen auch für den seine Gewalt
freiwillig Zügelnden als Mitglied derselben im Gefolge hat. Die Gemeinschaft, durch die Erfahrung belehrt, dass diese Vortheile in der
That nicht ausbleiben, wird an der Aufrechthaltung des Rechtes
selbst interessirt, und damit das Recht als eine Macht durch eine
grössere Macht nicht unterdrückt werde, schreitet sie zur Vertheidigung der einzelnen Rechte mit vereinten Kräften und somit
zur Vergesellschaftung; und da diese Vertheidigung und Vergesellschaftung der einzelnen selbstbeschränkten Gewalten oder,
mit anderen Worten gesagt, da die Ausübung der socialen Zwangsgewalt am besten durch den Staat erfolgt, so wird zu diesem
Ende der Staat gebildet: Es wird das Streben nach Rechts-
sicherheit eine der Hauptursachen der Staatenbildung.

Da das Recht früher erzeugt sein musste als die Rechts-
sicherheit, so muss auch das Recht früher als der Staat dage-
wesen sein. Es erhielt im Staate nur passendste Form seiner
geregelten und gesicherten Ausübung. Der Staat regelt das
Recht durch seine Gesetzgebung und sichert es durch seine

Zwangsgewalt. Das Recht erscheint daher seit der Staaten-
gründung als Inbegriff der im Staate geltenden Zwangsnormen
und der Staat als die autoritative Quelle des Rechtes.
Wenn wir die Natur der Rechtsnormen untersuchen, so
finden wir, dass es Rechtsnormen gibt, welche die Verwirklichung des Princips der Gleichheit sind, indem sie
als bedingter Imperativ die Staatsgewalt auffordern,
in gleichen Fällen gleichen Zwang zu üben, und dass
es Rechtsnormen gibt, welche die Verwirklichung des
Princips der Ungleichheit sind, insofern sie einzelne
Individuen oder Gesellschaftsclassen auf Kosten der
anderen bevorzugen.

Dies ist, wie wir im Abschnitte über die künstliche Besitzcentralisation nachgewiesen haben, überall dort der Fall, wo der
Staat an der Gesetzgebung nicht alle, sondern nur einige oder
gar nur eine Gesellschaftsclasse theilnehmen lässt. So haben
wir als Rechtsnorm in der ständischen Rechtsordnung den
Rechtssatz kennen gelernt, dass die Beherrschten rechtlich unfähig waren, einerseits den Grundbesitz und damit die Theilnahme
am öffentlichen Rechte zu erwerben, und anderseits gegen den
Willen derjenigen in die Innung oder Corporation aufgenommen
zu werden, welche ein Interesse an ihrer Ausschliessung hatten.
Das den Rechtsnormen der ständischen Rechtsordnung zu Grunde
liegende Princip war also der Schutz der socialen Ungleichheit gegen das Princip der socialen Gleichheit. Dagegen
begann die Rechtsphilosophie im 16. Jahrhunderte, die Idee
der Rechtsgleichheit aus dem Begriffe der Persönlichkeit abzuleiten. Hugo Grotius, Hobbes, Helvetius, Rousseau
u. A. lehrten, dass die Menschen von Natur gleich seien
und nur durch die ihre Entwicklung beeinflussenden
äusseren Umstände ungleich würden. Die von der Rechtsphilosophie durch ein Jahrhundert gepflegte, unter den Massen
des Volkes mehr oder weniger missverstandene Idee der Rechtsgleichheit fand in Jefferson auch ihren beredten Advocaten, und
über seinen Antrag in der Unabhängigkeitserklärung der amerikanischen Colonien vom Jahre 1776 anerkannt, durchbrach sie

endlich die ihr hartnäckig verschlossenen Pforten der positiven Rechtsbildung. Die von dem Abgesandten von Virginien in dem ersten Gesammtparlamente der Union formulirten Menschenrechte wurden 13 Jahre später auch in der französischen Nationalversammlung anerkannt. Es erklärte die „Déclaration des droits de l'homme" alle Menschen von Geburt für frei und für gleichberechtigt. Die auf dem Lehnswesen aufgebaute Herrschaft des Privilegiums wich von da an Schritt für Schritt vor dem siegreichen Principe der Rechtsgleichheit aller Staatsbürger. Statt des bisher in Geltung gewesenen dreigliedrigen Systems des Privatrechtes, gesondert für die Geistlichkeit, den Adel und den dritten Stand, schuf die napoléonische Gesetzgebung ein einheitliches Privatrecht für alle Staatsbürger ohne Unterschied ihrer socialen Stellung, beruhend auf dem Principe der Gleichheit Aller vor dem Gesetze; und gewahrt durch die Unabsetzbarkeit und Unabhängigkeit des Richterstandes, wozu in ersterer Beziehung auch die Unversetzbarkeit wider Willen und in letzterer Hinsicht die Trennung der Justiz von der Verwaltung und die Freiheit der öffentlichen Meinung als der gegen die Beeinflussung der Rechtspflege unermüdlich auf der Wacht stehenden Macht hinzukam.

Es ist begreiflich, dass eine so gewaltige Aenderung des Rechtssystems weder auf die bisherige Gesellschaftsordnung, noch auf die weitere Ausbildung des nationalen Rechtsgefühles ohne Einfluss bleiben konnte.

In ersterer Beziehung zerstörte die Rechtsgleichheit, da infolge der inzwischen im Staatsinteresse und zumeist auf Staatskosten erfolgten Verallgemeinerung der Volksbildung auch das Wissen aufgehört hatte, ein Privilegium besitzender Classen zu sein, und dem Letzten des Volkes den Weg zu den höchsten Aemtern und Würden eröffnete, das zweitgrösste Bollwerk des Egoismus, woraus die herrschenden Classen die Mittel zur Entwicklung ihrer Individualität geschöpft hatten; es blieb ihnen nur der aufgehäufte Besitz übrig. Auf seine Behauptung und Mehrung musste nun kraft des Gesetzes der persönlichen Entwicklung ihr ganzes Trachten und Streben gerichtet werden. Von persönlichen

Verdiensten abgesehen, wurde der Besitz der ausschliessliche
Massstab für die gesellschaftliche Bedeutung des Einzelnen, so
dass der älteste Adel die Besitzlosigkeit vor Nichtbeachtung
nicht zu schützen, dagegen der Besitz zu Würden und Auszeichnungen zu erheben vermag. Die ganze Energie des Individuums, welche vor der Einführung der Rechtsgleichheit durch
Tapferkeit auf dem Schlachtfelde, durch Beredsamkeit auf der
Kanzel und durch Wissen auf dem Katheder über die Mittel-
mässigkeit sich zu erheben trachtete, stürzte sich nach der Einführung der Rechtsgleichheit mit elementarer Gewalt in den
Kampf um den Besitz als den goldenen Schlüssel zu der für
jedermann zugänglichen Pforte der socialen Macht- und Ehren-
stellung.

In zweiter Beziehung erhebt sich bereits das Rechtsgefühl
der Massen zu dem Verlangen nach dem Gleichgewichte zwischen
Verdienst und Lohn, und es ist der aufgeklärte Socialismus,
welcher in seinem Kampfe gegen das reactionäre Manchester-
thum als Vorkämpfer für die Idee der materiellen Gerechtigkeit
bereits aufgetreten ist.

Diese von der Vernichtung des Feudalwesens ausgegangene
und bei der Aufhebung der meisten Standesvorrechte angelangte,
zum Ziele einer vollkommenen Rechtsgleichheit strebende Rechtsbildung ist eine natürliche Folge der Ausbreitung der Cultur,
welche ihren Jüngern die Rechtsgleichheit so sicher bringt, wie
der Besitz den damit Betheiligten[1]) die Freiheit. Wir sehen
demnach von jedem Cultursitze aus zwei verschiedene Strömungen
auslaufen: die nach der socialen Unabhängigkeit und die
nach der Rechtsgleichheit gerichtete. Während jedoch erstere
vom Besitze selbst gefördert wird, hat letztere eine gleich mäch-
tige Gegenströmung zu überwinden, welche vom Besitze ausgeht
und sich in der Richtung der künstlichen Besitzcentralisation
mit ihrer Classenherrschaft und ihren Monopolen und Privilegien
fortbewegt. Doch die Strömung der Rechtsgleichheit, durch Volks-
aufklärung einmal entfesselt, lässt sich ohne Ausrottung des auf-

---

[1]) Vergleiche unser System, Prag, 1869, S. 170.

geklärten Volkes nie mehr eindämmen. Zu der Rechtsgleichheit strebend, wird das Volk den Kampf gegen die der Rechtsungleichheit Vorschub leistende Besitzcentralisation aufnehmen, ihre Künste durch eigenen Besitzerwerb unschädlich machen und demgemäss auch den zufolge der Kräftigung des Rechtsgefühles energischer geführten Kampf um die Rechtsgleichheit zu einem intensiveren Kampfe um den Besitz gestalten.

Eine Intensitätssteigerung des Kampfes um den Besitz ist weiter möglich

b. kraft der Naturgesetze.

Wenn auch die Malthus'sche Vorstellung, dass die Vermehrung der Bevölkerung ohne äussere Hemmungen gedacht, in geometrischer Progression[1]), die der Nahrungsmittel im günstigsten Falle nur in arithmetischer Progression[2]) steige, eine irrige ist, so lässt sich doch nicht leugnen, dass es mit dem dieser Irrlehre zu Grunde liegenden allerdings trivialen Satze, dass sich die Menschen ohne Rücksichtnahme auf das Vorhandensein der für ihre Nachkommenschaft nothwendigen Subsistenzmittel zu vermehren streben, seine Richtigkeit habe. Erhaltung der Art ist das Causalitätsgesetz dieser Erscheinung. Für ein mathematisches Vergrösserungsschema, nach welchem es sich unter der Gesammtbevölkerung der Erde bethätigt, fehlen uns statistische Angaben. Die Thatsache, dass die uns bekannt gewordene Bevölkerungsstatistik einiger Staaten die Malthus'sche Theorie noch nirgends bestätigt hat, lässt uns nur vermuthen, dass jenes Vergrösserungsschema keineswegs eine geometrische Reihe sei. Gesetzt nun, es sei blos eine arithmetische Reihe und die Dif-

---

[1]) D. i. in einer Reihe, in welcher der Quotient je zweier auf einander folgender Glieder unter Annahme des vorhergehenden als Divisors dieselbe Zahl ist. So ist die Reihe 1, 2, 4, 8, 16 eine steigende, und 1, $\frac{1}{2}$, $\frac{1}{4}$, $\frac{1}{8}$, $\frac{1}{16}$ eine fallende geometrische Progression.

[2]) D. i. in einer Reihe, in welcher die Differenz je zweier auf einander folgender Glieder unter Annahme des Vorhergehenden als Subtrahenten dieselbe Zahl ist. So ist die Reihe 1, 3, 5, 7, 9 eine steigende, 9, 7, 5, 3, 1 eine fallende arithmetische Progression.

ferenz[1]) der Progression innerhalb bestimmter Zeiträume unbedeutend, so kann auch eine solche Bevölkerungsbewegung auf die Productivität der Natur unmöglich ohne Wirkung bleiben. Denn jeder Einzelne wirkt nicht nur für sich, sondern (als ζῷον πολιτικόν) auch für die Anderen, mit deren Arbeitskräften er ja nach seiner mehr oder weniger entwickelten Individualität die seinigen in den verschiedenen Gestaltungen des Verkehrs mehr oder weniger combinirt.[2]) Die Combination der gesellschaftlichen Kräfte ist Potenzirung der Einzelkraft. Welche enorme Steigerung der Einzelkraft in dieser Combination liege, haben wir schon an jener Culturstufe des Menschen wahrgenommen, wo sich der Freie mit dem Sclaven zum Kampfe gegen die Natur alliirte: der Erfolg war nicht eine Summirung, sondern eine Multiplicirung ihrer beiderseitigen Leistungsfähigkeit. Denn jene Combination ermöglichte die Arbeitstheilung, die Erhebung der Production von einem niederen zu einem höheren Productionsniveau, mit einem Worte einen erfolgreicheren Kampf um den Besitz. Infolge dessen sahen wir die Bevölkerung zunehmen, Industrie begründen, Rohstoffe in Fabrikate und Nahrungsmittel in Menschen umwandeln: wir lernten die mittelalterlichen Städte als Stätten zunehmenden Besitzerwerbes und erweiterter Bevölkerungscapacität kennen. Die in denselben angewachsene Bevölkerung musste bei dem damals höchst unvollkommenen Transportsysteme von ihrer nächsten Umgebung her ernährt werden, und sie wurde es reichlich, oft bis zum Ueberflusse. Was hat nun diese Vermehrung der Nahrungsmittel hervorgezaubert? Offenbar die grössere Combination der auf die Bodencultur aufgewendeten Menschenkräfte, welche, durch die Aussicht auf den lohnenden Absatz angespornt, um die durch das Aufblühen der

---

[1]) Die Differenz der Progression ist der constante Unterschied der auf einander folgenden Glieder einer arithmetischen Progression, also in unserem oben angeführten Schema $+2$ für die aufsteigende und -2 für die fallende Progression.

[2]) Mit Rücksicht darauf, dass die Arbeitselemente a, b, c, d, e in allen ihren möglichen Combinationen lebendige und daher veränderliche Grössen (a′ b′ c′ d′ e′ a″ b″ c″ d″ e″ . . aⁿ bⁿ cⁿ dⁿ eⁿ) vorstellen, lässt sich eine unendlich fortschreitende Reihe neuer Combinationen der alliirten Arbeitskräfte denken.

Industrie anschwellende Absatzquelle einen mehr und mehr sich
ausbreitenden Ring intensiver, zum Gartenbau übergehender Bodencultur zu ziehen wusste: die Bevölkerungscapacität wurde
Ursache der Bodenproductivität.

Erst in zweiter Ordnung trat die Wechselwirkung beider
ein, wonach die Vermehrung der Nahrungsmittel ihrerseits auf
die Erweiterung der Bevölkerungscapacität günstig einzuwirken
begann. Diese nahm infolge dessen so sehr zu, dass die Heimstätten den Industriellen nach und nach zu enge wurden und
letztere die ihre Wirthschaftssphären immer enger einschliessenden
Ringe endlich durchzubrechen und ihren Wirkungskreis in die
Ferne auszudehnen suchten, indem sie die ausländischen Rohstoffe
in inländische Fabrikate und ausländische Nahrungsmittel in
inländische Arbeitskräfte umzusetzen begannen. Damit traten
die Handelskräfte als neue Elemente in die Verkettung der Verkehrsinteressen ein: neue Combinationen der gesellschaftlichen
Kräfte, neue Steigerung der Bevölkerungscapacität, neuer Aufschwung der Bodenproductivität! Ein typisches Bild dieser Entwicklung bildet die Geschichte des volkswirthschaftlichen Aufschwunges der Kreideinsel Europas. Diese die heimischen wie
auch die aus zahlreichen fremden Ländern eingeführten Rohstoffe
zu Fabrikaten für die ganze Welt verwandelnde, durch den
reichsten Besitzerwerb und sehr grosse Bevölkerungscapacität
ausgezeichnete grösste Industriestätte der Welt ernährt ihre Bevölkerung unter allen Ländern der Erde am reichlichsten und
ist ungeachtet der günstigsten Bevölkerungszunahme bezüglich
der Deckung ihres Nahrungsmittelbedarfes in keiner Verlegenheit.[1]) England führt zwar grosse Quantitäten Mehls, Weizens
und anderer Getreidearten, ja sogar Fleisch und Eier ein,
aber nicht etwa aus dem Grunde, dass seine landwirthschaftliche Production der Bevölkerungszunahme nicht Schritt halten
könnte, sondern weil sie ihr nicht dienen will, indem es der

---

[1]) So nimmt Grossbritannien rücksichtlich der Verbrauchsmenge einiger
der wichtigsten Consumtionsartikel, und zwar des Getreides, Fleisches, Salzes,
Zuckers und Thees, unter den europäischen Culturstaaten den ersten Rang

13*

englischen Nation vortheilhafter erscheint, ihre Arbeitskräfte in der Industrie und im Handel, statt in dem weniger lohnenden Ackerbau zu verwenden. Eine über die ganze Insel ausgedehnte, insbesondere die riesigen Parks der englischen Lords einschliessende Gartencultur würde eine solche Bevölkerungszahl zu ernähren im Stande sein, dass ihr der Platz zu der für die individuelle Entwicklung unentbehrlichen freien Bewegung fehlen und sie der Mangel an Raum und nicht die Hungersnoth zur Auswanderung nöthigen würde. Gleiche Ursachen haben gleiche Wirkungen. Deshalb muss die Bevölkerungsvermehrung aller Industriestätten der Welt auf die Productivität unseres Planeten günstig einwirken. Es ist auch, seit Carey seinen epochemachenden Satz vom Gange der

ein. Nach M. Block's „Statistique de la France", II, 394, beträgt der durchschnittliche

Jahresconsum per Kopf	in Grossbritannien	in Oesterreich
an Getreide in Hektolitern . . .	1,80	0,77
„ Fleisch in Kilogrammen. . .	39,04	20,—
„ Salz „ „ . . .	26,60	8,30
„ Zucker „ „ . . .	17,40	2,50
„ Thee in Grammen	1680	6

(„Lehr- und Handbuch der Statistik" von Dr. Max Haushofer, Wien, 1882, S. 361—363.) Nachdem bei dieser ausgezeichneten Ernährung der englischirischen Bevölkerung ihr jährlicher Zuwachs

von 1821—1831 durchschnittlich 1,40 %,
„ 1831—1841 „ 1,07 „
„ 1841—1851 „ 0,23 „
„ 1851—1861 „ 0,99 „
„ 1861—1878 „ 0,92 „

betrug (Haushofer, S. 119 a. a. O.) und ihre Zahl vom Jahre 1801—1877 von 16237300 auf 33444419 angewachsen war (G. Fr. Kolb, S. 203 a. a. O.), hatte sie, von der irischen Auswanderung abgesehen, unter diesen günstigsten Verhältnissen eine Frist von beinahe 76 Jahren zu ihrer Verdoppelung gebraucht und würde sie bei einem der Periode von 1841—1851 entsprechenden Zuwachse (nach Wappäus) 302 Jahre zur einmaligen Verdopplung benöthigen (Haushofer, S. 118 a. a. O.). Wenn demnach der gesammte Nahrungsmittelconsum Grossbritanniens sein jetziges Quantum nicht überschreiten würde, so würden doch viele Jahrhunderte verlaufen, ehe die Landeskinder des Inselreiches auf die Rationen der Oesterreicher gesetzt werden müssten, und dann würden sie wahrlich auch noch nicht verhungern.

Bodencultur vom ärmeren zum fruchtbareren Boden ausgesprochen hat, für uns kein Zweifel mehr, dass wir, die Unveränderlichkeit der kosmischen Erscheinungen unserer Sonnenwelt vorausgesetzt, mit zunehmender menschlichen Entwicklung eine grössere Productivität der unseren Planeten bedeckenden Ackerkrume zu erwarten haben. Je mehr die Menschheit an Bevölkerungszahl zunehmen, mit je grösserem Reichthume an Wissen und an Fertigkeiten sie sich ausrüsten, zu je höheren Productionsniveaus sie sich erheben, je bessere ökonomische Verfassungsformen sie einführen, je höhere Culturstufen sie ersteigen wird: desto mehr muss sich auch die Combination ihrer Kräfte erweitern, desto näher wird sie der Lösung jenes Widerspruches kommen, welcher zwischen dem aus dem Gesetze der Selbsterhaltung und der persönlichen Entfaltung folgenden unbesiegbaren Drange nach dem grösstmöglichen Antheile an Besitz und dem beschränkten Masse der zu seinem Erwerbe fähigen Einzelkraft besteht: desto leichter und regelmässiger wird sie die Natur mit ihren eigenen Kräften bekämpfen und ihre Productivität mit der Bevölkerungscapacität in Harmonie bringen. Wenn die Nährkräfte der bis jetzt angebauten Erdfläche zur Ernährung unserer Nachkommenschaft nicht mehr ausreichen sollten, dann werden die Menschen mit combinirten Kräften und vervollkommneten Werkzeugen zum Anbaue des üppigsten Bodens schreiten, der bis jetzt der übermächtigen Natur noch nicht abzuringen war. Von den 151 413 Quadratmeilen Brasiliens, des an Naturschätzen reichsten Landes der Erde, sind gegenwärtig kaum $2^0/_0$ angebaut, und das Riesenreich ist heute von kaum 12 Millionen Menschen bewohnt, während dieser üppigste, infolge der tropischen Hitze und einer überschwänglichen Feuchtigkeit fruchtbarste Boden der Erde, der die Nutzpflanzen Europas und Indiens zu gleicher Zeit producirt, von den grössten Strömen nach drei Himmelsrichtungen durchfurcht und in einer langgestreckten Küste die Schätze eines Weltmeeres beherrscht, die doppelte Bevölkerung Chinas ernähren könnte. Und so riesig auch die in dem Grund und Boden Brasiliens schlummernden Nährkräfte sind, so lassen sie sich doch noch kaum mit denjenigen messen, welche in dem übrigen nicht cultivirten Amerika, auf dem afrikanischen und australischen Continente und den zahlreichen fruchtbaren Inseln der Südsee, der sie zum Leben und Schaffen weckenden Menschenkräfte harren! Bevor alle diese Schätze in Besitz genommen werden, dürften Jahrtausende vergehen. Und wenn sie endlich insgesammt occupirt sein und nicht nur mit Dampf und Eisen, sondern auch mit Elektricität und allen anderen uns bekannten und noch unbekannten, den künftigen Entdeckungen vorbehaltenen Motoren der Menschheit dienstbar gemacht sein werden, wenn die von uns nur schwach geahnte künftige Vervollkommnung der internationalen Verkehrsbeziehungen die Furcht vor einer ökonomischen Abhängigkeit vom Auslande ausschliessen und die Pflege der den localen klimatischen Bedingungen und der physikalischen und insbesondere der chemischen Natur des Bodens entsprechenden Productionsarten zulassen wird: dann erst wird die Einhaltung der natürlichen pflanzengeographischen Zonen, die geographische Arbeitstheilung der Nationen, die intensivste Bewirthschaftung der gesammten productiven Area unseres Planeten und eine ungeheuere, die Bevölkerungscapacität weit überholende Vermehrung der Nahrungsmittel ermöglicht werden. Es hat demnach für die absehbare Zukunft kommender Jahrtausende hinsichtlich des Verhältnisses der Bevölkerungscapacität zur Bodenproductivität unsers Planeten ein Vergrösserungsschema, welches für die durchschnittliche Bevölkerungszunahme die arithmetische Reihe und für die Nahrungsmittelproductivität die geometrische Reihe postulirt, bei weitem mehr Wahrscheinlichkeit für sich, als ein solches, das die Nahrungsmittelproductivität in arithmetischer und die Bevölkerungszunahme in geometrischer Reihe wachsen lässt. Ob aber die Nahrungsmittel nach dem Schema 1, 2, 4, 8, 16 und die Bevölkerungscapacität nach dem Schema 1, 3, 5, 7, 9 oder ob beide nach andern Schemen zunehmen, lässt sich gegenwärtig nicht beurtheilen, weil wir von der Möglichkeit, die Differenz dieser arithmetischen und die Quotienten [1]) jener geo-

---

[1]) D. i. der constante Quotient der geometrischen Progression, also in unserem Schema 2 für die steigende und $1/_2$ für die fallende Progression.

metrischen Progression auf der ganzen Erde nur annähernd
genau statistisch zu erheben, noch sehr weit entfernt sind. Wir
müssen uns daher heute damit begnügen, der Malthus'schen
Hypothese die entgegengesetzte Wahrscheinlichkeit entgegen-
setzen zu dürfen: dass nämlich jene Differenzen und Quotienten
für die nächsten Jahrtausende solche aufsteigende Progressionen
ergeben, zufolge denen sich das Gesammtquantum der auf der
Erde producirten Nahrungsmittel rascher als die Zahl der Gesammtbevölkerung vermehrt.

Unsere Theorie, nach welcher die Bevölkerungscapacität mit
der Bodenproductivität in einem dem von Malthus aufgestellten
diametral entgegengesetzten Causalitätsverhältnisse steht, hat
endlich auch deshalb viel Wahrscheinlichkeit für sich, weil sie
dem in der übrigen Schöpfung allgemein geltenden Gesetze entspricht, wonach die Natur jedem Geschöpfe für den Kampf um's
Dasein auch die Mittel an die Hand gegeben hat, sich zu behaupten. Jedenfalls spricht für unsere Ansicht ein gleicher Grad
mathematischer Wahrscheinlichkeit, wie derjenige ist, mit welchem
von der sphärischen Gestalt aller übrigen Haupt- und Neben-
planeten unsers Sonnensystems auch auf die einem elliptischen
Sphäroide nahe kommende Figur der Erde geschlossen wird.

Damit erscheint das Malthus'sche Gespenst für einige
Jahrtausende verscheucht und der Beweis erbracht, dass die
Menschheit bis dahin keinen Grund haben werde, an der Harmonie der Weltordnung zu verzweifeln. Ja, wir haben Grund,
anzunehmen, dass das von Malthus gezeichnete Bild immer das
bleiben werde, was es heute ist: eine auf nichts als auf die Unkenntnis socialer Gesetze gebaute Hypothese. Denn abgesehen
von jener in der ganzen Natur gekennzeichneten Harmonie,
welche uns mit der festen Zuversicht erfüllt, dass die Menschheit überhaupt nie in die von Malthus erdichtete Zwangslage
gerathen werde, haben wir für unsere Hypothese auch Anhalts-
punkte noch in anderen Wissenschaften. Vor allem sind es die
Resultate physiologischer und psychologischer Forschung, welche
uns zu der Ansicht führen, dass unter der oben gesetzten Voraussetzung der Unveränderlichkeit unseres Sonnensystems die

Menschheit gar nicht in die Lage kommen kann, so anzuwachsen, dass sie alle bewohnbaren Theile der Erde zu bevölkern im Stande wäre. Nach Carey's Ansicht nimmt die geschlechtliche Fruchtbarkeit des Menschen mit seiner geistigen Entwicklung ab. Wäre diese Vermuthung gerechtfertigt, so wäre die erwähnte Erscheinung nur die Bestätigung einer in der ganzen Schöpfung beobachteten Regel. Ungeheuer ist die Vermehrungsfähigkeit der niedersten thierischen Organismen, welche mit dem Emporsteigen zu Wesen höherer Gattung stets abnimmt und, beim Menschengeschlechte angelangt, in seinen niederen Rassen grösser ist als in den höheren. So ist die weit bedeutendere Fruchtbarkeit des Negers gegenüber dem Kaukasier bekannt. Vergleichen wir die Schädelbildung beider, so beträgt der Schädel eines Negers 1361 cc, eines Kaukasiers 1427 cc. Der Neger ist darnach mit dem cerebrospinalen Nervensysteme, welches der Apparat der psychophysischen Thätigkeit ist, viel ärmer ausgerüstet als der Kaukasier[1]), davon abgesehen, dass das Mittelhirn des Negers über das den eigentlichen Sitz des Denkvermögens enthaltende Vorderhirn bedeutend vorwiegt[2]), und dass auch die Gehirnwindungen bei dem Neger nicht so vortheilhaft entwickelt sind wie bei der mittelländischen Rasse. Das Nervensystem steht, wie wir aus den auf die Seelenstimmung reflectirenden krankhaften Erscheinungen des Gangliensystems schliessen müssen, mit letzterem als dem Sitze der vegetativen Thätigkeit in unmittelbarer Wechselwirkung. Wir haben demnach Grund zu der Annahme, dass auch die gesteigerte geschlechtliche Fruchtbarkeit der Neger mit ihrer geistigen Entwicklung in Wechselwirkung sei, und dass überhaupt die menschliche Vermehrungsfähigkeit zur geistigen

---

[1]) Vergleiche „Empirická psychologie" Dr. Jos. Dastischa, V Praze, 1867, §. 20, und mein System, Prag, 1869, S. 411 und 412.

[2]) Die Folge davon ist die bedeutende Schmalheit der Stirn, welche mit dem ausserordentlich ausgesprochenen (weit über 68 %) des nach Welcker gemessenen Dreiecks hinausgehenden) Prognatismus der Schädelbildung dem unteren Theile des Negerkopfes eine schnauzenartige Form verleiht, wodurch in seiner Schädelform weit mehr als beim Chinesen, Tungusen, Eskimo und den übrigen delichocephalen prognaten Stämmen ein niedriges Denkvermögen zum Ausdrucke kommt.

Capacität im umgekehrten Verhältnisse stehe.[1]) Diese Vermuthung

---

[1]) Diese Ansicht wird noch durch nachstehende Thatsachen und Erwägungen unterstützt.

a) Die Bevölkerung des hochcivilisirten Frankreich weist eine verzögerte Zunahme auf. Ihr Zuwachs betrug für die Zeit von 1821—1831: 0,67 %, von 1831—1841: 0,50 %, von 1841—1851: 0,44 %, von 1851—1856: 0,14 %, und von 1860—1876 nur 0,23 %, so dass Frankreich vor einer wirklichen Abnahme der Bevölkerung steht. („Movimento dello stato civile anni 1852—1878", Rom 1880; „Lehr- und Handbuch der Statistik von Dr. Max Haushofer", Wien, 1882, S. 119.) Dagegen betrug die Vermehrung der Bevölkerung Russisch-Polens von 1858—1877: 1,95 %, Serbiens von 1834—1859: 1,92 %, von 1859—1878: 1,19 % (Haushofer, S. 120 a. a. O.).

b) In Oesterreich kommen auf 100 Einwohner im Durchschnitte der Jahre 1865—1877 der östlichen, weniger cultivirten Reichshälfte, in Ungarn, jährlich 4,18 und in Croatien und Slavonien im Durchschnitte der Jahre 1870—1878 4,41 Geburten, in der cultivirten Westhälfte dagegen in der Periode von 1865—1878 jährlich 3,88, im europäischen Russland in den Jahren 1867—1875 durchschnittlich 4,95, im deutschen Reiche von 1872—1878 durchschnittlich 3,98, in England mit Wales von 1865—1878 3,56, in Belgien 3,21, in Schweden 3,04, und in Frankreich gar (von 1865—1877) nur 2,58 Geburten. Vergleiche Haushofer (S. 123 a. a. O.), nach dessen Berechnung (S. 126 a. a. O.) rücksichtlich der Geburtsziffer für die Zeit von 1862—1878 sich per 100 Einwohner Folgendes ergiebt:

Den 1. Rang nimmt Serbien ein mit 4,30 Geburten,
„ 2. „ „ Ungarn „ „ 4,18 „
„ 3. „ „ das deutsche Reich „ „ 3,98 „
„ 4. „ „ Oesterreichs Westhälfte „ „ 3,88 „
„ 5. „ „ Italien „ „ 3,70 „
„ 6. „ „ Spanien „ „ 3,57 „
„ 7. „ nehmen Niederlande „ „ 3,56 „
„ 8. „ nimmt Belgien „ „ 3,21 „
„ 9. „ „ Norwegen „ „ 3,05 „
„ 10. „ „ Schweden „ „ 3,04 „
„ 11. „ „ Griechenland „ „ 2,88 „
„ 12. „ „ Frankreich „ „ 2,58 „

Wenn wir aus dieser Tabelle Spanien und trotz der bedeutenden Leistungen in fast allen Zweigen der Literatur Norwegen und Schweden und trotz den bedeutenden Fortschritten in seiner Volksbildung auch Griechenland ausscheiden, so bleiben uns acht Länder übrig, in deren Reihenfolge die Geburtsziffer mit der Culturzunahme auffallend abnimmt.

c) Der hervorragende Statistiker Engel hat in den Statistischen Mittheilungen aus dem Königreiche Sachsen („Die Bewegung der Bevölkerung", Dresden, 1852) eine kleinere Fruchtbarkeit der Städte als der Dörfer nachgewiesen; in Bayern ist nach Herrmann („Die Bewegung der Bevölkerung im Königreiche Bayern", herausgegeben vom kgl. statistischen Bureau, München, erscheint durch die Einwendung Dührings[1]) nicht widerlegt, dass aus der von ihm auch zugegebenen Thatsache, dass jede stärkere Muskelthätigkeit in Bezug auf Geschlechtserregungen ableitend wirke, sich keine erhebliche Einschränkung der Conceptionen und Geburten folgern lasse, da die geringste Anzahl von Bethätigungen der Geschlechtsreize bei normaler Fruchtbarkeit der Frauen hinreichend ist, die vollen Chancen der Volksvermehrung zu ergeben. Denn es steht hier nicht die Häufigkeit der Geschlechtserregung, sondern die Fruchtbarkeit der Zeugung in Frage. Die höhere Entwicklung braucht die ersteren gar nicht einzuschränken, und es können die Conceptionen doch erheblich seltener werden.

Danach wäre nicht nur für die absehbaren nächsten Jahrtausende, sondern unter der gemachten Voraussetzung der Unveränderlichkeit unseres Sonnensystems und der Veränderlichkeit unserer geistigen Entwicklung im Sinne des Fortschritts und der Vervollkommnung, das Eintreten eines von Malthus in Aus-

---

1863, S. 89) die städtische Fruchtbarkeit wenigstens um $1/5$ geringer als die ländliche. (Haushofer, S. 129 u. 130 a. a. O.) Wenn Haushofer dagegen bemerkt, dass anderswo das Gegentheil beobachtet wurde, dann (S. 131 a. a. O.) insbesondere die Geburtenziffern der Länder mit denen ihrer bedeutendsten (meist Haupt-) Städte vergleicht und bei München, Budapest, Paris, Stockholm, Christiania, Haag und Rotterdam das Verhältnis zu Gunsten dieser Städte als das umgekehrte findet, so muss dagegen erwogen werden, dass die Geburtenziffern von Berlin, Dresden, Stuttgart, Wien, London, Rom, Neapel, Palermo, Mailand, Petersburg und Moskau denen der ihnen entsprechenden Länder weit nachstehen, und dass demnach die Aufstellungen Haushofers jene von Engel und Herrmann beobachtete Regel entschieden mehr verallgemeinern, als sie einschränken. Dass aber die Städte rücksichtlich der Pflege der Künste und Wissenschaften und der Verfeinerung der Sitten dem Lande voranstehen, bedarf keines weiteren Beweises.

d) Endlich dürfen wir den Einfluss der Sittlichkeit auf die Geburtenfrequenz nicht unterschätzen und müssen der Menschheit doch soviel Verstand zutrauen, dass sie die Geburtenziffer desto mehr zu beherrschen in der Lage sein wird, je mehr sie in der Culturentwicklung fortschreitet, und dass sie schon Mittel und Wege finden wird, um Kinder nicht in die Welt zu setzen, welche voraussichtlich dem Hungertode preisgegeben werden müssen.

[1]) Siehe „Kritische Geschichte der Nationalökonomie und des Socialismus" von Dr. E. Dühring, Leipzig, 1879, S. 398 und 399.

sicht gestellten Missverhältnisses zwischen der Bevölkerungszahl und den Nahrungsmitteln überhaupt nie zu befürchten.
Anders freilich würden sich die fraglichen Zustände gestalten,
wenn die von der Wissenschaft für wahrscheinlich gehaltene
Aenderung unserer Sonnenwelt eintreten sollte. Dann könnte die
aus den elenden Zuständen Irlands erzeugte pessimistische Malthus'sche Theorie[1]) sich allerdings als dunkle Vorahnung eines

---

[1]) Unter dem Malthus'schen Gesetze verstehen wir die 1798 von Malthus
in dem Werke: „Essay on the principles of population" aufgestellte, aber
keineswegs erwiesene, oben bereits besprochene These, dass die Bevölkerung,
in ihrem Wachsthume ohne Hemmungen gedacht, sich alle 25 Jahre verdopple,
also etwa im geometrischen Verhältnisse zunehme, die Productivität des
Bodens dagegen höchstens in einem arithmetischen Verhältnisse steige. Diese
Ansicht ist schon deshalb falsch, weil die Bevölkerung eines jeden Landes
nur zum geringen, höchstens zum dritten Theile aus zeugungsfähigen Individuen besteht, zu guten zwei Drittheilen dagegen auf den Absterbeetat gesetzt ist und sich demnach bei der Durchschnittszahl von 4 Kindern per Familie
durchschnittlich etwa in 50 Jahren verdoppelt. So hatte England mit Irland,
wie wir in der Note auf S. 195 dargelegt haben, beinahe 76 Jahre zur Verdopplung seiner Einwohnerzahl nöthig. Dagegen war allerdings die Bevölkerung der Vereinigten Staaten von 9 638 131 des Jahres 1820 auf 38 925 598
im Jahre 1870 gestiegen, was in Anbetracht der in dieser 50jährigen Periode
erfolgten Einwanderung von 9 512 620 Fremden (worunter allerdings auch die
verreisten und heimgekehrten Einheimischen begriffen sind), eine 3,012fache
Bevölkerungszahl ergibt. (Siehe Kolb, S. 203, 387 und 388 a. a O.) Allein
dies ist eben die einzige bekannte Ausnahme von jener Regel. — Die Malthus'sche Ansicht ist ferner aus dem Grunde unrichtig, weil die Productiv-
kraft des Bodens infolge des Ueberganges vom weniger fruchtbaren zum
fruchtbareren Boden und wegen der mit der menschlichen Cultur auch gesteigerten, den Boden befruchtenden menschlichen Arbeitskraft einer, wenn
auch der Ziffer nach noch nicht bestimmbaren, so doch ausserordentlichen
Steigerung fähig ist und, ohne Hemmungen gedacht, die menschlichen
Nahrungsmittel so reichlich zu produciren vermag, dass mit dieser Production
die Menschenproduction (die Volksvermehrung) nie gleichen Schritt halten kann.
Denn was ist eine Menschenmehrung, welche, ohne Hemmung gedacht, im
besten Falle binnen 50 Jahren die Menschenzahl verdreifacht, gegen die ungeheure Häufung der Feldfrüchte, welche, ohne Hemmungen, in einem Jahre
sich dutzend- und hundertfach vermehren? Und ohne Hemmung muss man
sich die Productivität der Natur bei diesem Vergleiche denken, weil es nicht
angeht, eine abstract ohne Hemmung gedachte Bevölkerungszunahme mit
einer concret gehinderten Lebensmittelzunahme zu vergleichen.
   Abgesehen davon beruht der Malthus'sche Satz auf der Fiction des
Ausbleibens jeglicher natürlichen und weltordnungsgemäss sich einstellenden

wenn auch erst nach unabsehbaren Jahrtausenden in seinen Wirkungen wahrnehmbaren, so sie doch bereits vorbereitenden Gesetzes aufgefasst werden, welches die Harmoniegesetze Carey's und Bastiat's zu derogiren drohte. Denn wir haben gesehen, dass aller Besitz, über den die Menschheit je verfügt hat, und je verfügen kann, mittelbar oder unmittelbar der Natur abgerungen wird. Ihre Productivität hängt nun, wie bekannt, im letzten Grunde von der Sonne ab. Nun lehren Männer der Wissenschaft, wie Tyndall, Grove, Helmholtz, Büchner und andere, dass die Summe der im Weltall wirkenden Kraftmengen zwar eine ewig gleiche sei, dass aber die Summanden veränderlich sind, dass namentlich nicht nur unser Planet durch Strahlung unaufhörlich eine Menge Wärme in den Himmelsraum abgebe, sondern dass auch seine Nährmutter die Sonne gleichfalls jahraus und jahrein ungeheure Mengen von Wärme durch Ausstrahlung und Abkühlung in den kalten Weltraum verschwende, so dass einst die Zeit kommen könne, wo das Vaterland der Myrte und des Lorbeers, der Dattelpalme und der Casuarinen, des Thees und der Camellien, der Cypressen und Magnolien, wo die Länder der glücklichsten Zone der Erde von Grönlands Schneestürmen heimgesucht würden, und wo anstatt der Eisenbahnen und Dampfschiffe nur das Rennthier die Communication der Menschen besorgen würde. Sie lehren weiter, dass ausser dem Wärmeverluste die Atmosphäre einen steten Abgang an Wasser, Kohlensäure und Sauerstoff erleide, indem ersteres durch den Verwitterungsprocess von den Gesteinen zur Bildung der sogenannten Hydrate aufgesogen, die Kohlensäure infolge der Erkaltung des Erdinnern und der Erschöpfung der

---

Hemmungen der Völkermehrung (er denkt nämlich nur an die ausserordentlichen Hemmnisse, d. i. an Krankheiten, Epidemien, Pest und Kriege) und hat demnach für die Wissenschaft eine ähnliche Bedeutung wie Julius Verne's Reisen um den Mond oder durch die Sonnenwelt. Es gibt eben keine Bevölkerungszunahme ohne natürliche Hemmungen, mögen sie schon in der physiologischen Beschaffenheit des Menschen oder in den physisch-mathematischen Verhältnissen unseres Planeten gelegen sein, weshalb alle aus der gegentheiligen Annahme gemachten Schlussfolgerungen wenigstens für die Gegenwart gegenstandslos sind. (Vergleiche die Widerlegung der Malthus'schen Theorie in meinem Systeme, S. 401—412.)

Kohlenlager und infolge steter Bildung unlöslicher kohlensaurer Salze und Schalen und Knochen zahlloser Thiere fixirt und der Sauerstoff durch die fortwährende Oxydation vieler Mineralien unaufhörlich der Luft entzogen werde, so dass naturgemäss das Pflanzen- und Thierleben nach und nach absterben und die Schatzkammer unseres Planeten, aus welcher der Mensch den zu seiner Selbsterhaltung und Entwicklung nothwendigen Besitz schöpft, versiegen könne. In diesem Falle müsste, da die Menschen unter allen Geschöpfen den entfesselten Elementen der Natur am meisten zu trotzen vermögen, mit der Zeit ein Missverhältnis zwischen ihrer Zahl und ihren Existenzmitteln eintreten und der Kampf um ihren Besitz an Intensität zunehmen.

Mag also die Harmonie unseres Sonnensystems für die Ewigkeit bestimmt sein, oder nicht, in beiden Fällen hat die Menschheit eine Intensitätssteigerung ihres Kampfes um den Besitz zu gewärtigen: im ersten Falle (durch sichere Nothwendigkeit des Ueberganges vom leichter zu bebauenden zum schwerer zugänglichen Ackerboden und durch das Fortschreiten von weniger intensiver zur intensiveren Bodenbewirthschaftung) eine Intensitätssteigerung des Kampfes mit der Natur aus ökonomischen Gründen; im zweiten Falle (durch die allmähliche Einschränkung des bewohnbaren Raumes und durch das Missverhältnis der Bevölkerungscapacität zu der natürlichen Productivität unseres absterbenden Planeten) eine Intensitätssteigerung des Kampfes der Menschen unter einander aus mathematisch-physischen Gründen. Die natürliche Frucht der ersteren Intensitätssteigerung wird aus den entwickelten Gründen der Sieg der Menschen über die Natur sein, die unvermeidliche Folge der letzteren müsste dagegen der Sieg der Natur über den Menschen sein. Denn mit dem zunehmenden Erkalten unseres Erdballes würden die Menschen zuerst die arktischen Zonen räumen, um in unseren kalt gewordenen Klimaten in die unsere Hopfen- und Weingärten bedeckenden Tundren Kronsberen und Trunkelbeeren zu sammeln und in den herrlichen Golfen des Mittelmeeres Walfische zu fangen und Robben zu schlagen, und wenn auch diese die erstarrende Kälte des Weltraumes unbewohnbar machen würde, dann würden sie sich unter den Tropen zusammendrängen und ihre Rennthiere mit Flechten und Alpenmoosen dort ernähren, wo sich jetzt der Neger an Palmenmilch labt. Dort würden sie in Klageliedern das verlorene Paradies beweinen und mit stets zunehmender Intensität unter einander, und so lange der letzte menschliche Arm vor Kälte nicht erstarrt, auch gegen die Natur einen ununterbrochenen Kampf führen — den Kampf um den Besitz.[1])

Diese aus unabsehbarer Ferne drohende Katastrophe hat jedoch für die Gegenwart und für die absehbare Zukunft des Menschengeschlechtes kein praktisches Interesse. Deshalb fort mit dergleichen alle Reformbestrebungen im Keime erstickenden pessimistischen Anwandlungen! Ueberlassen wir es den Malthusianern und den übrigen Anhängern einer pessimistischen Weltanschauung, auf solchen Hypothesen düstere Zukunftsbilder auszumalen und ihre die menschliche Thatkraft lahmlegenden Irrlehren aufzubauen. Vergessen wir nicht über die Möglichkeit einer zukünftigen Störung unseres Sonnensystems die gegenwärtige Harmonie desselben. Lassen wir an dem bewunderungswürdigen Anblicke der sich ewig erneuernden Saat der Welten unsere Ueberzeugung erstarken, dass die durch die harmonisch geordnete Natur bestimmte Welt der Gedanken und Handlungen sich gleichfalls harmonisch gestalten lasse. Greifen wir mit freudigem Herzen nach dem zum harmonischen Bau des socialen Körpers tauglichsten Steine, dem wahren Steine der Weisen, dem Grundsteine, den die Menschheit achtzehn Jahrhunderte sorgfältig hütet, auf dem sie aber heute noch nicht baut. Organisiren wir die Gesellschaft nach dem christlichen Dogma von der Gleichberechtigung der Menschen und erheben wir uns zu dem durch das Christenthum der Welt gebrachten Gerechtigkeitsideale. Gehen wir einmal im Ernste daran, die Principien der Gleichheit und Gerechtig-

---

[1]) Der von den Utopisten geträumte paradiesische Zustand eines mühelosen Daseins ist auf unserem Planeten unerreichbar; denn Natur- und Sittengesetz gebietet der Menschheit einen ewigen Kampf, —

den Kampf um den Besitz.

keit im Verkehre und seinem Rechte zu verwirklichen. Dann werden auch die von mir vorgeschlagenen und auf dem Principe der Gerechtigkeit basirten Reformvorschläge nicht lange ihrer Verwirklichung harren, sondern in dem Masse, als das wahre Christenthum unser Rechts- und Billigkeitsgefühl durchdringen und die ordnende Kraft der menschlichen Gesellschaft werden wird, wird auch die Menschheit den Krieg Aller gegen Alle aufgeben und sich zum gemeinschaftlichen Kampfe um den Besitz einigen:

zum Kampfe gegen die Natur.

Buchdruckerei Julius Klinkhardt, Leipzig.